"互联网+"采购系列教材

# 采购学

## PROCUREMENT AND PURCHASING

杨 芳 刘志华 | 编著

经济管理出版社
ECONOMY & MANAGEMENT PUBLISHING HOUSE

**图书在版编目（CIP）数据**

采购学/杨芳，刘志华编著 . —北京：经济管理出版社，2019. 8
ISBN 978 - 7 - 5096 - 6911 - 2

Ⅰ . ①采… Ⅱ . ①杨… ②刘… Ⅲ . ①采购管理 Ⅳ . ①F253. 2

中国版本图书馆 CIP 数据核字（2019）第 195673 号

组稿编辑：杜　菲
责任编辑：杜　菲
责任印制：黄章平
责任校对：张晓燕

出版发行：经济管理出版社
　　　　　（北京市海淀区北蜂窝 8 号中雅大厦 A 座 11 层　100038）
网　　　址：www. E - mp. com. cn
电　　　话：（010）51915602
印　　　刷：三河市延风印装有限公司
经　　　销：新华书店
开　　　本：787mm × 1092mm/16
印　　　张：15. 75
字　　　数：394 千字
版　　　次：2019 年 8 月第 1 版　　2019 年 8 月第 1 次印刷
书　　　号：ISBN 978 - 7 - 5096 - 6911 - 2
定　　　价：49. 00 元

# "互联网+"采购系列教材
# 编委会

# 前　言

当前，全球全面迈入"互联网＋"时代，采购领域也不例外。在大数据、人工智能等以互联网为基础的数字技术的推动下，传统采购模式正在被颠覆，可预测战略寻源、自动化采购执行等创新化的管理模式助力采购部门成为新的价值创造中心。这一发展趋势对采购人才的知识和技能提出了更高要求，但与之形成鲜明对比的是，我国采购领域的专业人才供应严重不足，也缺乏理论与实践紧密结合的丛书作为指导。因此，为了满足采购领域的专业人才培养需要，我们开启了"互联网＋"采购系列教材的编写工作。本书作为系列教材丛书中的一本，侧重介绍采购学基础理论，满足采购管理相关专业本科生培养需要，更是涉足采购领域的工作人员学习和参考的必备书籍。

在企业的快速发展过程中，采购正作为一个独立的行业走向市场的前台。高效的采购管理对于企业优化运作、控制成本、提高质量以及持续性盈利等方面至关重要。近年来，随着互联网技术在采购管理中的广泛应用，原有的采购管理模式发生了很大的变化，在降低采购成本的同时，大大地提高了采购的效率，也对采购管理提出了更高的要求。本书是在广泛吸收与借鉴国内外采购学理论与实践精华的基础上，立足于当代采购管理发展理念与"互联网"的大背景撰写的一部应用型专业教科书。本书通过详细介绍互联网模式下的采购特征分析、数字化采购与可预测战略寻源、大数据分析与采购预测以及互联网技术在电子采购、国际采购、招标采购、项目采购、政府采购等领域的具体应用，展现了"互联网＋"采购领域最新的理论和学术主张。

本书在内容设计方面，第一章介绍了采购管理的发展现状与趋势。第二章至第七章既介绍了采购学的基础理论，又讲述了采购实务方面的知识，主要包括采购战略制定、采购市场调查与需求分析、采购谈判与合同、采购成本分析与控制、供应商管理，采购绩效评估。第八章至第十二章介绍了互联网环境下电子采购、国际采购、招标采购、项目采购等典型采购模式。在各章节中通过案例引导，将采购管理的知识点呈现于读者面前，在相应章节设计了技能实训和专题讨论，力求将采购管理理论的系统性和完整性与采购实践的应用性和实战性有机融合，以建立起采购学理论与实践的桥梁和纽带。本书可作为采购管理、物流管理、营销管理及工商管理等专业本科、研究生的教学用书或参考书，也可作为物流管理、经济管理、物流工程等领域管理人员的参考书或工具书。

　　本书由江西财经大学工商管理学院教师杨芳、刘志华共同编写而成。杨芳负责全书结构设计以及第二、第三、第五、第六、第八、第九章的编写工作；刘志华负责第一、第四、第七、第十、第十一、第十二章的编写工作。在本书的编写过程中，参考学习了众多专家、学者以及研究机构的科研成果，在此向各位同行表示深深的感谢。由于水平有限，书中不当之处恳请读者批评指正！

# 目  录

# 第一章　采购概述

◇ **引导案例**

## 《中国企业电商化采购发展报告（2018）》发布

2018 年 12 月 18 日，工业和信息化部赛迪研究院、中国国际电子商务中心研究院共同发布《中国企业电商化采购发展报告（2018）》（以下简称《报告》）。

《报告》显示，2018 年我国企业电商化采购市场规模约为 3600 亿元，同比增速达80％。其中，从采购物资类型看，企业对消费通用型产品和服务的采购电商化交易额超过1500 亿元，增速达 62％；从采购平台看，综合型平台大于垂直型平台，交易额已经接近2000 亿元，复合增长率达 83％。

《报告》指出，企业电商化采购综合型平台的业务模式已经基本成熟，进入一个规模增长、技术精进、商业模式加快创新的全方位高速发展新阶段。2018 年，企业电商化采购市场综合型平台的交易额已接近 2000 亿元，年复合增长率 83％，高于垂直型平台。其公布的抽样调查也显示，企业电商化采购综合型平台中，市场占有率最高的是京东企业购，占整体采购样本的 51.2％；其次是阿里企业采购；占比 29.8％，最后是苏宁企业购，占比 13.9％。京东企业购也是客户满意度最高的电商化采购平台。

《报告》认为，企业电商化采购的未来发展有巨大的想象空间，企业电商化采购需要提供更多的企业专属化服务，将企业电商化采购供应链从当前的网络零售供应链中区分出来，并促进其独立发展，成为未来发展的必然选择。

资料来源：http://www.ce.cn/cysc/tech/gd2012/201812/18/t20181218_31060470.shtml。

◇ **案例解析**

传统采购模式之"痛"，首先"痛"在采购流程烦琐；其次是对采购人员的专业要求高、企业人力投入大。

　　"互联网＋"采购可以实现企业采购内部以及与供应商之间的协同，达成高效一流的采供管理，平台上聚集更多的优质供应商资源，可以依据系统算法、人工匹配和全网推广提高企业采购寻源的准确度、广度和深度，降低物资采购成本；节约采购人力，缓解企业采购压力，保障供应链的良性运转，筛选出更好的优质供应商资源。

　　问题："互联网＋"采购就是电商化采购吗？

◇　**案例涉及主要知识点**

　　互联网环境下的采购管理

◇　**学习导航**

- 掌握采购管理的基本概念和特点
- 掌握采购的主要方法

◇　**教学建议**

- 备课要点：采购管理定义的理解、采购管理的重要性、采购管理的分类
- 教授方法：案例、讲授、实证、启发式
- 扩展知识领域："互联网＋"采购、数字化采购

# 第一节　采购与供应

　　采购是人类经济活动中的重要部分，对整个市场经济发展有着十分重要的意义。采购是一种很平常的行为，普遍存在于任何一种经济环境中。随着世界经济的不断发展，采购的地位也越来越重要，越来越多的企业把采购提升到战略层次来研究。那么，什么是采购？

## 一、采购

### （一）基市概念

　　ISM（原美国采购管理协会）认为：采购是组织为了追求和实现它的战略目标而识别、采办、定位、获取与管理它所需求或潜在需求的所有资源。

　　美国供应链管理专业协会（Council of Supply Chain Management Professionals）推荐的《供应链与物流术语》（Supply Chain and Logistics Terms and Glossary）中认为：采购是企

业有关购买需要的物品和服务的职能，包括采购计划、采购活动、存货控制、运输、接收、入库检验等业务活动（Procurement is the functions associated with buying the goods and services required by the firm. That is the business functions of procurement planning, purchasing, inventory control, traffic, receiving, incoming inspection, and salvage operations）。

国内学者赵道致、王振强等认为：采购是企业资源运营的主要职能，跨越了战略、运营和作业三个层面。在战略层面，包括在尽可能大的范围内为企业寻求资源、决定资源获取方式以及选择采购方式；在运营层面，包括供应商选择与管理、采购计划、存货控制、价格控制、综合成本控制以及内向运输管理等；在作业层面，包括接收、入库验收、货款支付等。采购的目的是要以尽可能低的成本满足企业内、外部客户的需求。

我国《政府采购法》中对采购的定义是：以合同方式有偿取得货物、工程和服务的行为，包括购买、租赁、委托、雇用等。

采购有狭义和广义之分。狭义采购是企业基于生产、销售、管理等目的购买所必需的所有货物和服务的交易行为，包括采购计划的制订、供应商的选择、谈判定价、签订合同以及收货付款的过程。广义采购则认为企业除了以购买方式占有物品以外，还可以通过租赁、借贷和交换等方式来取得物品的使用权，以达到满足需求的目的。

本书认为，采购是个人或企业为满足自身需要或保证生产、经营活动正常展开，在众多的供应源中有选择地通过合同的方式有偿获取所需要的物资、工程和服务的过程。

### （二）采购概念的理解

对于采购，可以从以下几个方面进行全面的理解：

#### 1. 采购是获取资源的过程

经济学认为，资源是稀缺的，一定时期内物品本身是有限的，同时利用物品进行生产的技术条件也是有限的。资源的稀缺性是经济学第一原则，也是经济发展的根本基础。稀缺的资源迫使个人或企业都必须以有偿的方式去获取自己所必需的资源。

#### 2. 采购是一个选择过程

采购的资源来自资源供应市场，供应市场由许多提供资源的供应商组成，采购方需要在这众多的供应商中依据一定原则选择合适的供应商，以期获得低成本、高服务、高质量和稳定的资源。

#### 3. 采购是商流和物流过程的统一

采购是寻找资源、获取资源的过程，因此，必然涉及资源所有权（使用权）的转移和资源本身的转移，前者是商流过程，后者则是物流过程，这是一个整体，无法完全分割开。

#### 4. 采购是多种形式的

随着社会分工越来越细化以及供应链管理思想的不断深入，企业核心竞争力的理念越来越被企业管理者所关注。企业管理者会将自己手中的每一分钱都花到最能产生价值的地方，对于可能占用企业资金的资源，往往会选择更低成本的方式去获取。例如，建筑企业可能不会去购买挖掘机，转而将土方挖掘业务完全外包出去，采用租赁的方式完成土方挖掘，从广义的角度来看，这也是一种采购，只是在采购的目标上从采购实物变成了采购服务。

**5. 采购是有计划的**

采购与个人购买最大的区别就在于个人购买是带有冲动性的，而采购是计划性的。个人购买往往是由欲望带来的，具有冲动性的表象，现实生活中的例子比比皆是。企业采购是为了保证企业正常生产经营活动而进行的，有限的流动资金不允许企业购买不需要的物资，要求企业有计划地购买足够生产经营的物资，以保证每一分钱都能用在刀刃上，因此，采购的计划性是显而易见的。

## 二、供应

供应是将企业经营所需的资源提供给企业中需要资源的部门的企业经营活动，也是供应商或卖方向买方提供产品和服务的全过程。

供应是采购业务的延伸。现在，许多企业为了提升制造系统的效率，会将采购对企业内部客户的服务延伸到生产线，即将原材料验收入库后，根据生产计划或订单将生产用原材料配套，按订单顺序交付到生产线旁。这样，既减少了车间待加工零部件的库存，又为生产现场提供了方便，提高了流动资金的周转率。

采购与供应是相辅相成的。采购是为了供应，而供应则是依靠有效的采购支持。采购的业务对象是向外的，即从供应链上游组织资源，向供应商采购有形的生产物资或无形的服务；供应的业务对象是向内的，即为企业内部的生产和其他职能部门供应所需的资源。

## 三、采购管理

采购管理是为了保质、保量、经济、准时地供应企业生产经营所需的各种物品，对采购、存储、供料等一系列供应过程进行计划、组织、协调与控制，以确保企业经营目标的实现。采购管理涉及采购活动的全过程，包括计划下达、采购单生成、采购单执行、到货接收、检验入库、采购发票的收集和采购结算。

### （一）采购管理的目标

采购管理的目标是确保企业经营目标的实现。企业采购管理的目标是保质、保量、经济、准时。

**1. 保质**

保质是要发现或发展有竞争力的供应商，确保采购物品满足企业生产质量方面的要求，保持并提高物品质量，当条件允许时，还应将所购物品标准化。

**2. 保量**

保量是确保采购物品的数量符合要求，能提供不间断的物品供应和服务，以便使整个组织正常运转。

**3. 经济**

经济是确保以最低的总成本获得所需物品和服务，使库存投资和损失保持在最低限度，提高公司的竞争力。

**4. 准时**

准时是确保采购物品来源于可靠的、能及时履行承诺和义务的供应商，使物品以准确的时间发送到准确的地点。如果采购的物品是计划实施一段时间后才被送到使用地，造成生产线中断，那么就算是以最低的价格去购买物品也不能接受。

（二）采购管理的理念

采购管理的理念包括市场观念、时间观念、效益观念和合作观念。

**1. 市场观念**

企业是市场的主体，不仅体现在其产品适应市场的需要，而且要利用市场组织各种资源和生产要素。市场观念要求企业一切计划与策略应以市场为中心，正确确定目标市场的需要与欲望，比竞争者更有效地提供目标市场所要求的商品。采购管理同样需要贯彻"顾客至上"的原则，将管理重心放在善于发现和了解"企业内部顾客"的需要上，并千方百计去满足它，从而实现企业目标。

**2. 时间观念**

在采购管理中，时间代表着成本。现代社会中消费者的需求变化越来越快、要求越来越多，不仅对产品本身的质量提出了更高的要求，而且对时间上的要求也越来越高。这种时间上的压力除了来自顾客外，还来自竞争对手。供货提前期的缩短对企业竞争力的贡献越来越大。为此，采购部门要对采购计划实施动态管理，以变应变，做出快速反应，在采购环节上保证企业目标的实现。

**3. 效益观念**

企业经营的目标是效益。采购是企业使用资金最多的经营活动，如何提高采购活动中的资金使用效率是企业采购部门需要重点研究的内容。

**4. 合作观念**

现代企业的竞争已经不是企业与企业的竞争，而是供应链之间的竞争。合作的观念不仅体现在企业内部，还体现在企业与供应商之间的合作中，只有与供应商之间有着密切的合作关系甚至是合作伙伴关系的建立，采购管理工作才能顺利进行。

# 第二节　采购分类

采购的分类有不同的标准，每个企业可以根据自身的不同行业、不同经营范围、不同营销方式来选择最适合自己的采购方式。

一般情况下，采购的分类如表 1 – 1 所示。

表 1-1 采购分类

| 分类标准 | 内容 |
| --- | --- |
| 采购主体 | 个人采购、集团采购 |
| 采购范围 | 国内采购、国外采购 |
| 采购的价格决定方式 | 招标采购、询价采购、比价采购、议价采购 |
| 采购目标形态 | 有形采购、无形采购 |
| 采购时间 | 短期合同采购、长期合同采购 |

## 一、按采购主体分类

采购主体是指实施采购的主体。按采购主体的不同可分为个人采购和集团采购。

### (一)个人采购

个人采购通常是指个人生活用品的采购。其目的是维持个人日常生活的正常进行,特点是单个决策、随机发生,主观性和随意性较大,计划性不足,很多时候采购完全是由于冲动引起的,采购金额相对较小,即便采购决策失误,造成的损失也不大。

### (二)集团采购

集团采购是指两人或两人以上公用物品的采购。一般是多品种、大批量、大金额、多批次甚至持续进行的,由集体决策,直接关系多个人利益的采购活动。如果采购决策失误,将对集团造成较大的损失。所以,集团采购一般要慎重、科学、严格。

家庭采购也可以算是集团采购,但典型的集团采购主要是指企业采购、政府采购、事业单位采购、军队采购等。这些不同类型的采购有一些共同点,但各自有各自的特点。其中企业采购尤为广泛和重要,这也是被大多数人所关注的。

## 二、按采购范围分类

根据采购实施的范围不同可以把采购分为国内采购和国外采购。

### (一)国内采购

国内采购主要是指在国内市场采购,并不是指采购的物资都一定是国内生产的,也可以是向国外企业设在国内的代理商采购所需物资,只是以本国货币支付货款,不需以外汇结算。国内采购又分为本地市场采购和外地市场采购两种。通常情况下,采购人员应首先考虑本地市场采购,这样可以节约采购成本和时间,减少运输,同时保障供应;在本地市场不能满足需要时,再考虑从外地市场采购。

（二）国外采购

国外采购是指国内采购企业直接向国外厂商采购所需物资的一种行为。这种采购方式一般通过直接向国外厂方咨询，或者向国外厂方设在国内的代理商咨询采购，主要采购对象为成套机器设备、生产线等。国外采购的优点主要有：质量有保证；平抑国内产品的价格，国外供应商提供产品的总成本比国内供应商的低一些；可以利用汇率变动获利。但也存在一些不足，其中包括交易过程复杂，影响交易效率；需要较高库存，加大储存费用；纠纷追索困难，无法满足紧急订单。尽管国外采购存在一定的风险，但由于我国在新型材料、设备等方面技术相对落后，国外采购仍然是我国企业采购的一种重要途径。

国外采购的对象为国内无法生产的产品、无代理商经销的产品、在价格上占据优势的国外产品等。

## 三、按采购的价格决定方式分类

根据决定采购价格的不同方式，将采购分为招标采购、询价采购、比价采购和议价采购。

（一）招标采购

招标采购是指通过公开招标的方式进行物资和服务采购的一种行为。它是政府及企业采购的基本方式之一。在招标采购中，最主要的特征是公开性，凡是符合资质规定的供应商都有权参加投标。

（二）询价采购

询价采购就是采购者向选定的若干个（不少于3个）供应商发出询价函，让供应商报价，然后根据各个供应商的报价而选定供应商的方法。询价采购是国际上通用的一种采购方法。

询价采购一般用于对合同价值较低的标准化货物或服务的采购，也适用于采购现成的并非按采购实体的特定规格特别制造或提供的货物或服务。

（三）比价采购

比价采购是指在买方市场条件下，在选定两家以上供应商的基础上，由供应商公开报价，报价最低的企业为供应商的一种采购方式。

（四）议价采购

议价采购是指由买卖双方直接讨价还价实现交易的一种采购行为。议价采购一般不进行公开竞标，仅向固定的供应商直接采购。主要适用于需要量大、质量稳定、定期供应的大宗物资的采购。

## 四、按采购的目标形态分类

采购物品的形态包括实体和服务两种，因此根据采购目标形态可以把采购分为有形采购和无形采购两类。

### （一）有形采购

有形采购是指采购输出的结果是有形的物品。主要采购具有实物形态的物品，如原料、辅料、机具及设备、事务用品等。

### （二）无形采购

无形采购是相对于有形采购而言的，其采购输出结果不具有实物形态的物品等，如一项服务、一个软件、一项技术、保险及工程发包等。无形采购主要是咨询服务采购和技术采购，或是采购设备时附带的服务。

## 五、按采购时间分类

根据采购时间的长短可以将采购分为长期合同采购和短期合同采购。

### （一）长期合同采购

长期合同采购是指采购商和供应商通过合同，稳定双方的咨询关系，合同期一般以一年为限，在合同期内，采购方承诺在供应方采购其所需产品，供应方承诺满足采购方在数量、品种、规格、型号等方面的需要。

长期合同采购的优点为：有利于增强双方的信任和理解，建立稳定的供需关系；有利于降低双方为价格洽谈的费用；有明确的法律保证，能够维护双方各自的利益。

长期合同采购的缺点为：价格调整困难，如市场供求关系变化，采购主要求供应方调整价格有一定难度；合同数量固定，采购数量调整有难度；采购人员形成了对供应商的依赖，缺乏创新意识，如果在合同期内，采购商有了更好的供货渠道，也将影响采购商的选择。

长期合同采购主要适用于采购方需要量大且需要连续不断供应的情况，如企业的主要原材料、燃料、动力；主要设备及配套设备等。

### （二）短期合同采购

短期合同采购是指采购商和供应商通过合同实现一次交易，以满足生产经营活动的需要。短期合同采购双方之间关系不稳定，采购产品的数量、品种随时变化，对采购方来讲具有较大的灵活性，能够依据变化的市场环境调整供应商。

短期合同采购适用于非经常消耗物品，如机器设备、车辆、电脑等；补缺产品，由于供求变化，为弥补长期合同造成的供货中断，以签订短期合同补充；价格波动大的产品采购，供应商和采购方都不希望签订长期合同，以免利益受损；质量不稳定产品，如农产品、新试制产品等。

## 第三节　采购管理发展的趋势

采购管理核心是供应商开发和管理，供应商管理基本准则是 QCDS 原则，即质量（Quality）、成本（Cost）、交付（Delivery）、服务（Service）并重的原则。企业采购管理发展的过程就是企业和供应商之间关系逐步强化和完善的过程，从低价值的隔臂关系（Arm's Length Relationships）到高价值的合作关系（Collaborative Relationships）的发展，双方在互信交易的基础上营造无障碍的沟通环境，建立良好、长远、双赢的供应商伙伴关系。

随着国内企业管理水平的不断提高、国内经济市场的不断完善，采购管理正在发生着不小的变化。

### 一、绿色采购

随着全球经济的快速发展，环境问题越来越受到重视，世界各国政府对环境保护的重视程度越来越高，采购作为经济活动中的一个重要环节，也同样面临着环境保护的问题，绿色采购随之兴起。

绿色采购是指政府和企业通过庞大的采购力量，优先购买对环境负面影响较小的环境标志产品，以促进企业环境行为的改善，从而对社会的绿色消费起到推动和示范作用。其实质是建立资源节约、环境友好社会；经济主体经营活动注意经济效益、环境效益和社会效益的协调。

### 二、重视信息技术的应用

市场竞争越来越激烈，市场需求的变化越来越快，企业竞争也由原来的大鱼吃小鱼变成快鱼吃慢鱼，谁能够在竞争中抢得先机取决于企业的信息传递速度。传统采购管理模式没有充分体现信息化条件下高新技术的特点。互联网、多媒体技术、计算机集成制造系统、采购信息平台等新技术的应用使采购管理变得更有效率，交易虚拟化、交易效率高、交易成本低等是信息技术应用到采购管理方面的优点。

### 三、集采购与供应为一体

大型集团公司如何在以资源为焦点的动态不确定性竞争环境中统筹规划、优化整合物资采购供应管理体系，凸显大型集团公司的集团化整体优势，建立起一个既能有效控制资源供应风险、保障生产建设物资供应，又能降低采购成本、高效运转的物资采购供应管理体系。越来越多的大型集团公司注重采购供应一体化管理模式。一体化物资采购供应管理体系规划的战略目标在于建立一个具有全球视野和快速反应能力的低采购成本、低资源风险、高运作效率的采购、供应、管理和服务体系，显著增强集团公司控制物资资源和降低采购综合成本的能力。

### 四、采购业务外包

采购外包就是企业在聚力自身核心竞争力的同时，将全部或部分的采购业务活动外包给专业采购服务供应商，专业采购供应商可以通过自身更具专业的分析和市场信息捕捉能力来辅助企业管理人员进行总体成本控制，降低采购环节在企业运作中的成本支出。

采购外包有利于企业更加专注于自身的核心业务。采购外包对中小企业来说，可以降低采购成本、减少人员投入、减少固定投资、降低采购风险、提高采购效率。对于中小企业来讲，采购外包是降低成本的最佳方式。

### 五、供应商本地化

供应商本地化的优势集中体现在可以缩短交货时间及其变化幅度，满足频繁的小批量交货条件、易于获得价格优势、培养密切合作关系、反馈及时。供应商本地化注重：①重视供应商以往的业绩记录和公司信誉；②保持较少的供应商数量和合理分布位置；③鼓励供应商的早期参与和及时反馈；④提供技术和管理经验；⑤发现和培养供应商；⑥客户与供应商关系意识导向专项培训；⑦充分考虑供应商的利益，鼓励公平交易；⑧争取双赢、相互信任；⑨通力合作，建立超越合同的长期契约、伙伴关系。

### 六、"互联网＋"采购

"互联网＋"是互联网思维的进一步实践成果，它推动经济形态不断地发生演变，从而带动社会经济实体的生命力，为改革、创新、发展提供广阔的网络平台。

"互联网＋"采购是利用信息通信技术以及互联网平台，让互联网与采购进行深度融合，通过大数据的分析与整合改变传统的采购方式，充分发挥互联网在社会资源配置中的优化和集成作用，提升采购的效率，促进企业供应链转型升级，从而促进从企业到社会的经济健康有序发展。

互联网使原有的采购管理模式发生了很大的变化，在降低采购成本的同时，大大提高了采购的效率。采购人可通过线上平台，寻求最佳采购方案。从互联网的特性来看，互联网是一个没有边界24小时实时去中心化的平台。它正契合了当前中国企业转型升级的时间点。互联网采购模式的优势有：①整合供应商，提高企业议价能力；②打通供应链上下游，实现信息对称；③简化采购流程，从选择、下单、审批、配送、发票开具到售后，一整套繁复的流程一键即可搞定；④集中采购管理，分散配送；⑤采购过程全程信息化、透明化，避免暗箱操作及操作失误造成资源浪费；⑥提升管理科学化水平，采用云计算、大数据、人工智能等新技术，科学合理地配置管理资源，可以将需求迅速反馈到供给方进行 C2B 定制。随着移动互联网、物联网、云计算、大数据等技术不断发展，采购交易方式日渐成熟，"互联网＋"采购以其采购专业价值、低风险、高效率和采购节约率的优势大力推动企业发展。

## 七、数字化采购

美国麦肯锡咨询公司认为数字化采购应该是：供应商和商业用户通过大数据分析、流程自动化和全新协作模型提升采购智能效率，大幅降低成本，从而实现更快捷、更透明的可持续采购。麦肯锡认为数字化采购包含两大核心要素：识别和创造价值以及防止价值漏损。这两大核心要素分别对应四大类解决方案：支出可视化、协作型先进采购、采购支付以及绩效管理。

数字化采购是指通过应用人工智能、物联网、机器人流程自动化和云端协作网络等技术，打造可预测战略寻源、自动化采购执行与前瞻性供应商管理，从而实现降本增效，显著降低合规风险，将采购部门打造成企业新的价值创造中心。

数字化采购并不是简单的 IT 升级。数字化采购的未来趋势是采购和业务部门将能够处理自己生态系统以外的信息并与之进行交互，而智能技术也将超越简单的执行，直接上升到辅助业务决策（有时是做出决策）的高度。

可预测战略寻源是指在战略寻源（从寻源到合同）环节，数字化采购将完善历史支出知识库，实现供应商信息、价格和成本的完全可预测性，优化寻源战略并为决策制定提供预测和洞察，从而支持寻源部门达成透明协议，持续节约采购成本。

自动化采购执行是指在采购执行（从采购到付款）环节，数字化采购将提供自助式采购服务，自动感知物料需求并触发补货请购，基于规则自动分配审批任务和执行发票及付款流程，从而加速实现采购交易自动化，有效管控风险和确保合规性，大幅提升采购执行效率。

前瞻性供应商管理是指数字化采购将应用众包、网络追踪和虚拟现实等技术全面收集和捕捉供应商数据，构建全方位供应商生命周期管理体系，实现前瞻性风险规避与控制，从而提升供应商绩效与能力，支持采购运营持续优化。

## 第四节　案例与习题

### 一、案例

## 从一个采购商看"互联网＋"如何实现采购模式创新[①]

"2016 年华夏人寿保险业务量呈爆发式增长，然而，当公司盈利大幅度提升的同时，

[①]　资料来源：http://epaper.cena.com.cn/content/2016-11/08/content_641722.htm。

设备及各类物品采购的需求量和采购量也大幅提升。你真的很难想象,保险公司采购的物品大到服务器、家具、电脑,小到高压锅、煮蛋器等各种品类,非常繁杂,传统的采购方式让我们感到非常困扰。"在 2016 年 10 月 31 日由工业和信息化部电子信息司指导,工业和信息化部赛迪研究院、中国电子报社主办的 2016(第二届)"互联网+"企业采购高峰论坛上,华夏人寿保险股份有限公司电子商务部总经理马捷如是说。

与电商平台合作以前,华夏人寿保险公司采购流程是集中需求,然后发标、招标,供应商应标,中标之后按照流程签订框架协议,最后实现采购以及发起物流等流程。马捷说,对内部管理而言,这样的采购流程有四方面的痛点:一是整个招标流程非常烦琐,采购周期很长,影响整个业务发展;二是配送周期长,物流系统薄弱,很多供应商只能够配送到二级机构,不够便利;三是由于采购品种多,框架供应商也非常多,公司管理难度变大;四是对于二、三级机构的采购工作没有办法实时监控,供货环境相对比较复杂。

这不仅是华夏人寿保险的困扰,也是大多数企业在采购时面临的难题。面对这些痛点,企业采购亟须打破原有方式,建立新模式。"在'互联网+'背景下,华夏保险企业采购模式由传统线下集采方式,变革为依托京东电子商务平台的 B2B 电商化采购模式。"马捷说,京东慧采平台拥有丰富的产品,配备完善的物流配送体系,通过与京东合作,让华夏人寿保险真正地看到了创新集采带来的好处。

据马捷介绍,京东 B2B 电商平台有四个平台,在慧采平台上会看到丰富的产品类别。依托华夏—京东专属电商平台,京东大用户会根据采购方对产品门类的需求和定义,每个月为采购方推荐每一个品类 TOP10 商品,形成一个产品池,采购方会根据采购需求选择商品,线上直接下单,线上实时追踪发票信息,公对公进行账单结算,实现信息流、资金流、商品流的线上有机统一,从而实现全流程的有效监控。

"通过创新企采模式,华夏人寿保险公司企采进程大幅优化。利用京东慧采平台丰富的产品体系,我们不用到处找商品,也不用担心物流的问题,让我们有了更多的购买选择,商品也可以更加快速准确地配送到三级机构以及四级机构(三级机构是指一些地级市,四级机构是指县域城市)。"马捷说。

她提供了一组数字:华夏人寿保险公司从 2014 年 10 月与京东初步接触,12 月签署了长期销售协议。2015 年华夏人寿保险通过京东平台共下单 1444 单,购买单品 3.8 万个,采购金额达到 2106 万元,涉及 17 大类 662 个单品。2016 年以来,集采的进度呈现了井喷式的增长,到 2016 年 9 月底,在慧采平台已经下单 5610 单,平均每单单价 9400 元,总金额实现了 5312 万元,同比增长 152%,品类扩大至 24 大类 2265 个单品。预计到年底,同比增长量倍增应该没有问题,仍有很大的发展空间。在这种情况下,2015 年华夏人寿保险公司采购成本较 2014 年下降了 15%,配送成本下降了 70%,整个采购效率却提升了 50%。

在"互联网+"背景下,企业采购趋于电商化、多样化、阳光化、全程化。马捷表示,会越来越多地通过电商平台实现全球寻源,达成采购管理标准化、规范化,从而提升整个采购效率。通过大的平台来解决产品单一的问题,实现采购品多元化,满足不同的需求。京东的阳光集采就是通过新的模式,打造一个阳光互联的电子交易平台,实现采购信息的公开透明,从而实现大企业管理透明化,减少整个采购过程中的灰色地带,减少不必要的成本支出。通过运用"互联网+"采购模式,实现从采购需求到支付结算全过程的在线完成，时时跟踪，进而实现商流、物流、资金流的高效统一。

从长远发展来看，企业采购将成为未来发展的大势所趋。马捷表示，未来集采平台的发展趋势体现在三个方面：第一，高效合理，整体管控；第二，信息畅通，共享共建；第三协同发展，互利共赢。

## 二、专题讨论

1. "互联网＋"农资采购与传统的农资采购有什么区别？
2. "互联网＋"采购会给企业采购管理带来什么变化？

## 三、练习题

（一）选择题

1. 企业采购主要原材料适合采用_____采购方式。
A. 短期合同　　　　　　　　　B. 现货
C. 长期合同　　　　　　　　　D. 本地
2. 询价采购至少需要向_____家供应商发出询价单。
A. 1　　　　　　　　　　　　B. 2
C. 3　　　　　　　　　　　　D. 4
3. 招标采购的最大特征是_____。
A. 公开性　　　　　　　　　　B. 公平性
C. 公正性　　　　　　　　　　D. 诚实守信
4. 比价采购至少需要选定_____家供应商。
A. 1　　　　　　　　　　　　B. 2
C. 3　　　　　　　　　　　　D. 4
5. 酿酒厂采购粮食适合采用_____采购方式。
A. 短期合同　　　　　　　　　B. 现货
C. 长期合同　　　　　　　　　D. 本地

（二）填空题

1. 有形采购是指_____。
2. 无形采购是指_____。
3. 国内采购是指_____。
4. 国外采购是指_____。
5. 议价采购是指_____。

（三）名词解释

1. 采购

2. 供应

3. 集团采购

4. 绿色采购

5. 采购管理

## （四）简答题

1. 采购管理的目标有哪些？

2. 采购管理的理念包括哪些？

3. 国外采购的优缺点有哪些？

## （五）论述题

1. 结合中国当前经济形势，如何理解采购管理发展趋势？

2. 数字化采购与"互联网＋"采购有什么不同？

## ◇　本章参考文献

［1］徐杰，鞠颂东. 采购管理（第三版）［M］. 北京：机械工业出版社，2014.

［2］赵道致，王振强. 采购与供应管理［M］. 北京：清华大学出版社，2009.

［3］黎冲森. 新采购模式：全价值链＋数字化＋共生［J］. 汽车观察，2019（1）：34－35.

［4］宫迅伟. 从"传统市场"到"新计划"——数字化时代采购转型新趋势［J］. 进出口经理人，2018（11）：38－40.

［5］汪莉莉. 数字化采购的创新与实践［J］. 中国建设信息化，2018（18）：21－23.

# 第二章　采购战略

◇ 引导案例

## 沃尔玛采购战略——缩短供应链，直采降成本

**阶段一：建立全球采购中心**

在 2002 年之前，沃尔玛并没有自己从海外直接采购商品，所有海外商品都由代理商代为采购。但是之后在很短的时间内在全世界成立了 20 多个负责采购的分公司，使全球采购业务在一年之后增长了 20%。建立全球采购中心战略主要是为了满足不断增长的战略需求需要，尤其是全球扩张。这一国际业务想要持续良好地发展，被收购的店铺通过全球采购获得进口商品从而提高商品的竞争力和店铺形象就显得尤其重要。

**阶段二：全球采购体系转型**

5 年之后，沃尔玛就对原先建立的全球采购体系进行转型：①全球采购质检工作外包；②以新的全球采购中心为核心的统一的全球采购架构。这个新架构将会发挥公司在非食品采购及全球食品采购上的全球规模优势。导致这次转型的主要原因是日益增长的采购费用。

**阶段三：采购战略回归——"沃丰联盟"**

2010 年 1 月，香港利丰有限公司与美国沃尔玛签订了一系列采购安排协议，成为其采购代理。其代理采购的并不仅仅只是中国的商品，也不是单一的某一类商品，而是为全世界的沃尔玛商店采购所需要的商品。表面上看这似乎回到了 2001 年之前的模式，但实际上是因为沃尔玛的直采模式在中国受阻。作为全球最大的跨国零售商，选择利丰集团作为其采购商，是强强联合的典范。将采购业务委托给第三方来经营，能够充分发挥沃尔玛的核心竞争力，充分利用世界最优秀的采购商资源，形成最强的经济实力，同时可以弥补沃尔玛全球采购战略中的薄弱环节，通过利丰的专业水平和强劲资源，帮助沃尔玛在商品采购价格上更具竞争力，同时还会提升沃尔玛自有产品设计，发展沃尔玛综合采购能力，这无疑是沃尔玛在全球采购方面薄弱情况下最好的选择。

**阶段四：重回直采模式**

近年来，沃尔玛正逐步取消与总部位于中国香港的代工厂中间商利丰集团之间的大部分采购业务，并倾向于直接与产品制造工厂签订合约。真正让沃尔玛下决心收回采购权的，或许与当下"互联网＋"广泛推广的大背景有关。跨国采购之前依赖很多中间贸易商，电子商务无疑可以弥补这一短板。首先，电子商务模式能让许多供应商通过互联网快速轻松地找到合适的合作伙伴，供应商的产品信息也能及时了解，如交货期、价格、库存等，并可以获得较低的价格。其次，通过在内部网络，以保持通过各种媒体了解该公司的库存，及时采购，传统的采购或供应主要来自各种汇总统计和财务报表，增加了购买实时制约的难度。

资料来源：https：//mp. weixin. qq. com/s/UdrrKG6dUh0k9u5m2cpgvA。

◇　**案例解析**

从 2001 年开始，沃尔玛就不断调整自身的采购战略，作为世界零售业的巨头，如何压制竞争对手，保持第一的位置，一定是沃尔玛的战略目标之终点。而就商品来说，最有效的武器必定是价格，沃尔玛能常年稳坐世界第一的宝座，其成本领先战略无疑是最有力的推手。从源头上降低采购成本才能保证商品的低价，而后吸引客户、扩张市场自然不在话下。沃尔玛与家乐福最大的不同就在于"营采分离"，采购业务绝对是沃尔玛的支柱性业务，为了保证支柱不倒，战略核心一定要稳定，而沃尔玛的采购战略核心从 2001 年开始就一直是"扩大直采比例，缩短供应链，降低成本"，从这一核心出发，这 15 年间，沃尔玛采取了一系列调整措施保证低成本采购，不管是全球采购的转型，还是采购战略的回归，最终目的只有一个——降低采购成本。这也可以看出，一个公司的战略必须是长远的，不管历经多少挫折，都必须坚持，沃尔玛长达十多年的采购战略调整充分地说明了这一点，我们相信，沃尔玛未来还将持续调整采购战略，但是核心始终不会变。

◇　**案例涉及主要知识点**

采购战略、直采模式、采购成本

◇　**学习导航**

- 掌握采购战略的基本概念和影响因素
- 掌握采购战略的制定方法

◇　**教学建议**

- 备课要点：采购战略定义的理解、采购战略的制定
- 教授方法：讲授、案例分析、专题讨论
- 扩展知识领域：数字化采购与可预测寻源

# 第一节 采购战略概念

## 一、采购战略概念

### (一) 采购战略的出现

公司战略不仅是为了生存，它还需要阐明公司在变化的竞争环境中如何开展竞争。公司战略强调了包括长期生存问题在内的企业长期目标。已停止营业和已进入破产阶段的企业并不少见，即使在经济处于增长时期也同样如此。像斯图特贝克（Studebaker）、派克（Packer）、东方航空（Eastern Airlines）、泛美（Pan Am）、凯泽医疗（Kaiser Health - care）等公司以及其他曾经繁荣一时的公司都因不堪竞争的市场压力而破产。在许多实例中，这种情况都是由于制定的公司战略质量低劣所导致的。公司战略主要阐述的问题有：①企业的长期目标与使命；②制约活动的宽泛约束条件和策略；③一系列的当前行动计划（策略）以及预期有助于实现企业目标的近期目标。

企业管理层必须制订具体计划来概述：公司如何区别于其竞争对手、如何达到增长的目的、如何控制成本、如何达到客户满意、如何保持持续的盈利以达到或超过股东的期望。

企业生存的目的是利益最大化，条件是收入必须多于运营成本，从而实现长期增长和收益增加。平衡这两者有增加收入或降低成本两种基本方法。增加收入意味着要么提高价格要么保持价格稳定而增加销量。同时，成本必须保持相对稳定或者必须保持其增长幅度小于收入的增长幅度。然而，在过去的几年中这种选择变得越来越难以实现。低通货膨胀率和不断提高的生产效率表明价格不可能超出顾客的承受能力而不断上涨。同时，顾客可以从大量的产品和服务中进行选择，这意味着质高价低的产品数量将不断增加。只有极少数市场中的销售商能够提高或者保持价格的相对稳定。

降低成本已经成为一个能够带来丰厚利润回报的领域。面对全球竞争，公司正在不断寻找在维持自身利润和维持股东回报的情况下，降低成本并将所节省的成本部分地转移给客户的方法。公司通常首先通过削减劳动力成本来降低成本，这种做法盛行于20世纪八九十年代，那时许多大型企业在进行小型化过程中削减了上百万个工作岗位。在某种程度上，小型化的方法已达到其使用的极限。现在的管理人员和工人都要求在更短的时间内利用更少的资源完成更多的任务和承担更大的责任。通过进一步小型化来实现明显成本节约的可能性已经非常渺茫。

### (二) 供应管理与供应战略

企业生产经营需要消耗各种物品，为了生产经营的持续进行就必须要有新的物品不断地补充生产经营活动中的消耗,这种以物品补充生产经营消耗的过程就叫供应。供应过程包括采购、储存、供料等环节,涉及商流、物流、资金流和信息流。为了保质、保量、经济、及时地供应生产经营所需的各种物品,对采购、储存、供料等环节进行计划、组织、协调与控制,确保企业经营目标实现的一系列管理活动就叫供应管理。它包括供应管理的业务活动(即计划、采购、储存以及供料等)、供应管理的支持性活动(即人员管理、资金管理等)、供应管理的拓展性活动(即供应商管理)。

供应战略是供应管理部门在现代理念的指导下,为了实现企业战略目标,通过供应环节的分析,对供应管理工作所做的长远性的谋划和方略。

供应战略是企业的一种职能战略,是企业战略的组成部分。供应战略管理是供应管理部门为了实现企业的整体战略目标,在分析企业外部宏观环境、供应商所处的行业环境以及企业内部微观环境的基础上,确定供应管理目标、制订供应战略规划并组织实施的动态管理过程。毫无疑问,供应战略应该与公司战略保持一致。供应战略、供应目标和企业战略的关系如图 2 – 1 所示。

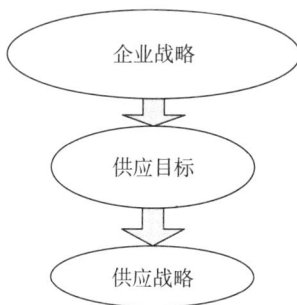

图 2 – 1　供应战略、供应目标和企业战略的关系

（三）采购战略内涵

采购管理是供应管理的主要环节,在现代采购理念的指导下,为实现企业战略目标,通过供应环境分析,对采购管理工作进行长远的谋划与决策。它详细地界定了采购如何支持期望的竞争性业务战略,协调配合其他职能战略,最终贯彻执行公司总体战略。

采购管理的核心工作是围绕公司战略计划和生产计划制订采购战略和采购计划,即根据企业层次的决策来确定采购规模、区域,然后分配优先权、制定进度表、确定目标以及个人责任。

## 二、采购战略分类

采购战略主要是针对企业所需的供应物品的不同特点,从企业与供应商关系以及采购商品的特征等来分类。但是采购战略区别于战略采购的内容,采购战略是对采购管理的长远谋划与决策,战略采购关注具体的采购策略。本书对采购战略从企业与供应商关系方面进行分类，主要分为市场交易战略、短期项目合作战略、功能联盟战略和创新联盟战略四种基本供应战略。

### （一）市场交易战略

市场交易战略指企业主要通过市场上的合同买卖来取得所需的供应物品，供应产品的生产技术相对成熟或技术含量低，在企业最终产品的生产和销售中不具有重要性，对提升企业的核心竞争力作用甚微，企业不需要供应商提供售后服务，也不需要进行专项投资。

### （二）短期项目合作战略

企业与供应商基于一定的项目进行合作，但这种合作不考虑长期的战略影响。主要是为了应对一定的市场需求，企业与供应商采取的一定的短期合作策略，以把握急剧变化的市场机会，在市场需求满足或消失后，合作即宣告结束。企业的最终产品往往需要满足变化灵活的客户需求，相关的供应产品也要求具有较高的灵活性，有时有较高的技术含量，在局部或潜在地可能对企业的核心竞争力有大的影响。供应产品的设计、性能、质量对企业最终产品的设计、生产乃至产品概念最终能否实现，都有关键的影响作用。

### （三）功能联盟战略

供应产品对企业较为重要，需求量也较大，但产品本身生产技术成熟，替代性较高，企业为了满足日常生活的需要，可以与供应商结成联盟，使供应商的生产产生规模效应，降低供应产品的价格，从而也相应地得到一些从供应商转移过来的规模效应，降低企业自身的供应成本。

企业采用这种供应战略需要与供应商共同地进行一定的专用投资，但具有较大的风险，因为如果其中一方终止合作，双方都将蒙受损失。

### （四）创新联盟战略

这种合作是企业为了长远的生存发展而采取的重大战略步骤的一种，其目的是追求长期的竞争优势和双赢的结果，无论对企业还是供应商都是一次重大的战略选择。双方需要紧密而长期的合作，并进行很高的专项投资，包括双方的发展战略相互配合以及人才等重要资源的相互调动。

在以上的四种采购供应战略类型中，市场交易战略和功能联盟战略侧重降低采购成本，短期项目合作战略和创新联盟战略侧重考虑创新；与此同时，市场交易战略和短期项目合作战略重视短期效益，而功能联盟战略和创新联盟战略则相反。在采购战略分类中，企业与供应商之间的关系是采购战略制定的一个重要根据，而其中真正起作用的是企业所需供应物品的特征。因此，除了从企业与供应商关系之间双方战略倾向不同划分外，较多的还有根据采购项目（供应物品）的特征来划分，较为常见的有日常型采购项目、杠杆型采购项目、瓶颈型采购项目和关键型采购项目的采购战略。

## 第二节　采购战略目标和影响因素

### 一、采购战略目标确定

战略目标制定的主要成果就是形成部门战略目的，其中包括采购战略目的。随着采购经理与企业中其他成员以及公司管理人员不断地相互作用，一组战略目的将会产生。这些战略目的可能包括也可能不包括有关如何达到这些目的的细节问题。然而，这个过程并未结束。除非买方能够将内容广泛的目的准确地转化为具体的采购目标，否则这些战略永远都不可能实现。采购必须将每一个目的与可测量的、可实施的具体目标相匹配。这些具体的目标将成为详细商品战略制定过程的开端，不管在系统的最高层次还是在职能或部门层面上，目的总是推动目标。具体表现如下：

（1）降低成本的目的；

（2）成为本行业中的低成本生产者；

（3）降低满足供应内部客户所需的库存水平；

（4）技术、新产品开发的目的；

（5）外包非核心竞争力的活动；

（6）缩短产品开发时间；

（7）减少供应商总数的目的；

（8）减少所使用供应商的数目；

（9）与保留的供应商共同解决问题；

（10）保证供应的目的；

（11）保证从能够最好地满足具体需求的供应商那里得到持续的供应；

（12）提高服务和产品的质量。

在具体的采购战略目标的确定时，往往可以采取标杆法。标杆法亦称基准管理，就是将那些出类拔萃的企业作为企业的测定基准或标杆，以它们为学习的对象，迎头赶上，进而超越之。通过标杆实施过程，帮助企业辨别最优秀企业及其优秀的管理功能，并将之吸收到企业的采购战略规划中，以此改进采购工作绩效。采购管理人员通过与优秀企业的比较，找出本企业采购管理中深层次的问题和矛盾，发现过去没有意识到的采购技术或管理上的突破，发挥更大的创造性，推动采购管理迈上一个新的台阶。

### 二、采购战略的影响因素

公司在决定战略方案之后就需要实施这一战略，这包括资源配置、计划和控制、组织方面的考虑、人力资源问题以及变化管理。典型的实施计划如图 2－2 所示。

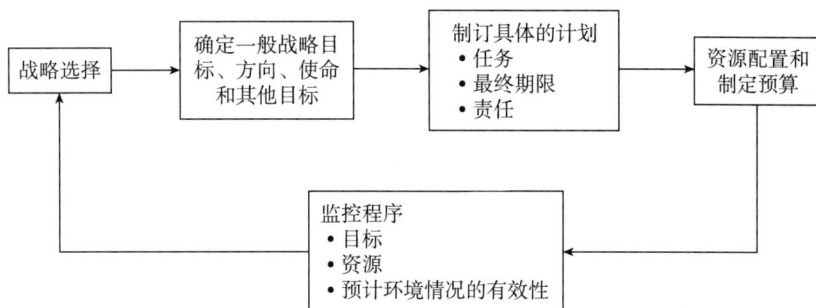

图 2 - 2  战略的实施计划

与采购战略选择和制定相关的因素有很多，战术操作性行为都必须要支持所选的战略方法。影响战略选择的因素包括：①该企业在其供应链中的地位；②企业的供应市场中有效原材料来源地的数量；③在供应和终端市场中的技术发展速度；④供应或终端市场的变动性；⑤政府对市场的干预程度；⑥采购公司管理战略的能力。

公司制定和应用战略的能力依赖于各级管理者的认识。负责制定采购战略的管理者应该认识到，这些认识受到现存的公司结构、内部信息系统的质量、公司的既往经历和管理者可获得的资源的影响。

在制定明确的组织战略时，有必要概述出未来 2 ~ 5 年的管理行动方案。一旦涉及组织的采购，应当考虑与长期行动相联系的即时方案。因为采购市场的最终目的是满足企业销售市场的需要，这个方案应该与其他战略联系在一起。管理者需要选择能给公司带来新颖和竞争优势的战略。采用任何战略都必然承担风险，一个特定战略的潜在利益需要权衡风险、所需要的资源水平等因素。即使用于解决供应市场问题的防守型战略，也能带来竞争优势。

制定有效采购战略的关键标准同应用于市场营销战略的标准是一样的。管理者应当关注具有更大贡献潜力的领域；发掘采购公司特定资源组合带来的竞争优势；强调针对竞争对这些资源进行创造性管理；强调一致性和可行性，通过有效计划详细说明谁、干什么、何时、为何、哪一个和怎么样等几大因素。市场增长率、环境影响和立法因素是其他需要考虑的因素。在制定战略的初始阶段必须对公司的商业行为进行分析，这时可以问一些与此相关的有用的问题（见图 2 - 3）。

（1）目前的战略是什么？这个问题以一个战略存在为先决条件。即使目前没有一个明确的战略，但一定会存在着一个潜在的战略。

（2）该战略是否与其他重要领域所用的战略相协调？怎样才能使它和公司战略之间的关系更协调？

（3）我们是否已经确定了与购买重要部件或原材料相关的风险水平？市场中固有的威胁有哪些？

（4）在我们的供货市场中有哪些可以利用的有利条件？

（5）目前的公司组织结构（包括相关的沟通系统）是否允许购买行为影响公司商业战略的其他方面，而同时又受到这些方面的影响？

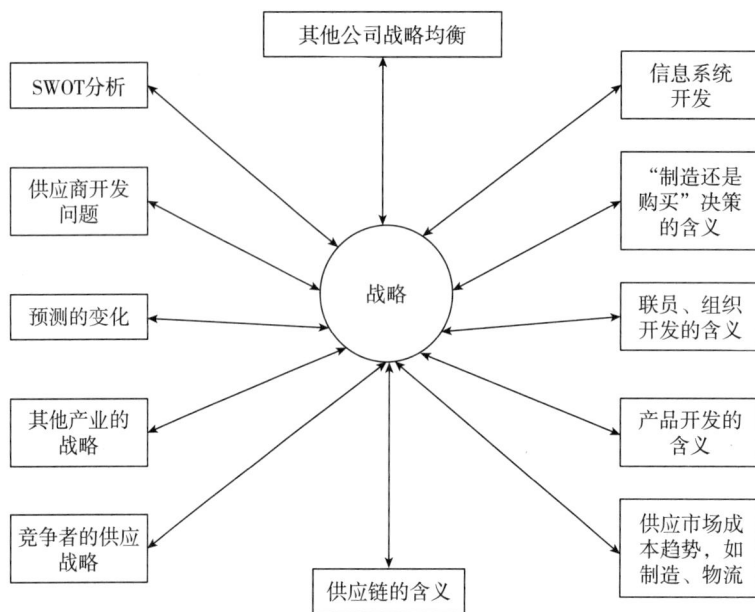

图 2-3　战略框架体系

（6）根据上面所提到的，各部门的结构安排是否妥当？

（7）对于产品开发决策以及战略决策（包括制造还是购买决策），采购策略是否具有影响力？供应链中有什么问题可以体现出威胁或机会？

（8）与其他购买者合作（如一群公司或某一特定国家）会有什么优势？

（9）是否能够充分利用尚未被利用的资源？

（10）供货市场上可以察觉到发生了什么事情？

（11）我们的主要供应商的产品组合是否平衡？

（12）在我们的重要供应链中是否能够从十个或多个商业的所有权或部分所有权中得到利益？

（13）我们需要开发什么样的保护战略？

（14）我们需要建立什么样的系统信息及人员策略才能确保所选用的战略得到发展？制定与进口替代措施有关战略的范围是什么？

（15）在关键供应源、原材料及部件等方面我们公司如何持续保持成本优势？

（16）正在萎缩的供应市场体现了什么战略？

（17）当我们提高供应链的有效性的同时，如何提高其灵活性？有什么好的战略建议？

（18）其他行业正使用的供应战略有哪些适用于我们公司？

（19）我们开发了 IT 能力？特别是电子商务领域？

（20）我们的供应链一体化程度如何？

## 第三节　采购战略的制定

　　企业通常还是让采购团队来制定采购战略，采购团队负责制定商品战略、具体细节并确定对商品进行管理的行动方案，采购战略的最终对象是商品——一组被采购的产品。采购团队往往由来自生产制造、产品设计、工程技术、市场营销、财务管理和物品采购等领域的人员组成。相关人员对所要评价的商品非常熟悉，所购买的商品越重要，就会有更多的跨部门成员或用户团队参与。

### 一、确定业务单位的需求

　　采购活动将根据公司目的和业务单位战略制定过程制定其战略方向。业务单位的部门战略作为驱动因素将促进它的制定，跨部门采购战略主要适用于业务单位所需购买的主要商品和服务。接着，将其转化为采购目标。采购部门一旦确定了必须实现的一组广泛的目标，将会在商品、服务、产品层次上出现另一组更加详细的战略。采购战略应先从商品、产品层面有效地展开。

### 二、确定采购需求的战略重要性（投资组合分析）

　　制定采购战略的第二步，就是要充分理解与业务单位目标相关的采购需求。这一般通过名为供应链定位模型的组合分析战略分析工具来完成。组合分析的前提是将每次采购或者每组采购首先归并到四个象限：日常型象限；杠杆型象限；瓶颈型象限；战略型象限（见图2-4）。

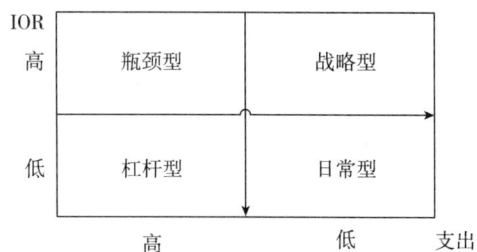

```
IOR
高    瓶颈型      战略型

低    杠杆型      日常型

      高          低        支出
```

图2-4　供应战略定位

（一）日常型象限

日常型象限的采购项目的影响、机会、风险级别和支出水平都很低。采购项目一般是标准件，而且可以从许多供应源得到，因此其 IOR（指对企业的影响、机会和风险）水平等级较低。因此，在采购日常项目时不必付出太多的精力。通常，公司都有大量的标准品位于日常象限，如办公文具、保洁服务、标准耗材等。企业应力图使投入在这些项目上的采购工作量最小。具体可以通过以下途径来实现：①简化这些项目的采购、收货和付款的处理过程，尽可能地实现这些过程的自动化；②行政管理的最简化，如通过电子商务平台让供应商直接进入企业的计算机采购系统；③尽量减少对供应商的干涉；④将实际的购买授权给企业的内部用户。

（二）杠杆型象限

杠杆型象限的采购项目的影响、机会、风险级别低但支出水平高。杠杆型采购项目通常是标准件，可供选择的供应商数目较多，因此 IOR 级别较低，这一点与日常型项目较为相似。但是，它与日常项目的区别在于，所代表的项目的年度支出金额较高。这通常意味着企业的采购对供应商来说具有很大的吸引力，可能增加买方的"谈判力量"，使买方在与供应商谈判时处于更有利的位置。供应定位模型中的杠杆象限是对企业最具吸引力的象限。一个采购品的位置越靠近模型中的右下角越好，这一点是"典型的"杠杆位置。杠杆项目的主要特征有：①存在许多潜在的供应商，产品或服务容易获得；②产品为标准件；③供应风险低；④项目的年度支出额较高。

（三）瓶颈型象限

瓶颈型象限的采购项目的特征是风险级别高但年支出水平低。通常是专业性较高的采购项目，只能从少数几个供应商处获取。例如，当产品的设计是基于某项新技术，而采用该技术的配件供应商只有少数几家。再如，企业的产品依赖于某些紧缺的零部件，这些零部件供不应求，且这些零部件的缺货会对公司造成重大影响时，这些零部件就属于瓶颈项目。瓶颈项目的风险较高，企业的购买金额太低以致对供应商来说没有特别的吸引力，因此，企业应该认真对待瓶颈型采购项目。供应定位模型中的瓶颈象限，是对企业最不具吸引力的象限。瓶颈项目对于企业来说风险很高，而企业又没有什么能力去影响供应市场，因为企业在这些项目上的采购支出很少。一个采购品的位置越靠近供应定位模型中的左上角，即典型的瓶颈位置，它带给企业的问题越大。瓶颈项目的主要特征有：①供应风险高；②潜在的供应商很少；③产品为非标准件；④项目的年度支出额较低。

（四）战略型象限

供应定位模型中的战略象限的采购项目是对企业最重要的象限。一个采购品的位置越靠近供应定位模型中的右上角，即典型的关键位置，它对企业的影响力越大。战略型项目的主要特征有：①供应风险高；②潜在的供应商较少；③产品为非标准件；④替代品很少或没有；⑤项目的年度支出额高。

### 三、确定业务需求和供应市场的调研

制定采购战略的第三个主要步骤就是要进行彻底的商品调查研究。这一步骤经常被忽略或者是很快完成，但是它对于理解供给与需求至关重要。首先，业务单位必须对采购某种物品所要发生的花费准确地预测。虽然所花成本总量可能很清楚，但重要的是要知道此项花费发生在何处？是哪家供应商的？这可能是揭示性分析，它常常发现不同的业务单位为同一种产品所支付的成本不同。在某些情况下，存在同一供应商提供的同一种产品具有不同的价格。此项分析不仅评价供应市场的某些重要特征，而且评价现存的和计划的业务需求。

### 四、设定目标并进行差距分析

制定战略程序的第四个步骤，就是为评价战略实施的进展状况而设定具体的目标。企业的目标和需求直接相关，有效的目标都应具备一些共同的特征：①具体的、可测量的和便于实施的；②评价内部进展并可与外部竞争对手和评价基准进行比较；③超越价格而作为全部成本的其他主要"驱动因素"；④能够评价质量、客户服务、可得性、响应度；⑤允许情况下，需要与供应商共同设定。

### 五、制定采购战略和目标

采购战略应考虑研究中的相关标准，其中包括最佳供应商的相对标准、业务单位需求方案可能产生的风险、其他不同选择所带来的机会成本。向管理层提交的战略包括的具体细节如下：①供应商的数量及分配给每家供应商的业务量；②备选的供应商；③合同的时间跨度和类型；④供应商对产品设计的参与程度；⑤供应商的来源，当地的还是全球的；⑥全程服务分销商或者基本设备制造商，供应商的研发活动；⑦关系类型（传统的还是战略联盟）。

### 六、贯彻实施战略

战略的贯彻实施要求有对公司的控股权以及时间和任务的相关文件。相关各方应该了解采购战略可能带来的任何变化。战略贯彻实施的关键要素包括：①在规定时间限度内所需要完成的任务；②分派责任和实施过程的所有权限，确保实施过程的参与者能够得到充足的资源；③向供应商和内部客户介绍战略的相关内容并争取全员参与；④在与供应商谈判前编制谈判计划以及一份"理想合同"；⑤与所有的使用者和股东交流战略实施情况；⑥制订应急计划以防突发事件的出现。

### 七、控制结果和绩效回顾

战略制定过程的最后一步就是要保证战略能够实现其预期目标。进行定期回顾以便决定战略是否成功、核心战略是否需要加以改变。绩效回顾包括从关键供应商处得到的反馈和帮助，不管在任何情况下，所有供应商应当根据对未来趋势的预期得出相应的结果。因为采购人员与供应商进行联络并对供应商的绩效负责，所以他们在绩效回顾中扮演着关键角色。如果供应商没有按预期的计划进行，早期决策就必须被重新回顾和评价。

第四步设定目标并进行差距分析中所规定的关键目标必须定期进行回顾，以便对原战略进行修改。控制结果过程的关键要素包括如下几个方面：

（1）组织定期回顾会议（每年至少一次），以决定战略是否能够为实现组织目的很好地服务。

（2）与高层管理交流战略实施的结果，以便为战略实施提供外部推动力，确保战略而实现绩效考核。

（3）对内部客户与供应商的观念进行评价。他们是否对结果满意？如果不满意，为什么会不满意？另外，战略是否能够加以改变以改善当前状况。

（4）确定关键目标是否实现。如果没有实现，有什么应急计划？如果目标已实现，那么存在什么样的经验教训。

（5）向相关人员反馈信息。

## 第四节　数字化采购与可预测战略寻源

### 一、数字化采购

数字化采购是指通过应用人工智能、物联网、机器人流程自动化和云端协作网络等技术打造可预测战略寻源、自动化采购执行与前瞻性供应商管理，从而实现降本增效，显著地降低合规风险，将采购部门打造成企业新的价值创造中心。

（一）数字化采购要求

在数字化采购环境中，要求所有的流程必须打通，其运作战略是基于高度认同的一个供应链战略协同下开展的，各个部门和环节的 KPI 指标也是基于供应链战略绩效的协同和分解而来的，所有的参数和指标都在同一个逻辑下展开，形成数字化的作业单元，再加上有了集中的供应链运作部门，将所有环节的计划—执行—信息—物流等串联起来，形成端到端的纵向管理体系。

### （二）数字化采购应用场景

#### 1. 目录化采购

数字化采购将通过目录化采购构建基于品类的自动化采购流程，从而帮助企业加强全流程控制，实现差异化品类分析，并在复杂的支出类别中发现可持续的成本节省；结合最佳实践和企业采购品类自定义编码，建立全品类目录化采购，从根本上规范采购流程；基于采购目录建立精细的品类管理模式，实现差异化品类分类，优化各采购品类的管理策略。最常见的就是网上商城，如大家熟知的京东商城、中石化的"易派客电子商务平台"等。

#### 2. 采购到发票自动化

数字化采购通过批量执行重复性任务、自动触发请购及审批流程，实现核心的采购到发票管理活动的自动化和标准化，帮助企业全面提高采购效率，持续降低管理成本。企业应用自动化技术，消除感知物料需求，并自动触发补货请购，从而简化和智能化请购流程；结合最佳实践和企业现有流程自动分配各环节审批任务，大幅缩短审批周期，提高效率。

#### 3. 阳光采购与风险合规

数字化采购通过构建风险与合规管理生态系统，应用数字技术自动追踪采购行为和异常情况，帮助决策制定者实时观察采购风险与合规性；将风险与采购管理无缝嵌入采购流程，从而自动监控各环节采购行为和审计跟踪，帮助企业快速洞察风险与机遇，有效控制采购风险；也可以应用机器人流程自动化技术，自动化审计跟踪，提升审计效率。

#### 4. 付款与供应链金融

数字化采购能够应用智能合约技术自动触发付款流程，消除手动验证，为了可以结合区块链分布式记账技术，在智能合约触发付款后执行自动化安全付款，实现精准触发付款，推动付款管理更加安全与高效。

根据企业需求提供供应链金融功能，应用智能合约技术实现灵活按需融资，从而增加企业自由现金流，释放运营资本；结合动态折扣功能，最大限度地享受供应商折扣，从而降低采购成本，实现更高的收益率。

## 二、可预测战略寻源

在战略寻源（即从寻源到合同）环节，数字化采购将完善历史支出知识库，实现供应商信息、价格和成本的完全可预测性，优化寻源战略并为决策制定提供预测和洞察，从而支持寻源部门达成透明协议，持续节约采购成本。

### （一）支出分析

数字化采购将建立实时支出管理体系和支出知识库，应用预测分析技术帮助企业预测采购需求和支出结构，进而定位关键支出，实现可持续降本战略。

（1）实时监控合同支出与执行，并应用认知计算和人工智能计算预测采购需求，自动生成寻源建设，帮助企业优化采购与生产管理效率。

（2）打造认知支出解决方案，借助强大的计算能力实时分类与管理 AP 系统的支出数据，同时结合预测分析技术，快速预测支出类别和结构，从而为企业定位关键支出，提供成本节省和风险降低的可行性洞察。

（3）应用智能内容提取技术，及时从合同中提取有价值的信息，如价目清单和支付条款等，从而完善支出知识库，帮助实现广泛细致的支出分析。

（二）寻源战略

数字化采购将提供强大的协作网络，帮助企业发掘更多合格的供应商资源，同时智能分析和预测供应商的可靠性和创新能力，并依据企业发展蓝图预测未来供应商群，逐步实现战略寻源转型。

（1）应用认知计算、人工智能和数据挖掘计算，结合第三方数据源，评估和预测备选供应商的可靠性和创新能力，并依据企业的中长期创新需求预测与企业发展战略相契合的供应商群。

（2）借助领先的供应商协作平台，如通过 Ariba 网络连接全球超过 250 万个供应商，并根据不同商品的关税、运输及汇率等因素自动计算所有原产地的上岸成本及应当成本，在全球市场中发现最优供应商。

（3）结合品类管理功能，根据不同品类的需求特点和技术含量等因素，分别制定差异化寻源策略和可复用标准流程。

（三）决策制定

数字化采购将应用智能分析技术预测供应商对企业成本与风险的影响，为寻源提供可视化预测及业务洞察，从而提升供应链的整体透明度，帮助企业更加智能和迅速地制定寻源决策。

（1）应用认知计算和人工智能，基于供应商资质、历史绩效和发展规划等因素构建敏感性分析模型，从而更加准确地预测供应商对企业成本与风险的影响，帮助筛选优质的合作对象。

（2）借助高级的可视化管理仪表盘直观展现寻源洞察与建议，简化领导层的决策制定过程，将寻源执行及决策周期缩短 50%，从而大幅提高市场敏捷度，加速企业产品上市。

（四）供应商协作

数字化采购将智能预测供应商谈判的场景和结果，分析并推荐最优供应商和签约价格，同时自动执行供应商寻源任务，最终建立可预测的供应商协作模式。

（1）应用认知计算和人工智能技术，构建敏感性分析模型预测谈判双方条件变化对签约价格及采购成本的影响，帮助谈判人员识别关键因素与节点，从而控制谈判风险并削减采购成本。

（2）在报价和竞标等环节基于预设标准自动评估和推荐最优供应商，并基于商品数量和供应商折扣自动推荐最优签约价格，实现智能与高效的供应商选择及合同签订流程。

（3）基于最佳实践构建全球条款库在合同签订环节自动识别合规且适用的条款，帮助企业提高合同签订效率，并确保合规性。

# 第五节　案例与习题

## 一、案例

### 家乐福和乐购组建全球采购战略联盟[①]

巨头联盟已经成为常态，在超市巨头 Sainsbury's 母公司 J Sainsbury plc（SBRY. L）和 Asda 运营商 Asda Group Ltd. 阿斯达公司宣布合并，组建英国最大超市集团之后，2018年7月，英国最大的超市集团 Tesco PLC（TSCO. L）乐购宣布与法国同行 Carrefour SA（CA. PA）家乐福集团达成战略联盟。

针对零售市场的强强合并和强强合作，被贸易战阴影笼罩的中国供应商恐怕将日渐愁云惨淡，因为上述合作的主要目的均在通过对供应链的议价权进一步控制，来进行旷日持久的价格战。

在合作声明中，英、法两大巨头表示，长期合作联盟战略达成涵盖与全球供应商的战略关系、联合采购自有品牌产品。该战略联盟将可以让两家公司以更低的价格采购更高质量和更多选择的产品，服务消费者；同时使两家公司加强与供应商的关系，并为供应商提供重大机会。乐购和家乐福均表示，将会继续合作各自的当地供应商。

为乐购扭转乾坤的集团首席执行官 Dave Lewis 表示，双方将充分利用产品专业知识和采购能力，更好地服务于客户；家乐福集团主席兼首席执行官 Alexandre Bompard 表示，两大全球知名企业将采购经验结合，在各自区域互补，对于公司的发展和更好地服务客户，都是巨大的机会。

目前，乐购年销售约 510 亿英镑，合 672 亿美元，而家乐福年销售 880 亿欧元，合 1025 亿美元。双方的合作除了抵御传统零售商竞争对手外，亦可以防御 Amazon. com Inc.（NASDAQ：AMZN）亚马逊集团对杂货市场野心的不断壮大。

作为电商巨头，亚马逊对 Whole Foods 全食超市的收购引发了杂货市场的恐慌，并催生了行业之间的并购和合作。乐购已经完成了收购食品零售商 Booker Group Plc 的交易，同时宣布关闭非食品类电商网站 Tesco Direct，以聚焦核心业务，提高用户体验。

---

① 资料来源：无时尚中文网。

亚马逊在零售业的最大竞争对手——Wal‑Mart Inc.（NYSE：WMT）沃尔玛宣布160亿美元收购77%的印度电商巨头 Flipkart Online Services Pvt. 股份，该公司此前还收购多个时尚电商，并推出多个自有服饰品牌，以壮大时尚业务。

乐购和家乐福战略联盟的组建，让新的、不断的巨型交易和重磅合作的持续出现成为趋势，亦势必将加剧零售业的竞争。

## 二、专题讨论

1. 家乐福和乐购组建全球采购战略联盟，能否抵御电商威胁？

2. 针对零售市场的强强合并和强强合作，被贸易战阴影笼罩的中国供应商应该如何应对？

3. 传统百货零售业应该如何做好数字化战略转型？

## 三、练习题

（一）选择题

1. 以下_____不属于供应管理的业务活动。

A. 计划　　　　　　　　　　B. 采购

C. 储存　　　　　　　　　　D. 资金管理

2. 对采购战略从企业与供应商关系方面进行分类，_____是错误的。

A. 市场交易战略　　　　　　B. 短期项目合作战略

C. 长期项目合作战略　　　　D. 创新联盟战略

3. 在大型企业中，战略可以分为四个层次，_____是一线管理者主要承担的。

A. 经营运作战略　　　　　　B. 职能战略

C. 公司战略　　　　　　　　D. 业务战略

4. 在采购战略定位中，_____可以从许多供应源得到，且对企业的影响、机会和风险较低。

A. 瓶颈型　　　　　　　　　B. 日常型

C. 杠杆型　　　　　　　　　D. 战略型

5. 将采购得到的货物运进自己仓库的全过程的实施方案战略，属于_____。

A. 进货战略　　　　　　　　B. 采购品种战略

C. 采购方式方案战略　　　　D. 订货谈判战略

（二）填空题

1. 供应战略是企业的一种_____，是企业战略的组成部分。

2. 采购管理的核心工作是围绕公司战略计划和生产计划制订_____。

3. _____是要求采购部门将全世界看作零部件、服务、产成品的潜在供应源的一种方法。

（三）名词解释

1. 中观经济分析

2. 日常型象限

（四）简答题

1. 采购战略的内涵是什么？

2. 与采购战略选择和制定相关的因素有很多，战术的操作性的行为都必须要支持所选的战略方法，影响战略选择的因素有哪些？

（五）论述题

试述建立长期供应商合作伙伴关系的意义。

◇ **本章参考文献**

［1］伍蓓，胡军. 采购与供应战略［M］. 北京：中国物资出版社，2009.

［2］伍蓓. 采购与供应管理［M］. 北京：中国物资出版社，2011.

［3］许淑君. 现代采购管理［M］. 上海：上海财经大学出版社，2014.

［4］黄观军. Shur－line 中国采购战略选择与实施［D］. 上海交通大学硕士学位论文，2005.

［5］宫讯伟. 采购 2025：数字化时代的采购管理［M］. 北京：机械工业出版社，2019.

［6］辛童. 采购与供应链管理［M］. 北京：化学工业出版社，2019.

# 第三章　采购市场调查与需求分析

◇　**引导案例**

### 解构叮咚买菜，前置仓电商模式如何干社区生鲜？

#### 一、公司概况

2014年3月叮咚小区App上线，探索社区O2O业态，随后在2014～2017年公司探索各种社区生活服务，最终定位家庭买菜业务，更名为"叮咚买菜"，以生鲜为切入点，围绕一日三餐的生活场景，聚焦25～45岁的年轻群体，成功转型。截至2019年1月初，据《商业观察家》数据显示，公司在上海已有200余个前置仓，覆盖崇明以外上海全部区县，日单量约15万单，月销售额超1亿元。

#### 二、采购端：以城批采购、品牌供应商直供为主

对于蔬菜、水产等难以长途运输的生鲜产品，叮咚买菜利用城批采购为主的模式，可以保障生鲜产品的鲜度且降低损耗，同时在该模式下补货更为容易、产品较为齐全、价格也相对稳定。对于肉类等产品，通过品牌供应商按需直供，可以保障产品的安全性和高品质。相较于源头采购，城批采购的模式更短、更轻，可以有效地避免高昂冷链配送成本。

与此同时，叮咚买菜上的品类存在趋同化问题，且进口蔬菜等品类缺乏价格优势，这或许与公司处于初创起步期，品类拓展的成本相对较高，而该类产品的需求量相对较小，议价能力较弱。一、二线城市消费者对进口产品和有机产品的需求不断增加，随着公司规模不断扩大，有望提升公司议价能力，增强对进口及有机产品的布局。

### 三、大数据：赋能全产业链，实现精准预测

叮咚买菜将大数据运用到从采购到配送的整个环节，在采购前，通过"订单预测"精准预测用户订单情况，并根据预测结果进行采购；在销售端，通过用户画像及智能推荐，精准向目标客户推荐相关产品，并通过自建物流配送体系智能调度和规划最优配送路径，最快将产品送达客户手中。

叮咚买菜利用精准的大数据分析实现生鲜的低滞销和低损耗。据亿欧报道，2017 年 9 月公司每日滞销损耗平均低于 3%、物流损耗平均为 0.3%。

资料来源：https：//mp. weixin. qq. com/s/asyum55cv‑qtLy5iJ59XRg。

◇　**案例解析**

在消费升级和消费结构转变的背景下，生鲜行业迎来消费者需求驱动的快速增长期，纯 B2C 生鲜电商模式下的毛利无法覆盖所有运营成本，目前已经历一轮洗牌。对叮咚买菜等创业型企业而言，在资本支持和数字化技术进化中，采购前精准预测用户订单情况，并根据结果进行采购，以消费者体验为导向追求区域加密和高速成长是现实选择。

◇　**案例涉及主要知识点**

采购需求分析、大数据、精准预测

◇　**学习导航**

- 了解采购市场调查的含义、方法与程序
- 掌握采购需求分析与预测的基本方法与相关理论
- 掌握供应市场结构、分析步骤
- 了解大数据在采购中的应用

◇　**教学建议**

- 备课要点：采购市场调查、供应市场分析、采购需求分析与预测、大数据与采购
- 教授方法：讲授、案例讨论、实训

# 第一节　采购市场调查

## 一、采购市场调查概述

### （一）采购市场调查定义

采购市场调查是指企业以采购市场为对象，运用科学的方法有系统、有目的地收集采购市场信息，记录、整理、分析采购市场情况，了解采购市场现状及其发展趋势，为采购市场预测提供客观正确的资料。

### （二）采购市场调查的作用

采购市场调查是企业及管理部门科学预测和正确决策的前提和基础，在企业经营管理中具有十分重要的作用。

1. 采购市场调查是企业进行经营决策的基础

现代企业经营的重心在决策，而信息是企业经营决策的前提。只有通过市场调查，收集准确、及时的市场信息，进行科学的加工处理，才能做出正确的决策，减少经营失误，把风险降到最低。

2. 采购市场调查是调整和矫正采购计划执行情况的重要依据

通过市场调查可以了解采购市场情况，检查企业采购计划是否正确，在哪些方面还存在不足甚至失误；可以认识客观环境是否发生变化，出现哪些新问题和新情况，为企业提供修改和矫正计划的依据。

3. 采购市场调查是改善企业经营管理的重要工具

在市场经济条件下，企业经营的好坏和效益的高低是通过市场来检验的。采购市场调查是企业经营管理活动的出发点，也是了解和认识市场的一种有效方法。通过市场调查取得企业经营活动所需的第一手资料就可以制定正确的采购策略，取得好的采购效益。

### （三）采购市场调查的方法

采购市场调查的方法指市场调查机构在实施调查过程中收集各种信息资料所采用的具体方法。选择合理的采购市场调查方法是采购市场调查的重要环节，调查方法的适用与否直接对调查结果产生影响。采购市场调查的具体方法有询问法、实验法和观察法。

1. 询问法

询问法是指调查者向被调查者提出问题，得到回答，获得所需要的资料。询问法又分为以下三种方法：

（1）电话调查法。其基本做法是调查人员根据抽样规定或样本范围，用电话联系被调查者，向其询问意见，再统计调查情况，得出所需信息。该方法不受时间距离限制，较为方便。

（2）面谈调查法。其基本做法是走出去或是请进来，由调查者直接与被调查者见面，当面询问或举行座谈会，相互启发，从而了解被调查事宜的历史及现状，整合信息，获取相关数据。

（3）问卷调查法。其基本做法是根据调查目的，在制定好的调查提纲基础上，制定出简明易填写的调查问卷，并将设计好的问卷当面交给、在线发送或邮寄给被调查者，请其自行填写回答后提交或交还给调查者或调查机构。互联网时代下电子问卷发展尤其迅猛，它以方便快捷、易于统计、成本低廉占据了问卷调查的半壁江山。

2. 实验法

实验法是把被调查对象置于一定的条件下，通过实验了解其发展趋势的一种调查方法。它用于在给定的实验条件下，在一定范围内观察经济现象中自变量与因变量之间的变动关系，并做出相对应的分析判断，为企业预测和决策提供依据。

实验调查法的优点是可以有控制地分析市场变量之间是否存在着因果关系，及自变量对因变量的影响程度，可以获得比较正确的情况和数据，作为预测和决策的可靠基础。缺点是相同的实验条件不易选择，变动因素难以掌握，实验结果不易比较，实验时间较长，取得资料的速度慢、费用较高。

3. 观察法

观察法是调查人员在现场对调查对象进行直接观察记录，取得第一手资料的一种调查方法。基本做法是调查人员直接到市场，对被调查的现实情况和数量进行观察与记录，必要时并辅之以照相、录像、录音等手段，被调查者往往感觉不到正在被调查。

观察法的优点在于调查结果比较真实可靠，使用仪器观察记录会更客观。不足之处在于只能观察被调查者表面活动，不能了解其内在因素，调查结果是否准确受调查人员的业务技术水平所制约。

## 二、采购市场的调查程序

采购市场调查既是一项经济工作，又是一项科学实验，它具有很强的科学性。为保证市场调查的准确性，必须遵循一定的科学程序。采购市场调查一般可分为三个阶段共七个步骤来进行，其基本程序如图 3-1 所示。

（一）确定采购市场调查目标

调查初始阶段先要确定调查的目的、范围和要求，如调查什么问题、解决什么问题、以谁作为调查对象等，明确调查目标，做到有的放矢。

（二）确定调查项目

通过分析研究调查目标的价值、资料获取的难易度和所需费用的多少，确定具体的调查项目。

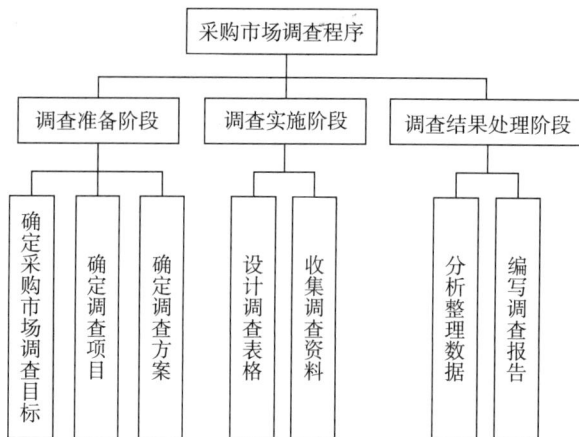

图 3 - 1　采购市场调查程序

（三）确定调查方案

根据调查项目要求，具体确定调查方案。确定的调查方案包括调查方法、调查对象、调查地点、调查时间、调查次数。

调查方法，即采用何种调查方法。调查对象，即由谁提供信息资料。调查地点，即在什么地方调查。调查时间，即什么时候调查合适。调查次数，即单次或多次调查。

（四）设计调查表格

调查表格或问卷设计的好坏会直接影响调查内容的质量。为此，在调查过程中，为了有针对性地收集有关数据或文字资料，事先必须根据调查主题的要求，确定相关指标，设计各种不同的统计表格和问卷。调查表格和问卷的设计必须是问题具体、重点突出，使被调查者乐于合作，能准确地记录和反映被调查事项情况，而且便于统计资料的整理。

（五）收集调查资料

调查资料的收集是市场调查工作的重点。在一般情况下，企业采购市场调查收集的资料分为两种：一是第一手资料，又称原始资料；二是二手资料，又称间接资料，是其他个人或调查机构收集且已经加工处理过的现成资料，如政府公报、年鉴表、有关单位的海报等。

（六）分析整理数据

通过市场调查获得的大量信息资料往往是零星分散的，有些资料甚至片面不切实际，不能系统而集中地说明问题。这就需要对信息资料进行系统的加工处理、严格筛选、去粗取精、去伪存真，以保证资料系统完整和真实可靠。对资料的分析整理主要包括：①检查与核对；②分类编号；③统计计算；④分析并得出结论。

（七）编写调查报告

在综合分析整理的基础上，做出结论，提出建议，写成调查报告供决策者参考。采购市场调查报告内容包括：

（1）引言，包括标题和前言。

（2）报告主体，包括调查目的、详细的解释方法、调查结果的描述分析、调查结论、意见与建议等。

（3）附件，包括样本的分配、图表及附录。

## 第二节　供应市场分析

供应市场分析是指为满足企业未来发展的需要，针对所采购的物品或服务进行供应商、供应价格、供应量等相关情报数据的调研、收集、整理和归纳，从中分析出所有相关要素以获取最大回报的过程。它包括供应商所在国家或地区的宏观经济分析、供应行业或市场的中观经济分析，以及供应商企业内部的微观经济分析。供应市场分析是采购的前期工作，也是供应商审核、选择和确定的基础。

### 一、供应市场结构

市场结构通常可以分为卖方完全垄断市场、垄断性竞争市场、寡头垄断的竞争市场、完全竞争市场、买主寡头垄断市场和买方完全垄断市场（独家采购垄断市场）。竞争包括从一个供应商多个购买者到多个供应商一个购买者等不同的类型。

（一）卖方完全垄断的市场

一个供应商多个购买者。产生完全垄断的原因及其分类有自然垄断、政府垄断和控制垄断。自然垄断往往来源于显著的规模经济，如飞机发动机、中国的供电等；政府垄断是基于政府给予的特许经营，如铁路、邮政及其他公用设施等；控制垄断包括拥有专利权、拥有专门的资源等而产生的垄断。

（二）垄断性竞争市场

少量卖方和许多买方。新的卖方通过产品的差异性来区别于其他的卖方。这种市场结构是最具有现实意义的市场结构，其中存在大量的供应商，各供应商所提供的商品不同质，企业进入和退出市场完全自由。多数日用消费品、耐用消费品和工业产品的市场都属于此类。

### （三）寡头垄断的竞争市场

较少量卖方和许多买方。这类行业存在明显的规模经济，市场进入障碍明显。价格由行业的领导者或者卡特控制。石油行业内的一个卡特是石油输出国组织（OPEC），它为所有成员定价。

### （四）完全竞争市场

许多卖方和许多买方。在完全竞争市场中，所有的卖方和买方具有同等的重要性。大多数市场都不是完全竞争市场，但是可以像完全竞争的市场那样高效地运作。价格的确定是由分享该市场的所有采购商和供应商共同影响确定的。该市场具有高度的透明性，产品结构、质量与性能不同的供应商之间几乎没有差异，市场信息完备，产品的进入障碍小。这类市场的典型产品有铁、铜、铝等金属产品，主要存在于专业产品市场、期货市场等。

### （五）买方寡头垄断市场

许多卖方和少量买方。在这种市场中买方对定价有很大的影响，因为所有卖方都在激烈竞争。在这种市场中采购者十分明了彼此的行为，并且共同占据比通常较小的采购者更加有利的位置。汽车工业中半成品和部件采购者的地位就是这样的例子，一些部门采用的集团采购也容易形成这种市场。

### （六）买方完全垄断市场

几个卖方和一个买方。这是和卖方完全垄断相反的情况，在这种市场中，买方控制价格。这种类型的市场的典型例子如铁路用的机车和列车的采购市场、军需物品的采购市场。

不同的供应市场决定了采购企业在买卖中的不同地位，因而必须采取不同的采购策略和方法。从产品设计的角度出发，尽量避免选择完全垄断市场中的产品，如不得已，就应该与供应商结成合作伙伴的关系；对于垄断竞争市场中的产品应尽可能地优化已有的供应商并发展成为伙伴性的供应商；对于寡头垄断市场中的产品应尽最大可能与供应商结成伙伴型的互利合作关系；在完全竞争市场下应把供应商看成商业型的供应业务合作关系。不同的市场结构可以置于一个矩阵中，如表3-1所示。

表3-1 市场结构矩阵

| 需求方 ＼ 供方 | 一个 | 很少 | 很多 |
|---|---|---|---|
| 一个 | 双边垄断"垄断市场"（备件） | 有限的供应方垄断（燃油泵） | 供应方垄断（水、电、煤气） |
| 很少 | 有限的需求方垄断（电话交换机、火车） | 双边寡头垄断（化学半成品） | 供应方寡头垄断（复印机、计算机） |
| 很多 | 需求方垄断（武器系统、军火） | 需求方寡头垄断（汽车部件） | 完全竞争（办公用品） |

## 二、分析供应市场的必要性

现代企业的生产经营活动日益受到环境的作用和影响，供应管理活动也不例外，既受到外部宏观环境和供应市场的制约，也受到企业内部部门间协调配合程度的影响。所以，企业要制定供应策略，必须全面、客观分析供应环境的变化。

过去，很多企业重视产品销售市场环境分析，忽视对供应环境的研究。随着供应管理在企业价值链中地位的提高，越来越多的人们开始认识到供应环境分析的重要性和必要性。许多大公司，像 IBM、日本本田、朗讯科技等都已经引入了采购团队的概念，负责在全球范围内采购战略部件和材料。企业往往为了增强企业供应工作的适应性，保证企业供应决策的正确性，提高企业竞争力的现实性进行供应市场环境的分析。采购方主动进行供应市场分析的主要因素表现在以下几个方面：

### （一）技术的不断创新

企业为保持自身的竞争力必须致力于产品的创新和质量的改善。当出现新的技术时，企业或公司在制定自制、外购决策中就需要对最终供应商的选择进行大量的研究。

### （二）供应市场的不断变化

国际供应市场和需求环境处在不断的变化中，如国家间政治协定导致的出口贸易限制致使供应商的消失、破产或某产品的需求急剧增加导致的紧缺状况发生。采购者因此必须预期某一产品供需状况可能发生的变化，并由此获得对自己的商品价格动态的更好诠释。

### （三）汇率的变动

主要币种的汇率变动对国际采购者来说具有很大的挑战。许多国家的高通胀、巨额财政预算赤字，汇率的迅速变化都要求采购者对其原料需求的重新分配做出快速反应。

### （四）产品的生命周期及其产业转移

产业转移、技术进步不仅改变了供应市场的格局，在整体上降低了制造成本，也给采购的战略制定、策略实施以及采购管理提出了新的要求，带来了新的变化。

## 三、供应市场分析的步骤

供应市场分析可能是周期性的，也可能是以项目为基础进行的；可以是关于特定行业采购市场的发展趋势与动态的定性分析，也可以是从综合统计和其他公共资源获得大量数据的定量分析；可以是短期分析，也可以是长期分析。每个项目都有自己的具体情况，其供应市场分析的目的不同，所以很难提供一种标准的方法。但是一般情况下，供应市场分析主要有以下步骤：

（一）确定目标

确定要解决什么问题、问题解决到什么程度、解决问题的时限多长、需要多少信息、信息准确到什么程度、如何获取信息、谁负责获取信息、如何处理信息等，并作简要说明。

（二）成本效益分析

确定供应市场分析的成本所包含的内容、进行分析所需要的时间，并分析获得的效益是否大于所付出的成本。

（三）可行性分析

可行性分析的内容包括确定企业中的哪些信息是可用的、从公开出版物和统计资料中可以得到什么信息、是否需要从国际数据库及其专业代理商处获得信息、是否需要从一些部门购买研究和分析服务甚至进行外出调研等。

（四）制订分析计划的方案

分析计划的内容包括确定获取信息需要采取的具体行动，包括目标、工作内容、时间进度、负责人、所需要资源等。除了平面分析之外，还要与供应商面谈、实地考察。平面分析是指收集、分析以及解释数据，它们一般是别人已经收集好的，在采购中这类分析用得最多。实地考察的目的是收集、分析和解释平面分析无法得出的细节。

（五）方案的实施

在实施阶段，遵循分析方案的计划非常重要。

（六）撰写总结报告及评估

供应市场分析以及信息收集结束后，要对所获取信息和情报进行归纳、总结、分析，在此基础上形成总结报告，并就不同的供应商选择方案进行比较。对分析结果的评估应该包括对预期问题的解决程度、对方法和结果是否满意等。

## 四、供应市场分析的层次

供应市场分析可以分为宏观经济分析、中观经济分析和微观经济分析三个层次。

（一）宏观经济分析

宏观经济分析是指分析一般经济环境以及影响未来供需平衡的因素，如产业范围、经济增长率、产业政策及发展方向、行业设施利用率、货币汇率及利率、税收政策与税率、政府体制结构与政治环境、关税政策与进出口限制、人工成本、通货膨胀、消费价格指数、订购状况等。

## （二）中观经济分析

中观经济分析集中研究特定的行业、部门。在这个层次上，很多信息都可以从国家的中央统计部门和行业信息机构中获得。这个层次需要处理的信息主要有供求状况、行业效率、行业增长状态、行业生产与库存量、市场供应结构、供应商的数量与分布等。

## （三）微观经济分析

微观经济分析集中于评估个别产业供应和产品的优势与劣势，如供应商财务审计、组织架构、质量体系与水平、产品开发能力、工艺水平、生产能力与产量、交货周期及准时率、服务质量、成本结构与价格水平、作为供应商认证程序一部分的质量审计等。它的目标是透彻地了解供应商的特定能力和其长期市场地位。

# 第三节　采购需求分析与预测

## 一、采购需求分析

### （一）采购需求分析概述

在企业中，传统的做法是企业各个部门层层上报"物料采购需求计划表"和"请购单"，采购部门再把所有需要的物料分类整理统计出来，确定采购什么、采购多少、采购时间。这种方法存在的问题是：兴师动众，耗费大；如果某部门物料采购需求计划表迟报就会影响到汇总和采购工作效果。现在很多企业已不采用这种方法，改用需求分析法。

需求分析是指根据客户的历史或者生产计划等找出需求规律，然后根据需求规律预测客户下一个月的需求品种和需求量，掌握各个客户的需求量，就可以主动地订货，安排采购计划。

需求分析的目的和内容就是通过对需求情况进行分析，找出物料需求规律，从根本上解决客户需求什么、需求多少、什么时候需要的问题。在一般情况下，需求分析很简单。在单次、单一品种需求的情况下，需求什么、需要多少、什么时候需要，都比较明确，不需要进行复杂的需求分析。例如，在企业采购中，采购员经常接触到一个已经做好的采购单，上面明确写明需要采购什么、采购多少、什么时候采购，采购员不需要进行需求分析。

在较复杂的多品种、多批次采购情况下，就必须进行需求分析。例如，汽车制造企业生产的汽车由上万个零部件组成，有多个车间、多个工序配合生产，企业每个车间、工序组织生产都需要很多原材料、工具、设备、用品以及其他物资等，在各个不同时间需要不同的物料，不可能一个个地去单独采购，必须综合起来进行联合采购。所以需要研究哪些品种先采购、哪些品种后采购、采购多少等问题，找出需求的规律，然后根据需求规律主动地进行采购，确定什么时候采购什么、采购多少。

需求分析是一项重要而复杂的工作。它涉及企业各个部门、各道工序、各种材料设备工具以及办公用品等各种物资。其中最重要的是生产所需的原材料，因为它的需求量最大，而且持续性、时间性很强，最直接地影响生产的正常进行。做好需求分析，需要依靠企业各个部门互相配合，并提供相关材料。

进行需求分析的采购管理人员，要具备比较全面的知识。生产技术方面的知识，包括生产产品和加工工艺的知识，会看图样，会根据生产计划以及生产加工图样推算出物料需求量。数理、统计方面的知识，要会进行物料性质、质量的分析，会进行大量的统计分析。另外，还要有管理方面的知识。

### （二）采购需求分析方法

#### 1. 统计分析法

统计分析法是指运用统计的方法对采购的原始资料进行分析，找出各种物料需求的规律。在采购需求分析中用得最多、最普遍的就是统计分析法。在采购需求的统计分析中，最基本的原始资料主要有各个单位的采购申请表、销售日报表、领料单和生产计划任务单等。

很多企业的采购都采取这样的模式：要求下属各个单位每月提交一份物料请购单，提出每个单位自己下个月的采购品种和数量，然后采购部门对这些表进行统计汇总，统计出下个月总的采购任务表，再根据此表制订下个月的采购计划。

这种模式使采购申请表汇总变得十分简单。由于它们的需求时间都相同，而且需求时间都有一个月之长，所以表项汇总就很简单，只要把各个表中的不同品种照抄，将相同品种的需求数量相加就可以得到下个月汇总的采购任务表。这种模式不但使汇总统计和制订采购计划容易，而且完成采购任务也很容易。因为时间单位是一个月，完成采购任务绰绰有余。

但是这种采购模式也存在问题：一是市场响应不灵敏；二是库存负担重，风险大。因为一个月采购一次，必然导致采购批量大、供应时间长，不能适应市场需求变化。

物料需求规律有两种表示方法：一是时间函数法；二是有序数列法。

时间函数法是指把物料消耗量描述成时间的函数，这是一个连续的时间函数。例如，把第 $i$ 种物料需求规律描述为 $R_i(t) = f_i(t)$，这就是需求函数。第 $i$ 种物料在一定时间内的总需求量为：$R_i = \int f_i(t)\,dt$。

有序数列法是指把各个单位的销售日报表按单位时间（如日、周、月、季、年等，这里假设以日或周为单位）进行汇总，得到一个按先后顺序排列的销售量的序列。这个有序的时间序列反映了物料的消耗规律，也就是物料的需求规律。例如，根据上一个月的销售日报表的汇总，得到某种物料需求的时间列表，如表 3 - 2 所示。

表 3 - 2 需求时间序列

| 周次 | 1 | 2 | 3 | 4 | 5 | 6 | 7 | 8 |
|------|---|---|----|----|----|----|----|----|
| 需求/t | 7 | 9 | 10 | 12 | 11 | 14 | 13 | 15 |

这是一个有序的周需求量数列。值得注意的是，为了掌握需求规律，统计的单位越小，则需求规律越精密、越灵敏，时间单位越长，则需求规律越粗糙、越不灵敏。

2. 推导分析法

推导分析法是指根据企业生产计划进行需求分析，求出各种物料的需求计划的过程。推导分析必须进行严格的推导计算，不能凭空估计。推导分析所依据的主要资料和步骤如下：

（1）制订主产品生产计划。

1）主产品的生产计划。在订货制生产企业，这个计划主要是根据社会对主产品的订货计划生成的；在库存制生产企业，这个主生产计划靠预测和经营计划生成。

2）零部件的生产计划。在制造企业，零部件的生产有两个用途：一是用于装配主产品；二是用于提供给社会维修企业，对社会上处于使用状态的主产品进行维修保养。这里的零部件生产计划主要是指为社会维修企业所提出的零部件的订货计划。

3）制定主产品的结构文件。这个步骤根据装配主产品需要的零件、部件、原材料等逐层求出主产品的结构层次。每一个层次的每一个零部件都要标出需要数量，是自制还是外购，以及生产提前期或采购提前期。所有自制件都要分解到最后的原材料层次，这些原材料层一般是最底层，需要采购。

由这个主产品结构文件可以统计得出这样一个完整的资料，即为了在某个时间生产出一个主产品需要分别提前多长时间采购一些什么样的部件、零件和原材料，需要采购多少等。把这些资料形成一个表，就是主产品零部件生产采购一览表。

（2）制定库存文件。采购人员到仓库保管员处调查了解主产品零部件生产采购一览表中所有各个部件、零件、原材料的现有库存量以及消耗速率。经过整理得到一个主产品零部件库存一览表。

【例】某企业主产品甲由 2 个 B 和 1 个 C 组成，而 1 个 B 由 1 个 D 和 2 个 E 组成，1 个 D 又由 2.5 个单位的 F 加工得到，C、E、F 都需要通过外购取得。主产品的结构文件如图 3-2 所示。

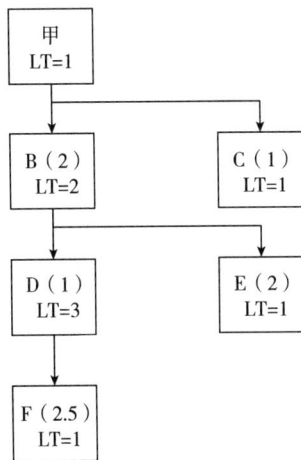

图3-2　主产品的结构示意

图中，甲、B、C、D、E、F 为产品名，括号里的数字表示一个上级产品中所包含的本产品的件数，而 LT 表示提前期，单位为天。由主产品结构示意可以得出主产品零部件生产采购一览表，如表 3-3 所示。

表 3-3　主产品甲零部件生产采购一览

| 零部件名 | 数量 | 自制 | 外购 | 提前期 |
|---|---|---|---|---|
| B | 2 | √ | | 2 |
| C | 1 | | √ | 1 |
| D | 2 | √ | | 3 |
| E | 4 | | √ | 2 |
| F | 2.5×2＝5 | | √ | 2 |

主产品生产计划如表 3-4 所示。

表 3-4　主产品生产计划

| 时期 | 第 1 周 | 第 2 周 | 第 3 周 | 第 4 周 | 月合计 |
|---|---|---|---|---|---|
| 外订甲/件 | 25 | 15 | 20 | 15 | 75 |
| 外订 C/件 | 15 | | 15 | | 30 |
| 外订 E/件 | | 20 | | 20 | 40 |

表中包括主产品的生产计划，也包括社会对零部件 C、E 的订货计划。月采购计划一览如表 3-5 所示。

表 3-5　采购月计划一览

| 零部件名 | 下月需要数量 |
|---|---|
| C | 75×1＋30＝105 |
| E | 75×4＋40＝340 |
| F | 75×5＝375 |

根据主产品生产计划表和主产品零部件生产采购一览表确定需要采购的零部件和原材料，然后确定下个月的需求量。第 $i$ 个品种下月需求量可以用下式确定：

$$P_i = Pn_i + P_{oi}$$

式中，$P_i$ 为第 $i$ 个零部件下月需求量；$P$ 为主产品下月的计划生产量；$n_i$ 为一个主产品中包含第 $i$ 个零部件的个数；$P_{oi}$ 为第 $i$ 个零部件下月的外购订货数量。

3. 采用 ABC 分析法

一个企业除了生产所需的原材料外，还有办公用品、生活用品等，因此需要采购的物资品种很多。但是这些物资的重要程度不一样，有的特别重要，一点都不能缺货，一旦缺货将造成不可估量的损失；有些物资则相对不重要，一旦缺货，也不会造成多大的损失。

面对这样的情况，我们在进行采购管理时该怎么处理？这时候最有效的方法就是采用ABC 分析法，将所面对的成千上万的物资品种进行 ABC 分类，并且按类别实行重点管理，用有限的人力、物力、财力去为企业获得最大的效益。

ABC 分析法在实际运用过程中，通常可以参照以下步骤进行：

（1）为确定 ABC 分类，先得进行统计分析，要选定一个合适的统计期。在选定统计期时应遵循几个基本原则：比较靠近计划期；运行比较正常；通常情况取过去一个月或几个月的值。

（2）分别统计出所有各种物资在该统计期中的销售量或采购量，单价和销售额，并对各种物资制作一张 ABC 分析卡（见表 3 - 6），填上品名、销售数量、销售金额。

表 3 - 6　ABC 分析卡

| 编号： | 名称： | | 规格： | | 顺序号： | |
|--------|--------|--------|--------|--------|--------|--------|
| 单价（元） | 数量 | 单位 | 金额（元） | 在库天数 | 周转次数 | 货损率（%） |
|  |  |  |  |  |  |  |
|  |  |  |  |  |  |  |
|  |  |  |  |  |  |  |

（3）将 ABC 分析卡按销售额由大到小的顺序排列，并按此顺序号将各物资填上物料编号。

（4）把所有 ABC 分析卡依次填写到 ABC 分析表中（见表 3 - 7），并进行累计统计。

表 3 - 7　ABC 分析

| 编号 | 名称 | 品种数 | 品种数累计（%） | 单价（元） | 平均库存量 | 平均资金占用额（元） | 平均资金占用额累计（%） | 分类结果 |
|------|------|--------|--------|--------|--------|--------|--------|--------|
|  |  |  |  |  |  |  |  |  |
|  |  |  |  |  |  |  |  |  |
|  |  |  |  |  |  |  |  |  |

## 二、采购预测

### （一）采购预测的定义及作用

采购预测就是指在商品采购市场调查取得资料的基础上，综合考虑行业大环境、季节变化、安全库存、工厂产能、物流能力及整个供应链各个环节的负荷能力等相关因素，经过分析研究，运用科学的方法来预测未来一定时期内商品市场的供求及其变化趋势，从而为商品采购决策和制订商品采购计划提供科学的依据，实现销售利润等一系列目标的过程。它是公司所有物料采购下单的基本依据。

采购预测有助于掌握技术和产品发展的方向及速度，发现市场供求变化和发展的规律性，为制订采购计划、决定采购策略、搞好企业经营、提高经济效益提供重要信息；有助于掌握产品处于生命周期的哪个阶段，以决定采购策略，防止采购技术落后；有利于掌握生产厂家的生产潜力，在采购时做到心中有数；有助于把握市场采购机会，避开或减少采购风险。采购预测的作用主要表现在以下几个方面：

（1）采购预测是企业采购决策的前提。决策是企业经营活动的核心，没有对未来发展趋势的预测，决策就只能是盲目的，只有在科学预测的基础上做出的决策才能靠得住、行得通。

（2）采购预测是企业编制采购计划的依据。采购预测是对企业采购市场未来发展趋势的估计，有了预测，才能更好地进行计划，部署行动，使计划适应采购市场环境的变化。

（3）采购预测是企业增强竞争能力和提高经营管理水平的重要手段。

## （二）采购预测的基本步骤

### 1. 确定预测目标

预测目标有一般目标和具体目标之分。一般目标往往比较笼统、抽象，如反映市场变化趋势、市场行情变动、供求变化等；具体目标是进一步明确为什么要预测，预测什么具体问题，要达到什么效果。

抽象的预测目标往往出现抽象的命题，如未来企业经营状况、供应商的变化、未来企业采购绩效等。这就需要把命题转化为可操作的具体问题。例如，经营状况可分解为销售量、销售率、利润额、供给量、合同出现率、采购量、价格与成本变动程度等，否则将无法选择重点、舍弃相类似项目。选择重点的方法很多，可以商品为重点，选择销售量较大的商品或供不应求的商品、价值较高的商品、利润较大的商品；可以偏重竞争问题也可以偏于商品质量问题、企业形象问题、产品更新问题。

### 2. 收集、分析调查资料

（1）收集资料。市场预测建立在对客户事实分析的基础上，资料充分，可以从不同侧面、不同角度分析市场变化规律，使预测的现象趋势更加客观。资料真实可以保证预测结果的准确性，减少非随机性误差收集资料的过程就是调查过程。按照预测目的主要收集以下两类资料：

1）现象自身的发展过程资料。现象发展具有连贯性特点。现象未来变动趋势和结果必定会受该现象现实情况、历史情况的影响，因此要收集预测对象的历史资料和现实资料。

2）影响现象发展的各因素资料。现象发展具有关联性特点。一种现象的变动往往受许多因素或现象变动的共同影响，因此要收集与预测对象相联系的、影响较大的各因素资料，同样包括现实资料和历史资料。例如，预测汽车价格变化，则要收集主要石油生产国的产量变化、主要石油消耗国的制造业（如汽车业）产量变化、石油消耗量变化、石油输出国组织的政策变化及有关国家的能源政策等资料。

收集的预测资料可以是各种文献记录的第二手资料，也可以直接组织调查，获取第一手资料，收集的资料必须符合预测目标要求，要真实、全面、系统，不可残缺不全，也不宜过多，收集的资料要进行有用性的各项审查，然后分类整理，使之系统化。

（2）分析资料。预测一般是根据现象发展的规律来测定未来趋势。对调查收集的资料只有经过综合分析、判断、归纳、推理，才能正确了解现象之间是否存在联系，如何联系；才能发现现象演变的规律性表现，分析判断是靠预测人员的知识、经验进行的。预测人员在分析资料之后，判断具体市场现象的运行特点和规律，判断市场环境和企业条件变化与影响程度，然后直接估计未来，或者确定现象演变模型，据此开展预测。预测离不开分析，分析工作的主要内容有以下三点：

1）分析观察期内影响市场诸因素与采购需求的依存关系。

2）分析预测产供销关系，产供销是一个有机的整体，相互依存。采购预测的关键是分析生产与市场需求的矛盾和流通渠道的变化。生产环节主要分析生产与市场需求的矛盾和供需结构适应程度以及生产能力的变化，供应环节主要分析原材料、设备的产量及消耗使用量的变化。

3）分析消费心理、消费倾向的变化趋势。居民收入水平和工资的变化、文化环境的变动、营销广告和促销努力程度以及消费观念的转变等，都可能导致采购需求和需求结构的变化。

3. 选择市场预测方法

市场预测方法很多，按照分析市场现象特征不同，可分为定性分析预测法和定量分析预测法。

（1）定性分析预测法。这是从市场现象的实质特点方面进行分析判断，然后做出预测的方法。定性预测依靠预测者的知识、经验和综合判断能力，根据历史资料和现实资料，对市场现象性质的变化进行推断。定性预测方法比较简单、省时间、省费用，对现象发展的方向把握较准确，它还可用于难以量化的现象预测。但定性预测容易受到预测者主观情绪的影响，必要时可与定量分析预测法结合使用。定性预测的具体方法很多，有集合意见法、专家预测法等。

1）集合意见法。该法是由调查人员召集企业内部或企业外部的相关人员，根据个人对事件的接触与认识、市场信息、资料及经验，对未来市场做出判断预测，并加以综合分析的一种预测方法。

2）专家预测法。该法是以专家为索取信息的对象，运用专家的知识和经验，考虑预测对象的社会环境，直接分析研究和寻求其特征规律，并推测未来的一种预测方法。

（2）定量分析预测法。这是对市场现象的性质、特点、关系进行分析后，建立数据模型，进行现象数量变化预测。定量分析预测法又分为时间序列预测法和因果关系预测法。

1）时间序列预测法。时间序列也叫时间数列、历史复数或动态数列。它是将某种统计指标的数值，按时间先后顺序排列所形成的数列。时间序列预测法就是通过编制和分析时间序列，根据其所反映出来的发展过程、方向和趋势进行类推或延伸，借以预测下一段时间或以后若干年内可能达到的水平。时间序列预测法的实施步骤如下：

第一步，收集历史资料，加以整理，编成时间序列，并根据时间序列绘成统计图。时间序列分析通常是把各种可能发生作用的因素进行分类，传统的分类方法是按各种因素的特点或影响效果分为长期趋势、季节变动、循环变动和不规则变动四大类。

第二步，分析时间序列。时间序列中每一时期数值都是由许许多多不同的因素同时发生作用后的综合结果。

第三步，求时间序列的长期趋势（T）、季节变动（S）和不规则变动（I）的值，并选定近似的数学模式来代表它们。对于数学模式中的诸未知参数，使用合适的技术方法求出其值。

第四步，利用模型来预测未来的长期趋势值 T 和季节变动值 S，在可能的情况下预测不规则变动值 I。然后用以下模式计算出未来时间序列的预测值 Y：

加法模式：

$$T + S + I = Y$$

乘法模式：

$$T \times S \times I = Y$$

如果不规则变动的预测值难以求得，就只求长期趋势和季节变动的预测值，以两者相乘之积或相加之和为时间序列的预测值。如果经济现象本身没有季节变动或不需预测分季分月的资料，则长期趋势的预测值就是时间序列的预测值，即 $T = Y$。但要注意这个预测值只反映现象未来的发展趋势，即使很准确的趋势线在按时间顺序的观察方面所起的作用，本质上也只是一个平均数的作用，实际值将围绕它上下波动。

2）因果关系预测法。该法先分析影响市场变动的原因及影响因素，分析影响方向、程度与形式，分析原因与结果的联系结构，然后建立适合的数学模型，以原因的变动来测算变化趋势和结果的可能水平。

**4. 修正预测结果**

按照预测方案和选定的预测方法，对资料进行分析判断和计算预测值，即可形成初步预测结果。预测结果要达到100%准确、完全符合未来实际是不可能的，一般能达到90%左右的准确程度就相当成功了。预测结果与实际的差别为预测误差。超过10%的预测误差，主要受以下因素的影响：其一，预测所用资料不完全或不真实；其二，预测人员素质偏低、能力不足；其三，受预测模型影响，选定的预测模型或新建立的预测模型本身有误，或者与现象实际运动特点出入过大；其四，预测现象所处外部环境条件或内部因素发生显著变化。

预测结果出现较小误差是允许的，也是必然的，可以根据预测现象和影响因素出现的先兆，估计预测结果的变化程度；也可以采用多种方法预测，然后比较各方法预测的可信度；还可以对定量预测结果运用相关检验、假设检验、差值检验（或方差检验）等方法分析预测误差。分析误差大小最常用的方法是利用已定的预测方法或模型对现期或近期的现象进行预测，然后将预测结果与观察的实际结果进行比较，误差过大的应予以放弃或修正。

**5. 做出最终预测**

依据原选定的资料和方法，预测结果如果误差稍大于允许值，可通过分析原因后进行调整。如果误差大幅度超过允许值，并且不存在资料记录、计算笔误，则原预测结果应推倒重来。在重新预测之前要对原预测方案的可靠性进行分析，对预测所用资料进行审核。方法正确但资料不全、不实的重选资料按原方法进行预测。方法不符合市场现象运行特点的要按既定预测目标重新选定，然后重新收集所需资料，按新方法进行预测，直至预测结果接近实际值为止，以此作为预测最终结果。

# 第四节　大数据与采购

在大数据环境下，传统的数据库软件不能有效地对相关内容进行存储、管理和抓取的数据集合，因为大数据具有体量大、类别多、价值密度低和处理速度快等特征。从传统数据库到大数据平台的发展不仅是技术需求上的蜕变，更是数据管理模式的颠覆。

## 一、大数据概述

### （一）大数据的概念

大数据是指无法在一定的时间内用常规软件工具对其内容进行抓取、管理和处理的数据集合。大数据技术是指从各种类型的数据中快速获得有价值信息的能力。适用于大数据的技术，包括大规模并行处理数据库、数据挖掘、分布式文件系统、分布式数据库、云计算平台、互联网和可扩展的存储系统。大数据技术的战略意义不在于掌握庞大的数据信息，而在于对这些含有意义的数据进行专业化处理。换言之，如果把大数据比作一种产业，那么这种产业实现盈利的关键在于提高对数据的"加工能力"，通过"加工"实现数据的"增值"。

### （二）大数据的特征

1. 数据量大

大数据的第一个特征是数据量大，包括采集、存储和计算的量都非常大。大数据的起始计量单位至少是 P（1000 个 T）、E（100 万个 T）或 Z（10 亿个 T）。

2. 类型繁多

大数据的第二个特征是种类和来源多样化，包括结构化数据、半结构化数据和非结构化数据。

3. 价值密度低

随着互联网以及物联网的广泛应用，信息感知无处不在，信息海量，但价值密度较低，如何结合业务逻辑并通过强大的机器算法来挖掘数据价值，是大数据时代最需要解决的问题。

4. 数据是在线的

大数据是永远在线的，是随时能调用和计算的，这是大数据区别于传统数据最大的特征，这是互联网高速发展背景下的特点。

5. 速度快、时效高

大数据增长速度快，处理速度也快，对时效性要求高。这是大数据区别于传统数据挖掘的显著特征。

## 二、大数据在采购中的应用

### （一）改善订单流程

改善订单流程是企业对大数据分析法的基本应用。订单流程是指从下订单到完成订单的整个过程，企业订单流程的速度和准确性与该企业提供的消费者服务密切相关。信息技术与大数据分析法结合能够缩短从下订单到完成订单的时间。购买者可以通过网络以及电子数据交换将订单传给销售者，这一系统的自动化不仅能够大大提高订单流程的准确性，缩短时间，还能够节省物流费用。

例如，IBM 公司运用分析法来管理订单流程的两个关键环节：一是订单到现金环节。在这一环节，首先由顾客决定与 IBM 公司发生业务往来，然后 IBM 公司进行包括生产与运送在内的订单处理，此外，这一环节还包括开具发票与票据、应收账款与售后服务。二是采购到付款环节。包括向供应商采购及付款，这一系统能够统筹采购部门与应付账款部门。订单流程自动化能够实现供应链的标准化与统一化。正因为如此，IBM 公司能够有效地管理全球的订单流程，完成世界各个地区的订单。

### （二）视觉化

大数据分析法促进了企业运用新方法管理成本，提高了企业运用已有方法的能力。这是由于大数据分析法使大数据集和不同变量之间的关系更加视觉化，使管理者能够通过图像、图标、仪表板与动画有效地展示不同信息。例如，传统的发票数据、库存单位水平上每个地区的合同信息等；可以是物料清单的详细数据，也可以是保修与索赔数据。若将这些信息与来自市场、需求与性能等其他资源的数据结合起来，企业就可以对事物有更加深刻的理解。交互式 Aashboard 的作用是整合这些数据，方便使用者进行假设分析，以得出较为形象的结论。

### （三）节省成市

企业应用大数据分析法能够更好地做出采购决策。通过这些分析法，企业不仅可以控制总成本，还可以在实际采购活动之前优化采购决策的各个层面。例如电子零售商百思买与其所有供应商都有合作，它通过应用预测与补给系统以及主要供应商交换报告与分析，提高了预测的精准性，从而促进消费者更好地使用产品。百思买在几个星期之内分享了基准与促销预测、可用库存与需求库存、预测精确性报告等信息，以使预测与补给系统能够做出联合预测与分配决策。

### （四）市场预测

企业若要想获得能够预测市场与供应商的优势，就必须充分地了解不同环节的相关性以及这些相关性可能受到影响的因素。商品进入市场后，并不会一直保持最高的销量，随着时间的推移，消费者的行为和需求不断变化。在过去，我们总是习惯于通过调查问卷和以往的经验来寻找客户，而当调查结果总结出来时，结果往往已经是过时的了，延迟、错误的调查结果只会让管理者对市场需求做出错误的估计。而大数据能够帮助企业完全勾勒出其客户的行为和需求信息，通过真实而有效的数据反映市场的需求变化，从而对产品进入市场后的各个阶段做出预测，进而合理地控制物流企业库存和合理地安排运输方案。应用大数据分析法使企业在采购环节能够分析不同情境，建立预测模型以获得精确预测能力。预测性分析法与情境分析是许多领军企业的大数据分析工具。

（五）促进供应链中不同参与者之间的协作

生产商与供应商整合并共享大数据，应用程序与平台能够促进其实现生产协作。例如，在汽车业与航空业，新产品需要来自世界各地的供应商所供应的大量零部件进行组装。此时，在供应链中实现大数据共享能够促进生产商与供应商共同设计产品，以便产品设计者与制造工程师可以快速地进行模拟试验，测试不同的产品设计，选择部件与供应商，并计算出相关的生产成本。最重要的是，这种做法大大地节省了时间与成本，而在产品设计阶段的决策通常会影响80%的生产成本。据估计，丰田、菲亚特和尼桑等汽车品牌公司都通过这种方式缩短了30%～50%的新模型开发时间，丰田公司声称在建立第一辆实体样车之前已经修正了80%的缺陷。

（六）更加迅速地解决更多的问题

在物流决策中，竞争环境的分析与决策和物流供给与需求分析都需要庞大的物流数据分析和高性能物流计算。在竞争环境分析中，为了达到利益的最大化，需要与合适的物流或电商等企业合作，预测竞争对手的发展动向。大数据分析法使企业能够从总成本的角度出发去解决复杂的采购问题。企业通过大数据分析法可以解决散拼还是整体采购的问题，优化人规模采购网络。在许多领军采购企业内部，预测非频繁发生事件可能导致的后果的能力已经成了常规能力。及时地解决采购问题正逐渐成为企业的竞争优势。

# 第五节　案例与习题

## 一、案例

### 大数据驱动联合利华供应链[①]

消费者从超市货架上取走一瓶联合利华生产的洗发水对联合利华（中国）来说就意

---

① 资料来源：https://mp.weixin.qq.com/s/347K2ro60-dRrH_sgY0YEQ。

味着它的 1500 家供应商、25.3 万平方米的生产基地、9 个区域分仓、300 个超商和经销商都因此而受到牵动。

这是构成公司供应链体系的一些基本节点。它的一头连接着来自全球的 1500 家供应商，另一头则是包括沃尔玛、乐购、屈臣氏和麦德龙等在内的总共约 300 个零售商与经销商所提供的超过 8 万个销售终端。此外是：清扬洗发水、力士香皂、中华牙膏、奥妙洗衣粉等 16 个品牌将近 3000 规格（SKU）的产品以及在中国超过 100 亿元人民币的年销售额。每当消费者买走一件产品，联合利华整条供应链的组织运转就会受到影响。

**1. 深度数据挖掘与需求分析**

不同于家电、汽车等耐用消费品比较容易预测消费趋势和周期，快速消费品行业由于其消费者的购买频次更高、消费结构更为复杂以及销售过程中充满许多不确定性，企业较难对它做出需求预测。最头疼的情况是大客户采购，这种情况可能使超市的现有库存顷刻间耗尽。为了避免类似的手忙脚乱，又不想增加库存加大成本，更不想丢失客户，联合利华需要准确地预测未来的销售情况。每天，分散在全国各地的业务人员巡店后，将销售数据输入到一个手持终端，源源不断地把销售情况汇总到公司的中心数据库里。与此同时，直接与公司总部数据库对接的沃尔玛 POS 机系统和经销商的库存系统等，将店里的销售和库存数据及时反映到公司的中心数据库中，使不论上海中国总部还是伦敦全球总部的管理人员，都能了解到中国超过 1 万家零售门店在任何一天内的销售情况和业务数据。其余还有 7 万多个销售终端，数据更新以周为单位，这些大样本的数据来源可以保证销售预测的波动（例如令人头疼和难以预料的团购情况）能被控制在合理的范围水平内。

但仅仅通过汇总购买行为这类数据还不足以准确预测出未来一段时间内的需求，那些代表预测销量和实际销量的分析曲线，只是依赖数学模型和复杂的计算完成了理论上的工作，还需要做进一步的分析。这就需要其他的业务数据，如对某产品制订的促销方案是降价还是买赠、在某时段内投入了多少宣传力度、覆盖了多少区域或渠道等，都会影响该产品最终增加的销量，同时还要与其他业务部门如生产、采购、财务、市场等团队进行协同，共同利用这些数据预测和分析结果。

联合利华按照 16 个品牌的产品形态划分出四大业务类别，每个品类都有一个团队来预测产品的销售情况，并分析进一步影响采购、生产环节的实际运作。当洗发水以瓶为单位售出后，采购部门得到的信息则是原材料 A 和包装材料 B 又将会有新的需求，在系统里一瓶洗发水会被分解成 40 多种原材料，这些数据会落实在其物料清单 BOM 上。

**2. 全球协同采购**

按照公司实行的全球化范围的采购与生产体系，消费者购买行为对采购、生产的影响就是全球性的。目前，公司旗下 400 多个品牌的产品在六大洲 270 个生产基地生产，所有涉及原料和包装材料的采购问题，包括采购地和供应商的选择以及采购规模与频次的安排都是由全球统一进行调配。这种全球化的操作将在成本集约上体现出规模效应，但同时也对公司的供应商管理水平提出了挑战。

2002 年，公司在上海成立了全球采购中心，从中国向全球出口原料及成品，这里生产的牙膏最远销售到智利，中国的供应商总数规模在 1500 家左右。利用大数据与业务分析，一些能够同时提高合作方效率的合作会在这里开展：一些在内部被评定为 A 级的供应商被视作战略合作伙伴，它们会为生产提供定制化的材料，而自己的设计与研发人员也会对供应商的设备、流程等十分熟悉，双方会针对一款新产品在很早期就开始合作，联合利华会从技术方面对供应商提供指导。

联合利华利用大数据对供应商进行管理有一套全球共同执行的标准。一个跨部门的管理团队每年会重新审核供应商等级，对 A 级供应商更是到场审计两次，不仅是技术水平、产品质量、资金规模等常规指标，还包括绿色、环保、用工条件等社会责任方面的情况，如果在其中哪个方面没能达到要求，就将面临从采购名单里消失的风险。

### 3. 高效协同生产

每当商品售出时，生产部门就要和计划部门对接对售出产品的数据做出响应。根据售出产品的相关数据，生产计划经理进行分析并做出决策。除了通过需求计划经理得到需求预测外，他还必须获得其他业务信息，如通过采购团队掌握所有供应商的交货能力，通过工厂负责人了解目前生产线上的实际产能，等等。然后，将这些信息汇聚在一起统筹分析，做出下一段时期内的产能供应水平。

根据这些大数据，工厂最终制定出生产安排，指挥一个年产值为 140 亿元的生产系统在每一周、每一天里如何调度它的每一家工厂、每一条生产线、按照速度和专长的不同安排生产（洗发水生产线就有十多条），完成 300 多个规格（SKU）的洗发水生产，以尽可能达到产能最大化，满足那些分散在全国各地甚至世界其他地区不断增长的购买需求。关于消费者打算在何时何地购买这瓶洗发水的行为，将给联合利华的分析人员带来一道复杂的统筹学问题。

### 4. 渠道供应链管理，赢在货架

联合利华在全国设有 9 个销售大区，成品从合肥生产基地的总仓发往上海、广州、北京、沈阳、成都等 9 个城市的区域分仓。为了保证这瓶洗发水能够准时到达最终的货架，分销资源计划员既要规划路线，又要考虑库存成本和各条运输线上波动的运输能力。例如，春节将是联合利华产品的销售旺季，而临近春节时往西方向的铁路线会很拥挤，公路运输也较忙，还要考虑很多发生在路上的临时突发状况。因此，必须有充足的数据进行详细周密的分析，并与其他业务部门协商，做出如"规划如何在西区提前建立库存"等的决策。

联合利华用活了数据，从超市货架上每个产品的变化一直到自己的供应商，这是一条能产生出高价值的数据链路，可利用链路上每一节点的数据来优化和改进业务，使业务运营获得了骄人的好成绩。例如，通过对缺货的分析，找出导致一瓶洗发水在货架上缺货的真正原因：是门店方面没有及时下单，还是系统虚库存，又或者是因为库存堆放问题等，找到了真正的原因改进了缺货率，使其重点门店的货架满足率提高到了 98%，上升了 8%（货架有货率每提高 3%，就会带动产品销售提高 1%）。又如，与超商启动了回程车项目优化，在联合利华合肥总仓、乐购嘉善总仓、乐购合肥门店之间，把双方的取货、发货和运输线路放在一起进行分析和优化设计，减少了返程时的空车率，节约了 10% 左右的物流成本，同时也完成了公司对碳排放降低的要求。再如，通过分析与优化，提升了服务效率和客户的投资回报率。2011 年联合利华的这一排名从 2004 年的 20 名之外上升至第二名，实现了它"赢在客户"的目标规划，无论在它的销售、采购、库存、生产，还是在物流等方面的业务都有了很大的提升。

## 二、专题讨论

1. 联合利华是如何利用大数据做到合理采购的？
2. 大数据时代对采购和供应链带来了哪些挑战？
3. 大数据如何赋能"互联网＋"采购？

## 三、练习题

（一）选择题

1. 采购市场调查方案的确定不包括_____。
A. 调查方法　　　　　　　B. 调查地点
C. 调查时间　　　　　　　D. 调查目的
2. 采购调查资料的分析与整理不包括_____。
A. 检查与核对　　　　　　B. 统计计算
C. 编写调查报告　　　　　D. 分类编号
3. 采用询问调查法时，询问调查技术不包括_____。
A. 自由问答法　　　　　　B. 二项选择法
C. 顺位法　　　　　　　　D. 预估法
4. 采购需求预测程序不包括_____。
A. 确定预测目标　　　　　B. 拟订预测方案
C. 调整预测范围　　　　　D. 预计预测误差
5. 采购需求定性预测法中不包括_____。
A. 指数平滑法　　　　　　B. 德尔菲法
C. 集合意见法　　　　　　D. 类比预测法

（二）填空题

1. 采购需求预测技术分为_____、_____、_____三种。
2. _____是企业及管理部门科学预测和正确决策的前提和基础，在企业经营管理中具有十分重要的作用。
3. 一张完善的采购市场调查表，通常由被调查的_____、_____、_____、_____四部分组成。
4. 采购需求分析中用得最多、最普遍的为统计分析，根据一些原始材料来分析求出客户的需求规律，在实践中，统计分析通常有以下两种方法：_____、_____进行统计。
5. _____采购市场需求预测是企业增强竞争能力和提高经营管理水平的重要手段。
6. 对不同采购市场需求情况进行预测时，预测结果的准确性和可靠性与预测期限有关，因而按照预测期限的长短可分为_____、_____、_____、_____四类。

7. 供应市场分析可以分为_____、_____、_____三个层次。

8. 供应市场分析是指为满足公司未来发展的需要，针对所采购的物品或服务进行供应商、供应价格、供应量等相关情报数据的_____，从中分析出所有相关要素以获取最大回报的过程。

（三）名词解释

1. 采购市场需求预测
2. 德尔菲法
3. 时间序列预测法
4. 卖方完全垄断的市场

（四）简答题

1. 请简要介绍采购市场的调查方法有哪些？
2. 采购需求预测对企业有何作用？
3. 组合预测法有什么优点？
4. 影响采购方主动进行供应市场分析的主要因素表现在哪些方面？

◇　**技能实训**

**实训目的：**

1. 加深学生对采购需求分析和采购预测内涵的理解。
2. 理解采购需求分析中常用的方法。
3. 理解采购预测的基本步骤。

**实训项目：**

就近推荐各类企业若干家，包括商业连锁企业、小型商业企业、大型制造企业、小型制造企业，或者自主选择调研企业。

**实训要求：**

1. 了解调研企业采购部门如何进行采购需求的分析与预测，都采用了什么方法，并做好记录。

2. 小组内讨论，提出企业采购需求分析的改进措施，最后撰写企业调研报告。

◇　**本章参考文献**

［1］徐杰，鞠颂东．采购管理［M］．北京：机械工业出版社，2009.

［2］丁宁，宋莺歌，吕振君．采购与供应商管理［M］．北京：清华大学出版社，2012.

［3］娜达·R. 桑德斯．大数据供应链［M］．丁晓松译．北京：中国人民大学出版社，2015.

# 第四章　采购谈判与合同

◇ **引导案例**

## 拒绝有理，说来也动听

广东玻璃厂厂长率团与美国欧文斯公司就引进先进的玻璃生产线一事进行谈判。从我方来说，美方就是顾客。双方在部分引进还是全部引进的问题上陷入了僵局，我方的部分引进方案美方无法接受，遭到拒绝。

这时，我方首席代表虽然心急如焚，但还是冷静分析形势，如果我们一个劲儿说下去，就可能会越说越僵。于是他聪明地改变了说话的战术，由直接讨论变成迂回说服。"全世界都知道，欧文斯公司的技术是一流的，设备是一流的，产品是一流的。"我方代表转换了话题，从微笑中开始谈天说地，先来一个第一流的诚恳而又切实的赞叹，使欧文斯公司由于谈判陷入僵局而产生的抵触情绪得以很大程度的消除。"如果欧文斯公司能够帮助我们广东玻璃厂跃居全中国一流，那么全中国人民很感谢你们。"刚离开的话题很快又转了回来，但由于前面说的那些话，消除了对方心理上的对抗，所以，对方听了这话，似乎也顺耳多了。

"美国方面当然知道，现在，意大利、荷兰等几个国家的代表团，正在我国北方省份的玻璃厂谈判引进生产线事宜。如果我们这次的谈判因为一点点的小事而失败，那么不但是我们广东玻璃厂，而且更重要的是欧文斯公司方面将蒙受重大的损失。"这损失当然不仅是重要意思，而说话中使用"一点点小事"来轻描淡写，目的是引起对方对分歧的关注。同时，指出谈判万一破裂将给美国方面带来巨大的损失，完全为对方着想，这一点对方不容拒绝。

"目前，我们的确有资金方面的困难，不能全部引进，这点务必请美国同事们理解和原谅，而且我们希望在我们困难的时候，你们能伸出友谊之手，为我们将来的合作奠定一个良好的基础。"这段话说到对方心里去了，既通情，又达理，不是在做生意，而是朋友间的互相帮助，因此迅速就签订了协议，打破了僵局，问题迎刃而解，为国家节约了大量外汇。

资料来源：http：//tradeinservices. mofcom. gov. cn/article/zhishi/anlijq/201704/21878. html。

◇ **案例解析**

广东某玻璃厂的首席谈判代表在面对美国方面的拒绝时，没有直接地对抗，而是采用了迂回绕道的技巧，从而化解了谈判中产生的矛盾，取得了谈判的成功。

这次对美国方面的拒绝是在美国方面占有优势的情况下果断的拒绝，但是在谈判中拒绝不能武断，需要有一定的语言艺术，让对方觉得这样拒绝很难不接受，从而才能赢得谈判的主动权。

拒绝还可以通过赞赏的方式来提出。赞赏式拒绝法的实质就是从对手的意见中找出双方均不反对的某些非实质性内容，然后加以赞赏，突出双方的共同点，摆出理解对手的姿态，最后对不同的观点加以坦率的拒绝。这是因为一个人在提出自己的意见后，一旦受到某种程度的肯定和重视，人的心理会形成一种兴奋优势，这种兴奋优势给人带来情感上的亲善体验和理智上的满足体验。这种体验一旦发生就会促进谈判的顺利进行。

一般来说，拒绝不能使用带教训、嘲弄或挖苦的语气，尽量不用带批判性的词汇，更不要勃然大怒。另外，拒绝在有的时候需要果断，这样更能显示出自己的坚定，但是在运用的时候要把握好时机和尺度。

思考：与强势的供应商进行采购谈判时应该怎么做？

◇ **案例涉及主要知识点**

采购谈判技巧

◇ **学习导航**

- 掌握采购谈判的基本概念
- 掌握采购谈判的主要方法
- 掌握采购合同的概念和特点

◇ **教学建议**

- 备课要点：采购谈判的方法和技巧、采购合同的重要性
- 教授方法：案例、讲授、实证、启发式

# 第一节　采购谈判

谈判是采购中的一个重要过程，采购中的谈判会发生在不同的层面：如在某一采购部

门内的同事之间就同一任务进行分工；在部门之间，如采购部和生产部就产品与服务规格达成一致意见；企业和供应商之间，供应商和本组织（或单位内部的个人）可能会有着或远或近的关系，他们对组织的整体盈利能力可能或多或少有战略上的重要意义。

本节重点讨论第三种情况下的谈判。

## 一、采购谈判概述

### （一）采购谈判的定义

学术界对于谈判并没有一个标准或权威的定义。

牛津字典中对谈判（Negotiation）的定义是这样的：试图通过讨论来达成协议，因此而安排一项事务或取得某项结果；取得或支出现金价值（支票或债券等）；克服障碍或困难。

谈判是任何形式的语言沟通，包括直接的或间接的。在此，谈判各方在不诉诸仲裁或其他司法程序的情况下，就某一共同关心的冲突进行讨论，采取联合行动的形式来管理、解决各方之间的争议。议价是为达成协议而进行的谈判过程。

采购谈判是采购方与供应方之间为了共同的目标、达成双方一致的协议而进行的活动。

对采购谈判的理解可以从以下几个方面进行：

1. 采购谈判是买卖双方合作与冲突对立关系的统一

合作性表明双方的利益有着共同的一面，冲突性表明双方利益有着分歧的一面，作为谈判参与者要尽可能加强双方的合作性，减少双方的冲突性。合作性与冲突性也是采购谈判的二重性。

2. 采购谈判是原则性和可调整性的统一

原则性是谈判双方在谈判中最后退让的底线。谈判双方对重大原则问题通常不会轻易让步，即使退让也是有一定限度的。可调整性是指谈判双方在坚持原则的基础上可以向对方做出一定的让步和妥协。在采购谈判中，原则性和可调整性是同时并存的。

3. 采购谈判以经济利益为中心

采购谈判是一种经济行为，谈判各方的本质目的是一致的，都是为自身企业追求经济利益最大化。因此谈判的中心是各自的经济利益，价格成为谈判中作为调节和分配经济利益的主要杠杆，是谈判的焦点。价格不是谈判中的唯一，有许多其他利益也可能会对谈判价格产生影响，但这些影响最终都会反映在经济利益上。

### （二）谈判的特征

谈判适用于多种场合，但不管是哪种场合下的谈判，都有着五个方面的不同特征：

1. 采购谈判双方（采购方与供应方）之间存在一致意见和冲突

谈判发生的先决条件就是双方共同关心的问题处于冲突中，对此，双方愿意达成一项各方满意的解决方案。

采购谈判的双方有着共同的目标，双方都对某一个或几个共同的项目有着共同的目的，都希望能达到目标，但双方对于为达到目标而付出的代价有着明显的冲突，谈判的目的是双方为了达成各自的目标试图找到一个共同的、双方都可以接受的方案来解决某一复杂的冲突。因此，采购谈判的双方在达成协议这个目标方向上是一致的，但有着明显的冲突。

2. 议价过程

采购谈判的过程实质上就是议价的过程。双方对于共同目标的价格有着明显的冲突，议价是一个过程，通过议价可以达成一项解决方案，议价的过程实际上就是资源分配的过程，而这样的资源对双方企业的延续性很重要。

3. 信息交换

采购谈判的过程本质上是双方信息交换的过程。在谈判过程中，双方不断地向对方透露自己的信息，从对方的语言中获得对自己有利的信息，在信息交换的过程中达成一致能够接受的条件，实现谈判的目的。

4. 影响技巧和说明技巧的使用

采购谈判过程中的技巧使用对谈判的结果有着明显的影响，如何巧妙地使用谈判技巧，是谈判能否成功达到预定目标的关键。

5. 各方达成协议的能力

采购谈判最终的结果取决于各方达成协议的能力。某一方达成协议的能力越强，谈判结果越有利于某一方。在目标一致的前提下，谈判的最终结果是双方对于达成协议能力的一种共同认可。

## （三）采购谈判的六个阶段

在采购谈判的实践中往往会将采购谈判的过程划分为六个阶段。

1. 准备阶段

这一阶段的主要目标是确定采购谈判中的重要问题和目标。任何一次谈判都是为了要达成某一协议而进行的、协议的目标是什么、达成协议过程中的重点是什么，自身为达成协议所能付出的底线代价是什么，都需要事先明确。

2. 建立关系

在本阶段，采购谈判的参与方应当正确理解自身与对方之间的关系。

3. 信息收集

信息收集是采购谈判中的一项重要任务。作为采购方，需要收集的信息包括采购物品的特点、供应市场的信息、供应商的市场地位、供应商的基本情况、供应商的生产能力、供应商的定价策略、供应商的内部管理状况，甚至包括谈判对手参与人员的信息等，采购谈判过程中的信息收集程度对谈判有着十分重大的意义。

4. 信息使用

根据收集到的信息，谈判的参与者可以建立有关的谈判模型，本方预计可以达成的目标程度、预计谈判过程中使用信息的顺序、预计本方可能付出的代价、估算对方可能提出的要求等。

5. 议价

议价过程是技巧使用的阶段，谈判双方在收集信息的基础上使用谈判技巧进行沟通交流，最终达成双方一致接受的结果。

6. 谈判结束

在经过议价达成一致后，谈判各方建立各自的承诺，使协议最终成为双方的合同。在合同达成以后，对一些谈判过程中可能存在的枝节性问题还需要进行进一步的澄清，因此对谈判还需要进行一定程度的跟踪。

### （四）谈判的整合性成果和分配性成果

整合性成果是指那些可以产生共同收益的成果，是谈判各方认定的最佳协议。分配性成果是以牺牲对方的代价来使己方获益，而不去考虑侵害所有可用资源。很明显，整合性成果是双赢和互利的结果，而分配性成果则是冲突的结果。随着供应链管理的不断发展，越来越多的企业在谈判中注重双赢，从而实现共同获益。因此，采购谈判中的整合性成果也越来越重要。

## 二、采购谈判的影响因素

采购谈判的二重性决定了采购谈判的成功关键是谈判实力。谈判实力是指影响谈判双方在谈判过程中的相互关系、地位和谈判最终结果的各种因素总和以及这些因素对各方的有利程度。影响谈判实力的因素主要包括：

### （一）交易内容对双方的重要性

如果交易对某一方更为重要，那么该方在采购谈判中就处于弱势。例如，采购方对于采购物料有十分迫切的需求时，为了尽快获得采购物料，采购方会愿意付出更大的代价去达成谈判，采购方就处于相对不利的地位。

### （二）谈判各方对交易内容和交易条件的满足程度

当谈判中的某一方对交易内容和交易条件的满足程度越高，在谈判中就越处于强势地位，其对于谈判的控制力就较强。例如，在工程采购谈判中，如果施工方能完全满足采购方的施工质量要求，那么在双方谈判中，施工方就有足够的实力去为自己争取更多的利益，尤其是当其他竞争者都无法满足采购方的要求时。

### （三）竞争态势

如果在采购过程中，某一方有多个竞争者时，那么该方在谈判中就处于劣势，另一方有足够的选择机会。从经济学的角度来看，完全垄断市场有利于卖方，完全竞争市场有利于买方。因此，在采购谈判前必须深入了解谈判对方和己方的竞争态势。

### （四）对于商业行情的了解程度

"知己知彼，百战不殆"，谈判的过程实质上是双方对谈判信息的掌握和使用程度，因此谈判前对商业行情要做到尽可能地多掌握。

## （五）企业的信誉和实力

企业的实力并不是一个片面的内容，它是由很多因素构成的，如企业规模的大小、企业技术水平的能力、企业的管理能力、企业员工的素质、企业产品的前景以及企业的社会责任等都是企业实力的组成部分。因此，企业的社会知名度或行业知名度越高，在谈判中的地位就越强势。

## （六）谈判的艺术和技巧

强大的气场可以为谈判带来气势上的优势，而聪明的谈判专家则会利用这种优势转变成胜势，谈判参与者应当尽可能地掌握谈判的技巧，学会谈判艺术。

## 三、采购谈判的原则

采购谈判的主要原则包括合作原则和礼貌原则。

### （一）合作原则

合作原则是指谈判双方以最精练的语言表达最充分、真实、相关的信息，这是谈判双方都应该遵守的基本原则，也是保证谈判能正常进行的前提。

合作原则包括如下四个准则：

1. 量的准则

量的准则要求谈判过程中所说的话要包含交谈目的所需要的信息，所说的话不应包含超出需要的信息，要充分表达想要表达的信息。

2. 质的准则

质的准则要求不说自知是虚假的话，不说缺乏足够证据的话，要表达的信息应当是真实有效的信息，而不该是虚假的无效信息，虚假信息对采购谈判的合作目标没有任何帮助，反而会干扰谈判的顺利进行。

3. 关系准则

关系准则要求所说话的内容要有关联并符合主题，不能漫无边际地胡说。这一原则有利于提高谈判的效率，节约宝贵的时间。

4. 方式准则

方式准则要求谈判过程中表达的信息要清楚明白，避免晦涩、歧义，要简练、井井有条。要用双方都能正确理解的文字或语言表达，防止双方因对某些词语的不同理解而产生冲突，降低谈判效率。

### （二）礼貌原则

礼貌原则包括如下六个准则：

1. 得体准则

得体准则是指减少表达有损于他人的观点，即不通过说话去麻烦或损害他人。

2. 慷慨准则

慷慨准则是指减少表达利己的观点，在交谈中应尽可能表现出自身受益较少而损失较大。

3. 赞誉准则

赞誉准则是指减少表达对他人的贬损，可以适当夸大对他人的赞扬。

4. 谦逊准则

谦逊准则是指减少对自己的表扬，多表现出自身的不足（但又与采购无关）。

5. 一致准则

一致准则是指减少自己与别人在观点上的不同，尽量减少双方的分歧，表现出双方一致的方面。

6. 同情准则

同情准则是指减少自己与他人在感情上的对立，减少表现出对他人的厌恶。

## 四、采购谈判的技巧

### （一）采购谈判的基本技巧

1. 谈判前要有充分的准备

商场如战场，在没有充分准备的情况下，应避免仓促参与谈判。在条件许可的情况下，要努力事先掌握谈判对手企业的现状，如企业的信誉、优势和劣势等；弄清本次谈判的利益何在、问题是什么和谁是对方的决策人物等有关资料。只有知己知彼，才能有针对性地制定谈判策略。

采购人员必须了解商品的知识、品类市场及价格、品类供需情况、本企业情况、本企业所能接受的价格底线与上限以及其他谈判的目标。最简单的方法是把各种条件列出优先顺序，将重点简短地写在纸上，在谈判时随时参考，提醒自己。

2. 为自己确定的谈判目标留有机动的幅度和可进退的余地

一般来说，谈判目标可分为三级，即最低目标、可接受目标和最高目标。最高目标应是努力争取的，最低目标是退让妥协的底线，可接受目标是可谈判的目标。

当你想获得时，应提出比你原来预想的目标还要高的要求，而不应恰到好处于原设想的目标上；当你要付出时，应提出比原设想的目标还要低的要求，而不应恰到好处于原目标上。但无论何种情况，没有适当的让步，谈判就无法进行下去，而让步是有原则的。让步的原则是：让步要稳，要让在明处，要步步为营，小步实施；要对等让步（如果是单方面让步，其危害性不仅在于让步的大小，主要还在于它削弱了谈判的地位），让步之后要大肆渲染，即告知对方让步所做出的牺牲和所受到的损失，希望对方予以关注，并要求对方予以补偿。

3. 在谈判中应多听、多问、少说

谈判的目的是通过语言交流实现自己的谈判目标，以分得更多的"蛋糕"份额。这就要求尽可能多地了解和熟悉对方的意图。

倾听是发现对方需求的重要手段，恰当的提问是引导谈判的方向、驾驭谈判进展的工具，因此谈判能手往往是提问专家。而说得过多则会产生不应有的失误。所谓言多必失，极易使自己陷入被动。同时，多听多问有助于发现事情的真相，探索对方的动机和目的，迫使对方进行更多的信息反馈，从而使我们从反馈的信息中获得新的情况，以确立和调整我方的策略、实施和方法。

4. 不要轻易放弃

通过给予对方心理上更多的满足来增加谈判的吸引力，如施展个人形象魅力，树立诚实可信、富于合作精神形象，使对方产生可信赖、可交往的感觉，缩短对方心理上的距离；或让对方预感到他即将获得成功，增强其自我满足感，促使其保持良好的心绪和持久的自信心，从而使对方不轻易中断和自己的谈判。

## （二）常见的采购谈判技巧

1. 不要误认为 50/50 最好

谈判的目标是"双赢"，有些采购员认为谈判的结果是 50/50 最好，彼此不伤和气，这是错误的想法。事实上，有经验的采购人员总会设法为自己的企业争取最好的条件，然后让对方也得到一点好处，能对他们的公司交代。因此，站在本方的立场上，若谈判的结果是 60/40、70/30，或甚至是 80/20，不应有什么"于心不忍"的想法。

2. 只与有权决定的人谈判

谈判之前，最好先了解和判断对方的权限。采购人员接触的对象可能有业务代表、业务各级主管、经理、副总经理、总经理甚至董事长，是依供应商的大小而定的。这些人的权限都不一样，采购人员应尽量避免与无权决定事务的人谈判，以免浪费自己的时间，同时也可避免事先将本企业的立场透露给对方。

3. 对等原则

不要单独与一群供应商的人员谈判，这样极为不利。谈判时应注意"对等原则"，也就是说，我方的人数与级别应与对方大致相同。如果对方极想集体谈，先拒绝，再研究对策。

4. 不要表露对供应商的认可和对商品的兴趣

在交易开始前，对方的期待值会决定最终的交易条件，所以有经验的采购员无论遇到多好的商品和价格，都不会过度表露内心的看法。对供应商第一次提出的条件，有礼貌地拒绝或持以反对意见。采购员可以通过拒绝或反问的语句使对方产生心理负担，降低谈判标准和期望。

5. 采取主动，但避免让对方了解本企业的立场

善用咨询技术，"询问及征求要比论断及攻击更有效"，而且在大多数的时候，供应商在他们的领域比采购方还专业，通过询问就可获得更多的市场信息。采购员应尽量将自己预先准备好的问题以"开放式"的问话方式，让对方尽量暴露出其立场。然后再采取主动，乘胜追击，给对方足够的压力。对方若难以招架，自然会做出让步。

6. 必要时转移话题

若买卖双方对某一细节争论不休，无法谈判，有经验的采购人员会转移话题，或暂停讨论喝个茶，以缓和紧张气氛，并寻找新的切入点或更合适的谈判时机。

7. 控制谈判时间

计划的谈判时间一到，就应真的结束谈判离开，让对方紧张，做出更大的让步。可能的话，把他的竞争对手也同时约谈过来，给对方造成有众多竞争对手的感觉。

8. 尽量从对方的立场说话

大部分成功的采购谈判都要在彼此和谐的气氛下进行才可能达成。在相同交涉条件上，要站在对方的立场上去说明，往往更有说服力。因为对方更会感觉到：达成交易的前提是双方都能获得预期的利益。

9. 交谈集中在本方强势点上

告诉对方，本方目前及未来的发展及目标，让对方对己方有热忱、有兴趣。不要过多谈及己方弱势点，一个谈判高手会攻击你的弱点，以削减你的强项。

在肯定对方企业的同时，指出对方存在的弱点，告诉对方："你可以，而且需要做得更好。"不断重复这个说法，直到对方开始调整对他自己的评价为止。

10. 以数据和事实说话，提高权威性

用事实说话，对方就没办法过分夸大某些事情，从而保护住己方的原则。首先，采购人员在谈判前应当明确自己的目标是什么？一定要坚持公司的原则，即使在不得不让步的情况下，也要反复强调该原则，而且这原则是有数据和分析支持的。要永远保持职业化的风格，让对手在无形中加深"他说的是对的，因为他对这方面很内行"的感觉。


# 第二节  采购合同


供应商选定以后，采购方应当与供应商签订正式的采购合同。


## 一、采购合同概述


### （一）合同、经济合同

合同（Contract），又称契约、协议，是平等的当事人之间设立、变更、终止民事权利义务关系的协议。我国《民法通则》第85条规定，合同是当事人之间设立、变更、终止民事关系的协议。依法成立的合同，受法律保护。《合同法》第2条规定，合同是平等主体的自然人、法人、其他组织之间设立、变更、终止民事权利义务关系的协议。

经济合同（Economic Contract），从内涵上看，是指平等民事主体的法人、其他经济组织，个体工商户、农村承包经营户相互之间，为实现一定的经济目的，明确相互权利义务关系而订立的合同。

## （二）合同的法律特征

### 1. 合同是一种民事法律行为

合同是合同当事人意思表示的结果，是以设立、变更、终止财产性的民事权利义务为目的，且合同的内容即合同当事人之间的权利义务是由意思表示的内容来确定的。因而，合同是一种民事法律行为。

### 2. 合同是一种双方或多方或共同的民事法律行为

首先，合同的成立须有两个或两个以上的当事人；其次，合同的各方当事人须互相或平行作出意思表示；最后，各方当事人的意思表示须达成一致，即达成合意或协议，且这种合意或协议是当事人平等自愿协商的结果。因而，合同是一种双方、多方或共同的民事法律行为。

### 3. 合同以在当事人之间设立、变更、终止财产性的民事权利义务为目的

首先，合同当事人签订合同的目的在于各自的经济利益或共同的经济利益，因而合同的内容为当事人之间财产性的民事权利义务；其次，合同当事人为了实现或保证各自的经济利益或共同的经济利益，以合同的方式来设立、变更、终止财产性的民事权利义务关系。

### 4. 订立、履行合同，应当遵守法律、行政法规

这其中包括合同的主体必须合法，订立合同的程序必须合法，合同的形式必须合法，合同的内容必须合法，合同的履行必须合法，合同的变更、解除必须合法，等等。

### 5. 合同依法成立，即具有法律约束力

所谓法律约束力，是指合同的当事人必须遵守合同的规定，如果违反，就要承担相应的法律责任。

## （三）采购合同的定义及特征

采购合同是一种经济合同，是法人之间为实现一定的经济目的，明确相互的权利义务关系而签订的书面契约。简单地说，采购合同是供应商向需求方转移标的物所有权，需求方向供应商支付价款的合同。采购合同一旦签订以后，就具有法律效力，受法律的保护。

现代采购合同的标的物中除了传统意义的有形货物以外，还包括服务和工程项目。相应的，采购合同也分为买卖合同、建设工程合同和承揽合同。

买卖合同是出卖人转移标的物的所有权于买受人，买受人支付价款的合同。买受人是指采购方，出卖人是指供应商。

建设工程合同是承包人进行工程建设，发包人支付价款的合同。建设工程合同包括工程勘察、设计、施工合同，发包人是采购方，承包人是供应商。

承揽合同是承揽人按照定做人的要求完成工作，交付工作成果，定做人给付报酬的合同，承揽合同属于服务合同。

采购合同具有以下主要特征：

### 1. 采购合同是有偿合同，是转移标的物所有权或经营权的合同

采购合同的实质是以等价有偿方式转移标的物财产所有权，即供应商向需求方转移标的物所有权或经营权，需求方向供应商支付等价货款。

2. 采购合同的主体比较广泛

1999 年，为了适应 WTO 的规则，我国《合同法》第 2 条中规定的采购合同主体包括平等主体的自然人、法人、其他组织。

3. 采购合同是双务合同

在采购合同中，买方和卖方都是平等的主体，都享有一定的权利，都要承担一定的义务，而且权利与义务之间存在对应关系，即买方的权利就是卖方的义务，反之亦然。

4. 采购合同是诺成合同

采购合同自双方当事人意思表达一致，就可以生效，不需要交付标的物。合同的法律效力是从签订之时就开始生效的，并不是从交付货物时开始的。

### （四）采购合同的内容

一份有效的采购合同应当至少包括：

1. 要约

要约是当事人一方向对方发出的希望和对方订立合同的意思表示，发出要约的一方称为要约人，接受要约的一方称为受要约人。

要约的特点包括以下几个方面：

（1）由具有订约能力的特定人作出的意思表示。要约的提出旨在与他人订立合同，并且唤起相对人的承诺，所以要约人必须是订立合同一方的当事人。由于要约人欲以订立某种合同为目的而发出某项要约，因此他应当具有订立合同的行为能力。我国《合同法》第 9 条规定，当事人订立合同应当具有相应的民事权利能力和民事行为能力。无民事能力人或依法不能独立实施某种行为的限制行为能力人发出欲订立合同的要约不会产生行为人预期的效果。

（2）必须具有订立合同的目的。要约人发出要约的目的在于订立合同，而这种订约的意图一定要由要约人通过其发出的要约充分表达出来，才能在受要约人承诺的情况下产生合同。根据我国《合同法》第 14 条规定，要约是希望和他人订立合同的意思表示，要约中必须表明要约经受要约人承诺，要约人即受该意思表示约束。

（3）必须向要约人希望与之缔约合同的受约人发出。要约人向谁发出要约也就是希望与谁订立合同，要约原则上是向特定的相对人来说的，但也有向不特定人发出的，此时应具有以下两个条件：一是必须明确表示其做出的建议是一项要约而不是要约邀请；二是必须明确承担向多人发送要约的责任，尤其是要约人发出要约后，必须具有向不特定的相对人做出承诺以后履行合同的能力。

（4）内容必须具体确定。根据《合同法》第 14 条的规定，要约内容必须具体。所谓具体是指要约内容必须具有足以使合同成立的主要条款。合同的主要条款应当根据合同的性质和内容来加以判断。合同的性质不同，它所要求的主要条款不同。所谓确定，是指要约内容必须明确，而不能含糊不清。要约应当使受要约人理解要约人的真实意思，否则无法承诺。

（5）要约必须送达到受要约人条件。要约人只有在送达受要约人以后才能为受要约人所知悉，才能对受要约人产生实际拘束力，我国《合同法》第 16 条规定，要约到达受要约人时生效。如果要约在发出以后，因传达要约的信件丢失或没有传达，不能认为要约已经送达。

2. 承诺

承诺是受要约人同意要约的意思表示。一般来说，要约已经受要约人承诺，就表明双方当事人对合同的主要条款达成一致意见，合同即宣告成立。

任何有效的承诺，都必须具备以下条件：

（1）承诺必须由受要约人作出。要约和承诺是一种相对人的行为。因此，承诺必须由被要约人作出。被要约人以外的任何第三者即使知道要约的内容并对此作出同意的意思表示，也不能认为是承诺。被要约人通常指的是受要约人本人，但也包括其授权的代理人。无论是前者还是后者，其承诺都具有同等效力。

（2）承诺必须在有效时间内作出。要约在其存续期间内才有效力，一旦受约人承诺便可成立合同，因此承诺必须在此期间内作出。如果要约未规定存续期间，在对话人之间承诺应立即作出；在非对话人之间承诺应在合理的期间作出。凡在要约的存续期间届满后承诺的是迟到的承诺，不发生承诺的效力应视为新要约。

承诺应当以通知的方式作出，但根据交易习惯或者要约表明可以通过行为作出承诺的除外。这里所说的行为，通常是指履行行为，如预付价款、装运货物或者在工地上开工等。

（3）承诺必须与要约的内容完全一致。即承诺必须是无条件地接受要约的所有条件。据此，凡是第三者对要约人所做的"承诺"，凡是超过规定时间的承诺，凡是内容与要约不相一致的承诺，都不是有效的承诺，而是一项新的要约或反要约，必须经原要约人承诺后才能成立合同。

承诺可以书面方式进行，也可以口头方式进行。通常，它须与要约方式相应，即要约以什么方式进行，其承诺也应以什么方式进行。对于口头要约的承诺，除要约有期限外，沉默不能作为承诺的方式，承诺的效力表现为要约人收到受要约人的承诺时，合同即为成立。口头承诺，要约人了解时即发生效力。非口头承诺生效的时间应以承诺的通知到达要约人时为准。一般认为，承诺和要约一样准许在送到对方之前或同时撤回，但迟到的撤回承诺的通知不发生撤回承诺的效力。

## 二、采购合同的构成

采购合同的基本构成部分包括合同首部、合同正文与合同尾部。

### （一）合同首部

合同首部是对合同的简介，是合同基本情况的描述，如合同名称、合同编号、签订人、签订时间等信息，一般情况下，合同首部主要包括以下内容：

1. 合同名称

合同名称是对合同的重要描述，以最简洁的方式说明合同的基本性质，也是在查询合同时的一个重要依据，一般要求合同名称应能够表达清楚合同的主要标的是什么。

2. 合同编号

合同编号是采购方对合同指定的编号，编号的目的是对采购合同进行有效的管理，以便于事后对合同的查询和统计。

3. 合同签订日期

用于记录签订合同的时间。

4. 签订人

签订人是指签订采购合同的双方，采购合同的签订人一般为法人或具有独立民事权利的经济组织。

5. 合同序言

合同序言相当于文章的摘要，是对合同内容的一个概要性描述。

## （二）合同正文

采购合同的正文中主要包括以下内容：

1. 主要内容

采购合同的主要内容有：

（1）采购项目名称。本次采购合同所针对的采购物品的全名，项目名称应当是采购双方都认可的具有科学性和惟一性的名称，不能使用俗称，以避免由于对同一名称的不同认识而引发采购纠纷。

（2）采购项目的品质规格说明（质量条款）。这一部分的主要内容应当包括采购项目的品质说明，品质是指商品所具有的内在质量与外观形态的结合，包括各种性能指标和外观造型。在品质规格中应当说明商品的技术规范、质量标准、规格、品牌等重要信息，这是用于区分采购物品与其他物品的重要标志。品质规格说明的方式有两种：一是实物或样品；二是设计图纸或说明书。无论是采用哪一种方式，都要求供应商供应的物品在品质上应与品质规格说明中要求的一致。

在订立该条款时应注意：①根据商品特性确定表示质量的方法；②要准确具体地描述对商品品质的要求，不能用笼统含糊的词语，如左右、大概等；③重视品质机动幅度和品质公差（误差）在表示品质方面的作用。

（3）数量。指采购合同中应当以一个双方一致同意的度量单位来确定采购物品的计量值，如重量、个数、长度、面积、容积等，这里要说明交货的数量是多少，度量单位是什么以及误差范围等。

规定数量条款时要注意：①数量条款的规定要明确具体，包括计算数量的单位和方法，都应该明确具体，避免使用类似"约"这样的文字；②根据商品特点，规定数量的机动幅度，但不是所有的货物都需要规定机动幅度的。一般情况下，除大宗散装货物（如矿砂、化肥、粮食、食糖等）以外的货物可以不用规定机动幅度（溢短装条款）。

（4）单价与总价。价格是采购合同中的重要内容，采购合同是一种经济合同，采购合同中价格是需要重点关注的内容。采购合同中的价格通常由单价和总价两部分构成，二者分别计算，保持计算结果一致，除价格信息以外，还需要说明支付货币类型、物品定价方式等，如果采购项目与国际贸易有关，还需要特别说明采购项目适用哪种国际贸易术语（如 FOB、CIF 等）。

在国际贸易中，合同双方使用何种货币，一般由双方自愿进行选择，可以使用本国货币、对方国家货币或第三国货币中的任何一种。使用本国货币承担的风险较小，使用对方国家货币或第三国货币则有可能要承担汇率风险。

（5）包装。这是为了有效地保护商品在运输存放过程中的质量和数量，并有利于分拣和环保而把货物装进适当容器的操作。采购合同中该条款的主要内容有包装标识、包装方法、包装材料要求、包装容量、质量要求、环保要求、规格、成本、分拣运输成本等。

（6）装运。这是把货物装上运输工具并运送到交货地点。该条款的主要内容有运输方式、装运时间、装运地与目的地、装运方式（一次装运还是分批装运、直达运输还是转运）和装运通知等。在 FOB、CIF 和 CFR 合同中，卖方只要按合同规定把货物装上船或者其他运输工具，并取得提单，就算履行了合同中的交货义务。提单的签发时间和地点即为交货时间和地点。

（7）到货期限。这是指约定的最晚到货时间。到货期限以不延误企业生产为标准。

（8）到货地点。货物到达的目的地。到货地点的确定并不一定总是以企业的生产所在地为标准。有时为了节约运输费用，在不影响企业生产的前提下，也可以选择交通便利的港口交货。

（9）付款方式。采用一定的手段，在指定的时间、地点、使用确定的方式方法支付货款。付款条款的主要内容有支付手段、付款方式、支付时间、支付地点等。在国际贸易中尤其要注意这一条款。

（10）保险。这是企业向保险公司投保并缴纳保险费的行为，也指货物在运输过程受到损失时，保险公司向企业提供的经济补偿。该条款的主要内容包括确定保险类别及其保险金额、指明投保人并支付保险费。根据国际惯例，凡是按照 CIF 和 CIP 条件成交的出口物资，一般由供应商投保；按 FOB、CFR 条件成交的进口物资由采购方办理保险。

（11）商品检验。这是指商品到达后按照事先约定的质量条款进行检验。对于不符合要求的产品要及时处理。

（12）纷争与仲裁。仲裁是指发生争议的双方当事人，根据其在争议发生前或争议发生后所达成的协议，自愿将该争议提交给中立的第三方进行裁判的争议解决制度和方式。仲裁条款以仲裁协议为具体体现，表示买卖双方自愿将其争议事项提交第三方进行裁决。仲裁协议的主要内容有仲裁机构、适用的仲裁、仲裁地点、裁决效力等。仲裁裁决的效力一般是一次性、终局的，对双方都有约束力，凡订有仲裁协议的双方，不得向法院提起诉讼。一旦仲裁裁决作出后，当事人不能就该裁决向人民法院提起诉讼，当事人也不能就同一纠纷再申请仲裁或者向人民法院起诉。但如果仲裁裁决被人民法院依法裁定撤销或者不予执行，当事人就该纠纷可以根据双方重新达成的仲裁协议申请仲裁，也可以向人民法院起诉。

（13）不可抗力。这是指在合同执行过程中发生的、不能预见的、人力难以控制的意外事故，如战争、洪水、台风、地震等，致使合同执行被迫中断。遭遇不可抗力的一方可因此免除合同责任。

一般来说不可抗力来自自然条件和社会条件两个方面，水灾、旱灾、地震、海啸、泥石流等属于自然条件，战争、罢工、暴动、政府禁令等属于社会条件。并不是所有的意外事故都可构成不可抗力，因此需要在合同中定明双方公认的不可抗力。

不可抗力条款的主要内容包括不可抗力的含义、适用范围、法律后果、双方的权利义务等。

### 2. 选择性内容

选择性条款并不是每一份采购合同都必须要有的，签订双方可以根据合同的需要来确定是否需要增加选择性条款。

合同正文的选择性内容包括：

（1）保值条款。一般出现在国际采购合同中。通常情况下，买卖双方愿意选择汇率稳定的货币作为计价货币。但在汇率不稳定的情况下，若合同中采用的计价货币对其中一方不利，这一方可通过在合同中订立合适的保值条款，把所承担的汇率风险考虑进去。货币保值条款主要是确定一个价值稳定的"参照物"（如黄金、硬货币），然后将商品价值折算成参照物，最后在支付时再以参照物的数量折算回所需要的货币。

进出口商在交易时首先确定合同计价货币，然后选择另一种货币或一组货币作为保值货币，把双方自由约定的保值货币与合同计价货币的汇价明确规定在合同之内。在进口方支付货款时，如果合同计价货币与保值货币的现行汇率和合同规定的不同，则合同总金额应据此作适当调整。

（2）价格调整条款。又称价格修正条款，是指在定约时只规定初步价格，同时规定，如原材料价格和工资等发生变化，按原材料价格和工资等的变化来计算合同的最终价格。例如："如卖方对其他客户的成交价高于或低于合同价格5%，对本合同未执行的数量，双方协商调整价格"。这种做法的目的是把价格变动的风险规定在一定范围之内，以提高客户经营的信心。

该条款主要适用于类似生产加工周期较长的机器设备等商品的合同。

（3）误差范围条款。采购合同中允许合同双方对货物品质的误差范围进行协商。

（4）法律适用条款。国际货物买卖合同是在营业地分处不同国家的当事人之间订立的。由于各国政治、经济、法律制度不同，就产生了法律冲突和法律适用问题。当事人在合同中明确宣布合同适用所在国法律的条款称作法律适用条款或法律选择条款。

## （三）合同尾部

采购合同的尾部内容比较简单，包括合同的份数、使用语言及效力、合同附件、合同的生效日期以及双方的签字盖章等。

## 三、采购合同的订立

## （一）采购合同订立前的准备工作

采购人员在签订采购合同前，必须审查卖方当事人的合同资格、资信及履约能力，按经济合同法的要求，逐条订立采购合同的各项必备条款。

### 1. 审查卖方当事人的合同资格

为了避免和减少采购合同执行过程中的纠纷，在正式签订合同之前，采购人员首先应审查卖方当事人作为合同主体的资格。合同资格是指订立合同的当事人及其经办人，必须具有法定的订立经济合同的权利。审查卖方当事人的合同资格，目的在于确定对方是否具有合法的签约能力，这一点直接关系到所签订的合同是否具有法律效力。

（1）法人资格审查。认真审查卖方当事人是否属于经国家规定的审批程序成立的法人组织。法人是指拥有独立的必要财产、有一定的经营场所、依法成立并能独立承担民事责任的组织机构。判断一个组织是否具有法人资格的标志，主要看其是否持有工商行政管理局颁发的营业执照。经工商登记的国营企业、集体企业、私营企业、各种经济联合体、实行独立核算的国家机关、事业单位和社会团体，都具有法人资格，都可以成为合法的签约对象。

在审查卖方法人资格时应注意：没有取得法人资格的社会组织及已被取消法人资格的企业或组织，无权签订采购合同。要特别警惕一些根本没有依法办理工商登记手续或未经批准的所谓"公司"，它们或私刻公章，冒充法人，或假借他人名义订立合同，旨在骗取买方的货款或定金。同时，要注意识别那些没有设备、技术、资金和组织机构的"四无"企业，它们往往在申请营业执照时弄虚作假，以假验资、以假机构骗取营业执照，虽签订供货合同并收取货款或定金，但根本不具备供货能力。

（2）法人能力审查。审查卖方的经营活动是否超出营业执照批准的范围。超越业务范围以外的经济合同属无效合同。

法人能力审查还包括对签约的具体经办人的审查。采购合同必须由法人的代表人或法定代表人授权证明的承办人签订。法人的法定代表人就是法人的主要负责人，如厂长、经理等。他们对外代表法人签订合同。法人代表也可授权业务人员如推销员、采购员作为承办人，以法人的名义订立采购合同。承办人必须有正式授权证明书，方可对外签订采购合同。法人的代表人在签订采购合同时应出示身份证明、营业执照或副本；法人委托的经办人在签订采购合同时，应出示本人的身份证明、法人的委托书、营业执照或副本。

2. 审查卖方当事人的资信和履约能力

资信，即资金和信用。审查卖方当事人的资信情况，了解当事人对采购合同的履行能力，在采购合同中确定权利义务条款具有非常重要的意义。

（1）资信审查。具有固定的生产经营场所、生产设备和与生产经营规模相适应的资金，特别是拥有一定比例的自有资金，是一个法人对外签订采购合同起码的物质基础。在准备采购合同签订，采购人员在向卖方当事人提供自己的资信情况说明的同时，要认真审查卖方的资信情况，从而建立起相互依赖的关系。

（2）履约能力审查。是指当事人除资信以外的技术和生产能力、原材料与能源供应、工艺流程、加工能力、产品质量、信誉高低等方面的综合情况。总之，就是要了解对方有没有履行采购合同所必需的人力、物力、财力和信誉保证。如果经审查发现卖方资金短缺、技术落后、加工能力不足，无履约供货能力或信誉不佳，都不能与其签订采购合同。只有在对卖方的履约能力充分了解的基础上签订采购合同，才能有可靠的供货保障。

审查卖方的资信和履约能力的主要方法有通过卖方的开户银行了解其债权债务情况和资金情况；通过卖方的主管部门了解其生产经营情况、资产情况、技术装备情况、产品质量情况；通过卖方的其他用户可以直接了解其产品质量、供货情况、维修情况；通过卖方所在地的工商行政管理部门了解其是否具有法人资格和注册资本、经营范围、核算形式；通过有关的消费者协会和法院、仲裁机构，了解卖方的产品是否经常遭到消费者投诉，是否曾经牵涉诉讼。对于大批量的性能复杂、质量要求高的产品或巨额的机器设备的采购，在上述审查的基础上，还可以由采购人员、技术人员、财务人员组成考察小组，到卖方的经营加工场所实地考察，以确知卖方的资信和履约能力。采购人员在日常工作中，应当注意收集有关企业的履约情况和有关商情，作为以后签订合同的参考依据。

### （二）采购合同订立的基本原则

**1. 平等原则**

合同当事人的法律地位平等，一方不得将自己的意志强加给另一方。

**2. 自愿原则**

当事人依法享有自愿订立合同的权利，任何单位和个人不得非法干预。

**3. 书面原则**

采购合同应当采用书面形式，当然，可以预先口头要约。

**4. 公平原则**

当事人应当遵循公平原则确定双方的权利和义务。

**5. 合法原则**

必须遵照国家的法律、法规、政策和方针签订合同，合同的内容和手续必须符合有关合同管理的具体条例和实施细则的规定。

**6. 诚实信用原则**

当事人行使权利、履行义务应当遵循诚实信用原则。

### （三）采购合同签订的形式

采购合同签订的形式包括口头合同和书面合同。

**1. 口头合同**

口头合同是指合同双方当事人只是通过语言进行意思表示，而不是用文字等书面表达合同内容来订立合同的形式。采用口头合同订立物品采购合同的优点是：当事人建立合同关系简便、迅速，缔约成本低。但这类合同发生纠纷时，当事人举证困难，不易分清责任。

**2. 书面合同**

书面合同形式是以文字为表现形式的合同形式，我国《合同法》中明确规定："书面形式是指合同书、信件和数据电文（包括电报、电传、传真、电子数据交换和电子邮件）等可以有形地表现所载内容的形式。"书面合同的优点在于：有据可查，权利义务记载清楚，便于履行，发生纠纷时容易举证和分清责任。采购合同中，建议采用书面合同形式。

## 四、采购合同的履行

### （一）合同履行的基本原则

合同的履行，是指合同的当事人按照合同完成约定的义务，如交付货物、提供服务、支付报酬或价款、完成工作、保守秘密等。合同履行的基本原则不是仅适用于某一类合同履行的准则，而应是对各类合同履行普遍适用的准则，是各类合同履行都具有的共性要求或反映。合同履行的基本原则包括：

1. 全面履行原则

《合同法》第 60 条第 1 款规定，当事人应当按照约定全面履行自己的义务。这一规定确立了全面履行原则。全面履行原则又称适当履行原则或正确履行原则。它要求当事人按合同约定的标的及其质量、数量，合同约定的履行期限、履行地点、适当的履行方式、全面完成合同义务的履行原则。依法成立的合同在订立合同的当事人间具有相当于法律的效力，因此，合同当事人受合同的约束，履行合同约定的义务应是自明之理。法律谚语中有"契约必须遵守"的说法，而我国《民法通则》第 88 条第 1 款也规定，合同的当事人应当按照合同的约定，全部履行自己的义务。尽管《民法通则》和《合同法》中相对应的规定在用词上有"全部"和"全面"的差别，但实际上表达了相同的意思。

2. 诚实信用原则

《合同法》第 60 条第 2 款规定，当事人应当遵循诚实信用原则，根据合同的性质、目的和交易习惯履行通知、协助、保密等义务。此规定可以理解为在合同履行问题上将诚实信用作为基本原则的确认。从字面上看，诚实信用原则就是要求人们在市场活动中讲究信用，恪守诺言，诚实不欺，在不损害他人利益和社会利益的前提下追求自己的利益，以"诚实商人"的形象参加经济活动。从内容上看，诚实信用原则并没有确定的内涵，因而有无限的适用范围。即它实际上是一个抽象的法律概念，内容极富于弹性和不确定，有待于就特定案件予以具体化，并随着社会的变迁而不断修正自己的价值观和道德标准。

3. 协作履行原则

协作履行原则是指当事人不仅适当履行自己的合同债务，而且应基于诚实信用原则的要求协助对方当事人履行其债务的履行原则。合同的履行只有债务人的给付行为，没有债权人的受领给付，合同的内容仍难实现。不仅如此，在建筑工程合同、技术开发合同、技术转让合同、提供服务合同等场合，债务人实施给付行为也需要债权人的积极配合，否则，合同的内容也难以实现。因此，履行合同，不仅是债务人的事，也是债权人的事，协助履行往往是债权人的义务。

4. 情势变更原则

情势变更是指在合同有效成立后，履行前，因不可归责于双方当事人的原因而使合同成立的基础发生变化，如继续履行合同将会造成显失公平的后果。在这种情况下，法律允许当事人变更合同的内容或者解除合同，以消除不公平的后果。情势变更的实质乃是诚实信用原则之具体运用。

（二）采购合同履行的一般原则

采购合同生效后，当事人对质量、价款、履行期限和地点等内容没有约定或约定不明确的可以协议补充；不能补充协议的，按照合同有关条款或交易习惯确定。具体明确如下：

（1）质量要求不明确的，按照国家标准、行业标准；没有国家、行业标准的，按照通常标准或者符合合同目的的特定标准履行。

（2）价款或者报酬不明确的，按照订立合同时的市场价格履行；依法应当执行政府定价或者政府指导价的，按规定履行。

（3）履行地点不明确的，在履行义务一方所在地履行。

（4）履行期限不明确的，债务人可以随时履行，债权人也可以随时要求履行，但应当给对方必要的时间。

（5）履行方式不明确的，按照有利于实现合同目的的方式履行。

（6）履行费用的负担不明确的，由履行义务一方负担。

## 五、采购合同的变更与转让

### （一）采购合同的变更

1. 采购合同变更的概念

采购合同的变更是指在合同成立以后、履行完毕之前由合同当事人双方依法对原合同的内容所进行的修改。合同变更主要有以下特征：合同变更的对象是合同内容，而合同的主体则保持不变；合同变更只能发生在合同有效成立之后尚未完全履行之前；合同的变更主要是使合同内容发生变化，而变更之外的合同内容继续有效。

2. 采购合同变更的要件

按照我国《民法通则》和《合同法》的规定及民法和合同法原理，合同的变更应具备以下要件或条件：

（1）合同变更的前提是当事人间原已存在的、有效的买卖合同关系。

（2）合同变更的内容必须明确。买卖合同变更的内容必须明确。买卖合同内容的变更主要包括如下类型标的物数量的增减、标的物品质的改变、价款或酬金的增减、履行期限的变更、履行地点的改变、履行方式的改变、结算方式的改变、所附条件的增添或除去、违约金的变更、担保的设定或消失。

（3）合同的变更须依当事人的协议或法院、仲裁机构的裁决。当事人协商一致变更原合同是合同自由原则的体现，因此，当事人的合意是引起合同关系变更的重要法律事实。实际上，以这种方式变更合同就是成立新合同以取代旧合同，所以合意变更合同的程序应遵循关于合同订立的要约承诺规则，并且变更后的合同内容要发生法律效力，也须符合合同的生效要件。在生效要件方面，合同的变更除须符合合同生效的一般要件外，尚应遵守《合同法》第77条第2款的特别规定，即依照法律、行政法规规定，变更合同应当办理批准、登记等手续的，须办理批准、登记等手续，否则合同变更不生效力。因法定情况的出现而由法院或仲裁机构裁决的合同变更，可称为合同的司法变更。这种变更涉及司法权力对合同当事人意思自治的干预，因而只有在法律有明文规定或当事人有此请求时，法院方可为之。

3. 合同变更的效力

合同一经变更，即产生以下法律效力：

（1）合同变更部分取代被变更的部分，但原合同未变更部分仍继续有效。因此，在合同变更后，当事人应按照变更后的合同内容进行履行，否则将构成违约。

（2）合同变更原则上仅向将来发生效力，对已履行的部分没有溯及力，已经履行的债务不因合同的变更失去其法律根据。

（3）合同变更并不影响当事人要求赔偿的权利。我国《民法通则》第115条明确规定，合同的变更或者解除，不影响当事人要求赔偿损失的权利。这种情况一般发生在合同的司法变更之中。

### （二）合同的转让

合同的转让即合同主体的变更。从所转让的内容看，它包括合同权利的转让、合同义务的转让和合同权利义务的概括转让三种情形。从发生的原因看，合同的转让也可分为三种情况：

1. 基于法律的直接规定而发生的转让

即所谓的法律上的转让，例如依继承法的规定，被继承人死亡时，其包括合同权利义务在内的遗产概括地移转于继承人。

2. 基于法院裁决发生的所谓裁判上的转让

人民法院可以就合同的转让做出判决。

3. 基于法律行为发生的转让

例如，遗嘱人以遗嘱的形式将其合同权利转让给受遗赠人，或转让人与受让人订立转让合同而转让合同权利义务。其中，通过转让合同权利，称债权让与；通过转让合同义务，称债务承担。

# 第三节 案例与习题

## 一、案例

### 看清楚每一个字①

4月4日，香港M公司向G公司在港的代理商K公司发来出售鱼粉的实盘，并规定当天下午5时前答复有效。该公司实盘的主要内容是：秘鲁或智利鱼粉，数量10000吨，溢短装5%，价格条款：M&G上海，价格每公吨483美元，交货期：同年5~6月，信用证付款，还有索赔以及其他的条件等。当天K公司与在北京的G公司联系后，将G公司的意见以传真转告M公司，要求M公司将价格每公吨483美元减少至当时的国际市场价480美元，同时对索赔条款提出了修改意见，并随附G公司提议的惯用的索赔条款，并明确指出："以上两点若同意请速告知，并可签约。"

4月5日，香港M公司与G公司直接通过电话协商，双方各做让步，G公司同意接受每

---

① 资料来源：http://www.docin.com/p-2109882840.html。

公吨 483 美元的价格，但坚持修改索赔条款，即"货到 45 天内，经中国商检机构检验后，如发现问题，在此期限内提出索赔"。结果，M 公司也同意了对这一条款的修改。至此，双方在口头上达成了一致意见。4 月 7 日，M 公司在电传中重申了实盘的主要内容和双方电话协商的结果。同日 G 公司回电传给 M 公司，并告知由 G 公司的部门经理某先生在广交会期间直接与 M 公司签署合同。4 月 22 日，香港 M 公司副总裁来广交会会见 G 公司部门经理，并交给他 M 公司已签了字的合同文本，该经理表示要阅后才能签字。4 天后（4 月 26 日）当 M 公司派人去取该合同时，部门的经理仍未签字。M 公司副总裁即指示该被派去的人将 G 公司仍未签字的合同索回。5 月 2 日，M 公司致电传给 G 公司，重申了双方 4 月 7 日来往的电传的内容，并谈了在广交会期间双方接触的情况，声称 G 公司不执行合同，未按合同条款规定开出信用证所造成 M 公司的损失提出索赔要求，除非 G 公司在 24 小时内保证履行其义务。

5 月 3 日，G 公司给 M 公司发传真称：该公司部门经理某先生 4 月 22 日在接到合同文本时明确表示："须对合同条款做完善补充后，我方才能签字。"在买卖双方未签约之前，不存在买方开信用证的问题，并对 M 公司于 4 月 26 日将合同索回，G 公司认为 M 公司已经改变主意，不需要完善合同条款而作撤约处理，没有必要在等我签字生效，并明确表示根本不存在要承担责任问题。5 月 5 日，M 公司只电传给 G 公司，辩称，该公司索回合同不表示撤约，双方有约束立的合同仍然存在，重申要对所受损失保留索赔的权利。

5 月 6 日，G 公司作了如下答复：①买方确认卖方的报价，数量并不等于一笔买卖最终完成，这是国际贸易惯例。②4 月 22 日，我方明确提出要完善，补充鱼粉合同条款时，你方只是将单方面签字的合同留下，对我方提出的要求不做任何表示。③4 月 26 日，未等我方在你方留下的合同签字，也不提合同条款的完善，补充，而匆匆将合同索回，也没有提任何意见。现在贵公司提出要我们开证履行，请问要凭其开证的合同都被你们撤回，我们怎么开证履约呢？上述说明，你方对这笔买卖没有诚意，多日后又重提此事，为此，我们对你方的这种举动深表遗憾。因此，我们也无须承担由此而引起的任何责任。

5 月 15 日，M 公司又电传给 G 公司，告知该公司副总裁将去北京，并带去合同文本，让 G 公司签字。

5 月 22 日，M 公司又电传给 G 公司，称：因 M 公司副总裁未能在北京与 G 公司人员相约会见，故将合同文本快邮给 G 公司，让其签字。并要求 G 公司答复是否签合同还是仍确认双方不存在合同关系，还提出如不确认合同业已存在，要 G 公司同意将争议提交伦敦仲裁机构仲裁。5 月 23 日，G 公司电传答复 M 公司，再次重申该公司 5 月 3 日和 6 日传真信件的内容。

6 月 7 日，M 公司又致电传给 G 公司，重述了双方往来情况，重申合同业已成立，再次要求 G 公司确认并开证。6 月 12 日，G 公司在给 M 公司的传真信件中除重申是 M 公司于 4 月 26 日将合同索回，是 M 公司单方面撤销合同。并告知，G 公司的用户已将订单撤回，还保留由此而引起的损失提起索赔的权利。同时表示，在事隔一个多月后，G 公司已无法说服用户接受 M 公司的这笔买卖，将 M 公司快邮寄来的合同文本退回。

6 月 17 日和 21 日，M 公司分别电告 G 公司和 K 公司，指出 G 公司已否认合同有效，拒开信用证等，M 公司有权就此所受损害、费用、损失要求赔偿。双方多次的协商联系，均坚持自己意见，始终未能解决问题。

7月26日，香港 M 公司通过律师，向香港最高法院提起诉讼，告 G 公司违约，要求法院判令 G 公司赔偿其损失。

分析：在这一则案例中，由于双方对合同条款争执不下，最终不得不诉诸法律。而在此之前，双方根本就没有对合同条款进行协商，也没有仔细地研究共同存在的问题。

在签署合同的时候应当注意：

（1）草拟合同时把握自己的优势。草拟合同的一方有巨大的优势，因为你起草合同，你会想起口头谈判时没有想到的一些问题。如果你草拟合同，你可以拟写对自己有利的条款。对方看到合同的时候，他们会绞尽脑汁地想怎么跟你谈判这些条款。

（2）谈判的时候记笔记。在你认为应该包括在最后协议中的条款旁边做记号，它会提醒你不要忘掉。而且，你不会认为这些内容在谈判中已经谈过了，就不必再写进去了。

（3）如果你们是谈判团，让你们的人过目你的笔记。你急于达成协议，可能猜测对方会同意他们实际上不同意的东西。

（4）签合同以前，必须从头到尾阅读当前的文本，对方可能趁你不注意已经对合同做了一些变动。应当注意，不得随意变更或者解除合同，除非有一个不得已的前提条件，变更和解除合同的时候已具一定的法律条件，造成损失时应当承担相应的赔偿责任。提议变更和解除合同一方应给对方重新考虑所需要的时间，在新的协议未签订之前，原来的合同仍然有效。

## 二、练习题

### （一）选择题

1. 采购谈判以_____为中心。
A. 经济利益　　　　　　　　B. 友好关系
C. 合作　　　　　　　　　　D. 发展

2. 谈判发生的先决条件就是双方共同关心的问题处于_____中。
A. 冲突　　　　　　　　　　B. 合作
C. 未知　　　　　　　　　　D. 共同区域

3. 本书中，将采购谈判划分为_____个阶段。
A. 5　　　　　　　　　　　　B. 6
C. 7　　　　　　　　　　　　D. 8

4. 合同是一种_____法律行为。
A. 经济　　　　　　　　　　B. 刑事
C. 民事　　　　　　　　　　D. 强制

5. 下列关于仲裁的说法中，_____是正确的。
A. 仲裁裁决作出后，当事人如果对裁决结果不满，可以就该裁决向人民法院提起诉讼

B. 仲裁裁决作出后，当事人如果对裁决结果不满，可以就同一纠纷再申请仲裁或者向人民法院起诉

C. 不得向法院提起诉讼

D. 仲裁裁决的效力不是一次性的

（二）填空题

1. 谈判是任何形式的_____。

2. 采购谈判是原则性和_____的统一。

3. 采购谈判的主要原则包括合作原则和_____。

4. 采购合同是_____，是转移标的物所有权或经营权的合同。

5. 采购合同的基本构成部分包括：合同首部、_____与合同尾部。

（三）名词解释

1. 采购谈判

2. 合作原则

3. 经济合同

4. 采购合同

5. 要约

（四）简答题

1. 采购谈判的特征有哪些？

2. 合同的法律特征有哪些？

3. 采购合同订立的基本原则有哪些？

（五）论述题

结合本章内容，谈谈如何做好企业采购合同管理工作？

◇　技能实训

**实训目的：**

1. 掌握采购谈判的技巧。

2. 掌握谈判采购的适用场合。

**实训项目：**

模拟采购谈判。根据指定的采购项目，全体同学分组，分为采购方和供应商进行采购谈判。

**实训要求：**

1. 掌握基本的谈判技巧。

2. 掌握谈判前应进行的准备工作。

◇　**本章参考文献**

［1］北京中交协物流人力资源培训中心．采购与供应中的谈判与合同［M］．北京：机械工业出版社，2014.

［2］李政．采购过程控制（谈判技巧、合同管理、成本控制）［M］．北京：化学工业出版社，2012.

［3］徐杰，鞠颂东．采购管理（第3版）［M］．北京：机械工业出版社，2014.

［4］傅莉萍，姜斌远．采购管理［M］．北京：北京大学出版社，2015.

［5］赵道致，王振强．采购与供应管理［M］．北京：清华大学出版社，2013.

# 第五章  采购成本分析与控制

◇  **引导案例**

## 格兰仕企业的采购成本降低策略和做法

### 一、采购部门：变成本中心为利润中心

原材料成本占格兰仕总成本的 60% ~ 70%，因此采购成本是格兰仕最重要的成本，也是每年降低成本的重点部门。

### 二、不断开发供货商，营造竞争局面

供货商的开发与管理应该是动态的。较理想的状态是采用鲶鱼效应，不断开发新的、更有威胁的供货商，让它像鲶鱼激活沙丁鱼一样，在供货商之间营造彼此竞争的氛围。

### 三、向供应商要利润

采购人员与对方谈判时最有效的一种武器是了解供应方的合理成本水平。为了培养采购人员的这种能力，格兰仕物资供应部把市场上各种同类产品都找来，分析最低多少成本能做出这个产品。对手电筒的一次分析给了大家最深的印象，最低 2.5 元可以做出市场上卖 10 元左右的手电筒。

### 四、与供货商共赢

格兰仕注重诚信，在付款条件方面坚决遵守 45 天付款期的规定，到期自动付款，不会像业内其他一些企业那样，找出各种借口拖欠，然后等着供应商来"做工作"。因为这些原因，很多供应商都愿意与格兰仕合作。佛山方普公司从 1993 年开始就给格兰仕供货，他们的体会是，"给格兰仕供货压力很大，每年都要降，自己必须主动才能跟上他们的要求"。但是他非常开心，因为给格兰仕供货不用搞"公关"。格兰仕的物资供应部门与供

应商一起对降低零部件成本的方案进行探讨，积极帮助供应商降低成本。格兰仕非常重视与供应商达成长期合作的共识，朝着更高品质、更低成本的目标共同努力。

## 五、招标比价技巧

格兰仕规定：所有采购都要通过招标进行。3000 元以上的采购必须有 3 家以上的竞标，5000 元以上的采购必须有 5 家以上的竞标，招标比价以后，采购员可以初步定价。但采购员没有最终决策权，还要经过公司内的专家审计。

## 六、管好采购员

采购人员拿回扣等腐败现象，在格兰仕没有生存的空间。

资料来源：https：//mp. weixin. qq. com/s/i3d2Owmjj5KtSIMb_ bX – ZA。

## ◇　案例解析

采购处于整个供应链的最上游，是任何生产活动与消费活动的先导。采购对于一个企业来讲是一个战略环节，实践证明，要在销售环节得到 1% 的利润率很难，但在采购环节却相对容易，所以采购与供应链管理水平的高低，可以成为企业利润的"摇篮"，也可成为其利润的"坟墓"。

## ◇　案例涉及主要知识点

采购成本降低策略

## ◇　学习导航

- 掌握采购成本的构成和影响因素
- 掌握采购成本分析的基本方法
- 了解如何控制采购成本以及降低采购成本的途径

## ◇　教学建议

- 备课要点：采购成本的构成、分析方法、控制策略
- 教授方法：讲授、案例分析、专题讨论

# 第一节　采购成本概述

采购一直以来是影响公司成功和盈利能力的关键因素。对于任何一个企业而言，采购

工作无疑都是生产的第一步。在企业运营中，采购成本比重高、资金投入大、管理环节多。采购环节每降低1%，企业利润将增加5%~10%。激烈竞争的环境迫使采购活动在调整自身角色的同时，还要超越现有的价值水平，那么就必须要做好采购成本管理。

采购成本管理是对采购行为中所发生的各种费用（包括人力、物力和财力的支出等）进行计划、控制、协调等活动总称。要做好采购成本管理就要从采购成本分析开始，做采购成本分析需要一定的工作经验、产品技术知识和综合判断能力才能对实际或是预期的采购成本加以估算。成本按产生或者存在的形式可分为固定成本、变动成本、半变动成本、直接成本、间接成本和总成本。分析整个产品成本的结构，通过对成本结构的分析可以清楚地认识在哪个环节进行优化，其中对采购成本分析能够起到很大的作用，成本分析提供的信息是一个产品的价格是如何构成的。这些信息可以帮助企业对原材料的采购价格做出正确的预估，提高企业采购人员与供应商谈判时的效率，降低企业采购成本，增加企业利润。

## 一、采购成本概念

采购成本是指将企业生产或经营所需要的原材料（或商品）从供应地运回企业仓库，实现一次采购而进行的各项活动的全部费用，如办公费、差旅费、电话费等支出。采购成本中一部分与采购次数无关，如常设采购机构的基本开支等称为采购的固定成本；另一部分与采购次数有关，如差旅费、邮资等称为采购的变动成本。

## 二、采购成本构成

采购成本就像一座冰山，人们所能看见的仅仅是冰山所呈现的一部分。露出的冰山一角是采购的商品价格，即采购的取得成本。可以把这部分定义为采购成本的"第一度空间"。通俗地说，就是围绕着搜寻、拥有和取得产品与服务企业必须付出的成本。举一个例子，小明在文具店买了一支笔，单价是10元，也就是小明必须付给文具店老板10元，老板才能让小明拿走这支笔。但小明付出的成本并不只有10元，这仅仅是单价而不是全部成本。如果小明是开车去的，使用的汽油不是成本吗？如果是走路去的，时间不是成本吗？如果报销，填报销单及审批不是成本吗？如果要送到实验部门去，没有物流成本吗？这些采购管理费用和物流成本，相当于拥有它的所有权要付出的成本，是采购所有权成本，可以把这些部门成本定义为采购成本的"第二度空间"。

采购取得成本与采购所有权成本是比较敏感的，但往往对库存、安装、配件、维修、保养和使用成本等所有权后成本容易忽略。这相当于拥有它的所有权之后要付出的成本，是采购所有权后成本，即把这部分成本定义为采购成本的"第三度空间"。

采购成本的构成实际上包括取得成本、所有权成本、所有权后成本。所有权成本与所有权后成本合称为整体采购成本。采购成本构成如图5-1所示。

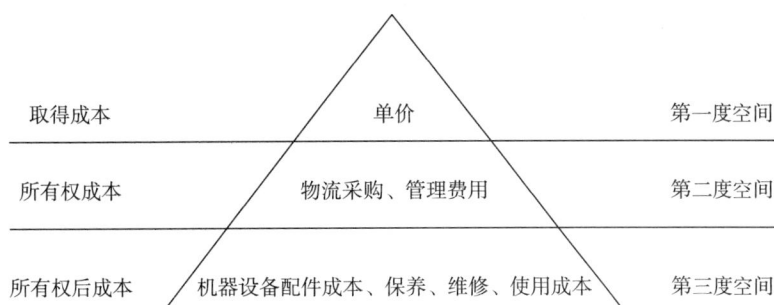

图 5－1　采购成本的构成

## （一）取得成市

取得成本即商品价格，是采购成本的重要组成部分。它是供应商对自己产品提出的销售价格。商品价格由三个因素决定：

1. 产品成本

产品成本是影响商品价格的内在因素，受生产要素成本如原材料、劳动力价格、产品技术要求、产品质量要求、生产技术水平等的影响。

2. 市场因素

市场因素是影响商品价格的内在因素，包括经济、社会、政治以及技术发展水平，具有宏观经济条件、供应市场的竞争情况、技术发展水平及法规制约等。

3. 消费者的认同价值

决定供应商市场定价除了产品本身以外，还包括客户对商品的适用性、可靠性、耐用性、售后服务、运货等方面对价值的认同程度。认同程度的高低决定了采购者对采购商品价格的估计水平，认同价值作用的另一方面是价格的改变对采购量的影响程度。

## （二）整体采购成市

整体采购成本又称战略采购成本，是除取得成本外考虑到原材料或零部件在本企业产品的全部寿命周期过程中所发生的成本，它是所有权成本和所有权后成本的总体概括。它包括采购物品在市场调研、自制或采购决策、产品预开发与开发中供应商的参与、供应商交货、库存、生产、出货测试、售后服务等整体供应链中各环节所产生的费用对成本的影响。作为采购人员，其最终目的是降低整体采购成本。

按功能划分，整体采购成本发生在开发、采购、企划、质量和售后服务过程中。

1. 开发过程中因供应商介入或选择可能发生的成本

这类成本包括原材料或零部件对产品的规格与技术水平的影响；供应商技术水平及参与本公司产品开发的程度；对供应商技术水平的审核；原材料或零部件的合格及认可过程；原材料或零部件的开发周期对本公司产品的开发周期影响；原材料或零部件及其工装（如模具）等不合格对本公司产品开发的影响等。

2. 采购过程中可能发生的成本

这类成本包括原材料或零部件采购费用或单价；市场调研与供应商考察、审核费用；

下单、跟货等行政费用；文件处理及行政错误费用；付款条件所导致的汇率、利息等费用；原材料运输、保险等费用等。

3. 企划（包括生产）过程中可能因采购而发生的成本

这类成本包括收货、发货（至生产使用点）费用；安全库存仓储费、库存利息；不合格来料滞仓费、退货、包装运输费；交货不及时对本公司生产的影响及对仓管等工作的影响；生产过程中的原材料或零部件库存；企划与生产过程中涉及原材料或零部件的行政费用等。

4. 质量过程中可能发生的采购成本

这类成本包括供应商质量体系审核及质量水平确认（含收货标准）；检验成本；因原材料或零部件不合格而导致的对本公司的生产、交货的影响；不合格品本身的返工或退货成本；生产过程中不合格品导致的本公司产品的不合格；处理不合格来料的行政费用等。

5. 售后服务过程中因原材料或零部件而发生的成本

这类成本包括零部件失效产生的维修成本；零部件供应给服务维修点不及时而造成的影响；因零部件问题严重而影响本公司的产品销售；因零部件问题导致本公司的产品理赔等。

## 三、影响采购成本因素

实现利润的最大化是企业共同追求的目标。从企业经营的全过程看，收入减去成本等于利润，由此可见，企业利润的高低会受到成本因素的严重影响。动态性和多样性是采购成本构成所具有的特征，对采购成本造成影响的主要有如下因素：

1. 采购价格

采购价格是构成企业成本和费用的主要组成部分，是决定采购成本高低的主要因素。

2. 采购数量

采购数量要建立在批量生产物品核算定额以及储备定额的基础上，相对而言，采购数量越大，单位成本价格就会越低。

3. 物流信息

物流信息即物资性能、质量、价格等信息。

4. 采用运送方式

采购物品里程越少、时间越短、费用越少，其采购成本就越低。

5. 物品储备方式

其主要表现在人力和运费以及资金占用率上。

6. 采购策略

采购策略只有具有预见性和灵活性，才不会造成成本的浪费，还可以大大节约成本。

7. 员工的素质

良好的采购工作是控制采购成本的关键，而良好的采购工作需由素质高、业务水平强的采购人员来完成。

## 第二节　采购成本分析方法

### 一、学习曲线

#### （一）学习曲线的含义

学习曲线（Learning Curve）有时也称为经验曲线（Experience Curve），是利用数据和资料为企业经营管理工作提供预测和决策依据的一种方法。它所描绘的是生产数量与生产这些数量所需工时之间的经验关系，其基本概念是随着产品累计产量的增加，单位产品的成本会以一定的比例下降。虽然大多数人认为这是生产作业上的技术，但事实上对于采购经理来说，学习曲线分析对分析供应商成本非常有用，尤其体现在谈判过程中对新产品的定价分析上。

学习曲线是在飞机制造业中首先发现的。1925 年，俄亥俄州芮特·帕特松空军基地（Wright. Patterson Air Force Base）的司令发现飞机装备得越多，每架飞机所用的工时就越少，从而在实践中发现了学习曲线这一现象。美国康奈尔大学的芮特（T. P. Wright）博士著文总结飞机制造经验时说，每当飞机的产量积累增加 1 倍时，平均单位工时就下降约20%，即下降到产量加倍前的 80%，芮特第一次把累积平均工时与产量的函数称为"学习曲线"，并把产量加倍后与加倍前的累积平均工时之比（80%）称为"学习率"。随后人们发现绝大多数重复性工作的成本都会随完成这些工作的经验的积累而降低。因而，这一概念很快被推广到其他行业。

人们将学习曲线的概念应用于营销、新建工厂的投产以及高度自动化设备的产量成本习性的研究中。绝大多数根据实际过程估计的经验曲线表明，积累的经验每增加 1 倍，成本便会降低 20% ~30%。成本的这种持续降低不会自动出现，如果管理人员和工人有意识地去降低成本，这种降低是可以预计的。学习率并非一成不变，它随产业和环境的变化而有所不同。

#### （二）学习曲线的基本假设与模型

学习曲线的建立基于以下的一些基本假设：第一，生产某种产品或完成某项作业的直接工时，是随着生产的重复进行而逐渐减少的；第二，上述时间的减少，是按着一定的递减率的，其随累积产量的增加呈指数函数关系，这个递减率即为学习率；第三，学习率是根据产品和加工条件确定的，即各个产品有特定的学习率。其计算公式如下：

$$Y_x = Kb^{\lg x/\lg 2}$$
$$Y = b^{\lg x/\lg 2} = 10^{\lg x \lg b/\lg 2}$$

式中，$Y_x$ 为生产第 $x$ 个单元所需要的时间（成本）；$Y$ 为改进因子；$K$ 为生产第 1 个单元所需要的时间（成本）；$x$ 为累计单元数；$b$ 为学习率。

对采购人员来说，通过使用学习曲线可以得到累计折扣和估算供应商交付时间，并结合运用到目标定价中，前提是要考虑使用学习曲线的每个条件，确保学习效用按固定比率发生，不能生硬使用，否则就会适得其反。这里列举出不适用的条件：

（1）学习效率不一致：若数据与曲线不吻合，就说明学习效率不固定。

（2）非劳动密集型产品：若产品由机器完成，则产出效率由机器性能决定，即学习效率只存在人工劳动中，多存在于装配作业中。

（3）已有生产历史的产品：由于供应商曾经有过该产品的制造经验，此时再要降低成本已经不太明显了。

要注意的是：随着产量的不断增加，曲线将变得越来越平缓，这也是学习曲线对新产品最有价值的原因。随产量增加而使供应商单位成本不断降低，除了学习效应外还有规模效应等原因。

### （三）学习曲线的应用条件与适用场合

学习曲线和其他管理方法一样，其应用是有条件的。首先，它必须满足两个基本假定：一是生产过程中确实存在着"学习曲线"现象；二是学习率的可预测性，即学习现象是规则的，因而学习率是能够预测的。其次，学习曲线是否适用，还要考虑以下几个因素：

（1）它只适用于大批量生产企业的长期战略决策，而对短期决策的作用则不甚明了。

（2）它要求企业经营决策者精明强干、有远见、有魄力，充分了解厂内外的情况，敢于坚持降低成本的各项有效措施，非常重视经济效益。

（3）实现学习曲线与产品更新之间既有联系，又有矛盾，应处理好二者的关系，不可偏废。不能片面认为只要产量持续增长，成本就一定会下降，销售额和利润就一定会增加。如果企业忽略了资源市场、顾客爱好等方面的情况，就难免出现产品滞销、积压以致停产的局面。

（4）劳动力保持稳定，不断革新生产技术和改革设备。

（5）学习曲线适用于企业的规模经济阶段，当企业规模过大，出现规模不经济时，学习曲线的规律不再存在。

以上是学习曲线的应用条件，对于采购商来说，学习曲线分析一般适合以下情形：

（1）供应商按客户特殊要求制造的零部件。

（2）涉及需要大量投资或新添设备设施的产品生产。

（3）需要开发专用的磨具、夹具、检具或检测设施，无法向多家供应商采购。

（4）直接劳动力成本占价格成本比例大。

## 二、作业活动成本分析

随着直接成本在企业制造总成本中占据的比例越来越小，根据直接成本按比例分配间接费用就显得不太合理了。20 世纪 80 年代基于作业活动的成本分析法（Active Based Costing，ABC 成本法）的诞生使确定供应商提供产品的间接费用分摊上更为合理。

在作业成本制度下，成本被划分为单位基础和非单位基础两类。作业成本法认为一些成本是随着生产单位数的变动而变动，同时也认为许多非单位基础成本会随其他作业（除了生产量外）的变动而变动。例如，某公司成本用三对变量解释：单位水准作业动因和销售量，批量水准作业动因和生产准备次数，以及产品水准作业动因和工程小时数。

作业成本的方程表示如下：

总成本=固定成本+（单位变动成本×销售量）+（生产准备成本×生产准备次数）+（工程成本×工程小时数）

要明确的是，作业成本下的固定成本与传统不同，一些成本原来被确定为固定成本，实际上却是随非单位成本的变动而变动。

从根本上说，作业成本法试图通过追踪间接成本产生的原因来把间接成本转变为直接成本。它通过对间接成本的动因确认，将间接成本分摊到产品中。成本动因可能包括订单的数目、装设备的时间、规格、工艺改进等。这个确认的过程可以使管理人员能够识别并把握时机节省开支，并且能帮助经理人做出更好的设计决策。

对采购人员来说，利用作业成本分析可以帮助消除不产生价值增值的作业，减少诱发成本的作业次数来降低供应商成本。为了实现这些目标，采购人员必须从供应商那里收集信息，这些信息包括特定作业、成本动因和动因频率。

在成本分析中，采购商往往要求供应商在报价时提供详细的产品分类数据，同时采购商自己也进行成本分析，然后逐个考察供应商提供的信息与自己公司进行的成本分析之间的差异以谋求一致。这里有两大难点：①有些供应商不愿意遵守规定，在报价中提供包含详尽成本细目的信息；②有些成本分析可能比较复杂、耗时耗力。当进行大量的计算和分析时，要雇用专职的成本分析人员来进行成本分析，这些人员也需要如供应商按成本定价时那样分析成本与价格，因此，他们需要具备和供应商同样的生产资格、经验、专业知识以及相关的估价知识。

## 三、目标成本分析

### 1. 目标成本含义

CIMA对目标成本法的定义是：源于市场竞争价格推导出的产品成本估算，它被用来不断改进和更新技术及生产程序，以降低成本。它的含义是采购方首先依据市场供需情况预测产品的市场价格，然后扣除自己计划得到的利润，即确定了产品的目标成本，由于最终产品的市场价格是动态的，会随着市场供求情况的变化而变化，因此，目标成本也不是固定的，而是动态的。

管理学大师彼得·杜拉克在企业的五大致命过失一文中提到，企业的第三个致命过失是，定价受成本的驱动。大多数美国公司以及几乎所有的欧洲公司，都是以成本加上利润率来制定产品的价格。然而，它们刚把产品推向市场，便不得不开始削减价格，重新设计那些花费太大的产品，并承担损失，而且，它们常常因为价格不正确，而不得不放弃一种很好的产品。产品的研发应以市场乐意支付的价格为前提，因此必须假设竞争者产品的上市价，然后再来制定公司产品的价格。由于定价受成本驱动的旧思考模式，使美国民生电子业不复存在。另外，丰田和日产把德国的豪华型轿车挤出了美国市场，便是采用价格引导成本的结果。

**2. 目标成本管理与传统成本管理方法的区别**

企业面临的市场不确定性风险呈现上升趋势，伴随着消费者需求的多元化，买方市场的特征会导致企业间激烈的竞争，目标成本管理是以市场为导向的成本管理模式，以产品价格为目标成本计算的起点。传统的成本管理方法中应用最为普遍的是成本加成法，即产品定价取决于企业内部成本情况和对利润的要求。两种成本管理方法下的价格与成本决定程序如图 5-2 所示。

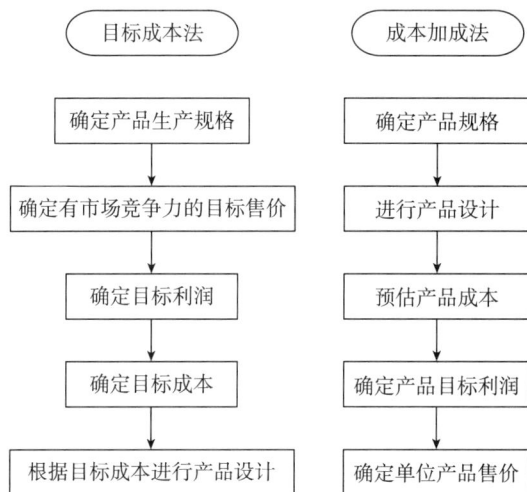

图 5-2　两种成本管理方法下的价格与成本决定程序

概括而言，两种成本法下的主要区别体现在以下两个公式中：

成本 + 利润 = 市场价格　　　　　　　　　　　　　　　　　　　　　　　　（1）

市场价格 - 利润 = 成本　　　　　　　　　　　　　　　　　　　　　　　　（2）

公式（1）代表成本加成法，说明市场价格是在产品成本的基础上加上预期要实现的利润来确定的，该种成本管理方法中隐含的前提是市场的需求和产品价格是由企业的供给和成本及利润水平决定的。成本加成定价法未从战略的角度进行成本的管理，也未与市场需求接轨，市场适应性差，难以取得竞争优势。

公式（2）代表目标成本法，说明价格是根据顾客对产品功能、质量、服务等各方面的要求和市场竞争激烈程度决定的，目标利润的实现需要通过对企业内部施加成本控制压力的方式予以保证。目标成本法将产品价格与市场紧密联系，在市场价格相对稳定的前提下，成本控制效果的好坏直接影响着利润空间的大小，也关系着企业竞争战略的实现。因此，成本管理工作对企业的生存、发展、盈利意义重大。从上述分析可知，企业采用目标成本法体现了市场导向，是与买方市场的大环境相符合的成本管理方法，值得推广和加强使用。成本加成法与目标成本法的其他方面的比较如表 5-1 所示。

表 5-1　目标成本法与成本加成法的比较

| 比较项目 | 目标成本法 | 成本加成法 |
|---|---|---|
| 市场价格确定机制 | 由市场需求和竞争情况决定 | 产品生产成本 + 预计利润 |
| 市场价格确定时机 | 开展生产活动前市场决定 | 产品生产后计算所得 |

续表

| 比较项目 | 目标成本法 | 成本加成法 |
|---|---|---|
| 成本管理关注点 | 产品生命周期总成本降低 | 售价的降低 |
| 负责成本管理主体 | 企业全体员工 | 企业财务部门和人员 |
| 成本管理涉及范围 | 可扩展至整个供应链 | 企业内部 |

## 四、价格与成本分析

价格与成本分析主要借助采购盈亏平衡分析（Event Point Analysis）方法，对供应商定价的基本依据和成本结构进行分析，以此进行采购决策。

根据以本量利分析的基本原理，销售收入、产量和单价三者之间的关系为：

销售收入（$S$）＝产量（$Q$）×单价（$P$）

根据成本形态分析可知，生产成本由固定成本和变动成本两部分构成，即

生产成本（$C$）＝固定成本（$F$）＋产量（$Q$）×单位产品变动成本（$C_v$）

当盈亏平衡时，即销售收入等于生产成本或单价等于单位产品成本，公式表达为：

$$S_0 = Q_0 \times P = F + Q_0 \times C_v$$

式中，$S_0$ 为保本点（即盈亏平衡点）销售收入；$Q_0$ 为保本点产量。

从而，保本产量 $Q_0$ 和保本销售收入 $S_0$ 的计算公式分别为：

$$Q_0 = F / (P - C_v)$$

$$S_0 = \frac{F}{1 - C_v / P}$$

其中，$P - C_v$ 是指单位产品销售收入扣除变动成本后的剩余，称为单位边际贡献；而 $1 - C_v / P$ 表示单位产品销售收入可帮助企业收回固定费用以实现企业利润的系数，称为边际贡献率。

供应商在制定产品的价格时都会考虑到其边际贡献率是否大于零，也就是说产品的单价应该大于单位产品成本（即单位产品固定成本与单位产品变动成本之和）。作为采购人员要了解供应商的成本结构，就要了解其固定成本及变动成本的内容。如果采购人员不了解所购买物品的成本结构，就不能掌握所购买物品的价格是否公平合理，同时也失去了许多降低采购成本的机会。

## 第三节 采购成本控制

采购成本控制是指根据财务会计核算提供的各种数据信息资料，对月度或年度商品的采购成本做相应预算，以预算结果作为目标，对照筹划目标，在商品采购过程中开支成本，以实际成本和目标成本相比较、以衡量采购过程中所取得的成绩和效果，并通过完善采购管理、拓展

渠道等一系列管理方式，降低采购活动中的机会成本，实现甚至优化目标成本的过程。

在我国的企业采购中，市场竞争的焦点主要体现在企业如何能够更有效地进行采购成本控制，因为采购成本控制是企业增加毛利，提高经营利润的根本途径之一，也是企业抵抗内外压力，在竞争中求得生存和发展的主要保障。

## 一、采购成本控制的意义

### （一）通过控制采购成市提高利润

在制造业中，企业采购资金通常占最终产品销售额的 40% ~ 60%。因此，在获得物流方面所做的点滴成本对利润产生的效果要大于企业其他成本相同数量的节约给利润带来的影响。因此，对采购成本的控制成为企业提高利润的重要途径。

### （二）通过控制采购成市，加快资金周转速度，提高资产回报率

资产回报率也同样能说明采购的重要性。除了提高利润外，采购价格的降低还会降低企业资产的基数，同样会使资产回报率增长的幅度大于成本下降的幅度。

## 二、采购成本管理存在的问题

### （一）采购流程烦琐，采购缺乏计划性

目前，企业的采购流程普遍存在三个问题：①采购流程从客户下达订单开始，涉及供应、仓储、技术、生产、销售、运输、财务等各部门，将整个采购职能分割由不同部门完成，既缺乏系统的筹划又导致手续烦琐，工作效率低。②各部门习惯站在各自的立场考虑问题，信息互不沟通，从而影响采购决策的准确性。③采购责任监控不到位，出现采购监控盲点，部门之间推诿扯皮、责任不清，影响企业工作效率。企业整个采购行为是围绕客户的计划需求而展开的。在客户计划下达后，由于受企业资金、规模、时间的限制，采购方式比较原始、零散，无法达到所有品种同时定价。特别是单笔采购的发生往往是数量少、批次多，企业缺乏对商品采购需求的分析和对合作供应商的培养，企业内部相关部门之间缺乏必要的沟通与衔接，没有一套明确完整的采购计划，导致采购比较随意。

另外，所有采购都是急性的，从提出采购需求到品种入库的期限很短，其最终结果就是采购部门整天在疲于奔命地走渠道买商品，根本没有时间拟订一套完善的调查方案，做详细的市场调查，企业管理者却弄不清采购部门整天忙碌什么，导致采购无计划。

### （二）企业供应商管理存在漏洞

现行企业采购的管理中缺少对合作供应商的管理。在物资采购过程中缺乏贯穿供应商管理思想，没有把对供应商的管理纳入物资采购管理的整体中。这样往往会导致采购成本的控制只是短期所看到的，没有从长远降低采购成本的角度来考虑。另外对供应商没有过

多的了解意识，对公司自身所拥有的供应商未建立档案，不便于对供应商分类管理，也就不能给供应商固定级别，对于存在可能性风险的供应商不能有效排除，这对采购成本的控制是不利的。还有，对供应商缺乏培训引导，往往会导致产品质量问题发生次数的上升，长期性的角度考虑存在可能增加采购成本的风险。

### （三）采购管理制度不健全，缺乏对成本控制的引导机制

采购工作涉及面广，并且主要是和外界打交道，因此，如果企业不制定严格的采购制度和程序，不仅采购工作无章可依，还会给采购人员提供暗箱操作的温床。企业采购的管理归根结底就是通过采购过程中发现的问题，对照问题进行总结分析，最终形成规定制度加以明确、引导和规范。现行企业采购过程中对长期合作渠道的采购流程、风险的控制、试用渠道和新引进渠道的管理等方面尚未有一套健全的采购管理制度。同时原始价格档案需适时进行评价和更新。对于关键性采购品种价格应建立价格评价体系，公司开展月度价格分析会，通过对月度所收集的品种价格信息，总结分析月度关键性品种、行情类、新增类及一单一议类品种的价格现状、变化情况及趋势，评价现有的价格水平，提出采购成本控制思路及下一步措施。

### （四）采购成本控制方法不当

在现行采购管理中，对成本控制的方法主要是集中的招议标管理，现行企业招标投标在一定程度上，通过供应商互相打压价格降低企业整体的采购成本确实是起到一定的效果，但是并不是所有的品种都适合采取招标投标方法来进行。

## 三、采购成本控制的策略

### （一）制订合理的采购计划，优化采购流程

企业根据客户的需求和生产特性，合理制订各项品种的采购计划，预测所需物品的数量和时间，确保物品的及时供应，减少库存，降低库存费用。业务流程运作效率的高低会对企业竞争力产生直接的影响，企业中商品采购成本在总成本中所占比例较高，因此受到的影响相对也较大。一般情况下，传统的采购业务流程是客户根据自身生产计划提出所需采购的物品，然后由采购部门编制商品采购计划，经过公司管理部门和领导班子审批后才能向供应商下达订单。

### （二）扩大采购范围，规范供应商管理

强化供应商的管理是基于从长期角度来降低采购成本的理念，在物资采购管理中应该注重贯穿供应商管理的思想，即把对供应商的管理纳入整个物资采购管理中。这样，既可以通过长期的合作获得可靠的物资供应和质量保证，又可以在周期长短和购买批量上获得采购价格的优势，对降低物资采购成本有很大的好处。

建立供应商管理制度，规范供应商管理。建立公开、公正、透明的供应商进出机制，明确采购业务中供应商的引进、使用和退出、评价管理以及潜在供应商的管理。同时对公

司的正式供应商要建立档案，每一个供应商档案应经严格的审核才能过关归档。企业的采购必须在已归档的供应商中选择，供应商档案应定期更新，并派专人管理。将合作供应商按照采购计划量大小及物资种类划分为：重要物资供应商，即企业需求量较大、物资价值较高，对企业生产运作影响较大的物资供应商；一般物资供应商，即价值不高、种类繁多且易采购的物资供应商；瓶颈物资供应商，即企业设备专用件、定发件、设备配套件和非标加工件及特殊物资的供应商。

### （三）规范健全采购管理制度，建立分析和考评体系

#### 1. 建立、完善相关采购制度，做好采购成本控制的基础工作

该制度不仅能规范企业的采购活动、提高效率，还能预防采购人员的不良行为。采购制度规定物料采购的计划、授权人的权限、商品采购的流程、相关部门的责任和关系、各种材料采购的规定和方法、报价和价格审批等。

#### 2. 把采购成本控制纳入员工绩效管理考核中

在采购成本控制上专门设立成本下降率指标，即对应各业务岗位所负责范围的所有品种设定标准成本，月度核算当月所有品种的实际采购成本进行比较计算成本下降率，在月度绩效考核中，将成本下降率指标作为一项核心指标，用占比 60% 甚至更多的权重对岗位实施绩效考核，发挥考核的激励作用，来引导岗位对采购成本的控制。

### （四）合理地选择采购成市控制的方法

#### 1. 以不同定价方式牵制供应商

在定价方式上进行创新，根据不同备件品种分别采取阶段性定价、一单一议和定渠道不定价格等多种合作方式。

#### 2. 加强渠道开发

深入分析各企业备件业务需求特点，对标准不明确的品种，与企业对接完善标准，使之具有通用性，从而扩大渠道选择范围，以便引入竞争控制采购成本；对单渠道或企业指定品牌厂家的品种，积极寻找替代品；对企业采购量大的品种，询价、比价供应商数量必须在 3 家以上，控制采购成本。

#### 3. 把握商品采购价格变动的时机

商品采购价格会随着季节变化、市场供求情况而变动，因此，采购人员应随时注意价格变动的规律，把握好采购时机和采购数量，给企业带来很大的经济效益。

#### 4. 通过付款条件的选择来降低采购成本

建立企业资金使用制度，凡是牵涉资金的使用都有必要建立起一套严格的规章制度。资金的领取、审核、审批、使用，一般要规定具体的权限范围、审核审批制度等。对于货款的支付要根据对方的信用程度，具体的风险情况进行稳妥的处理。一般货款的支付要等到货物到手检验合格后再付全部货款。

#### 5. 选择信誉佳的供应商并与其签订长期合同

与诚实、讲信誉的供应商合作不仅能保证供货的质量、及时的交货期，还可得到其付款及价格的关照，特别是与其签订长期的合同，往往能得到更多的优惠。

## （五）降低采购成本的方法

降低采购成本是采购部门的一项基本职责。降低采购成本应主要着眼于供应商和供应市场，而不是依靠压缩采购人员的待遇。降低采购成本的方法总结起来有以下几类：

1. 优化整体供应商结构及供应配套体系

包括通过供应商市场调研等寻找更好的新供应商、通过市场竞争招标采购、与其他单位合作实行集中采购、减少现有原材料及零部件的规格品种进行大量采购、与供应商建立伙伴型合作关系取得优惠价格等。

2. 通过对现有供应商的改进来降低采购成本

如促使供应商实施及时供应、改进供应商的产品质量以降低质量成本、组织供应商参与本企业的产品开发及工艺开发来降低产品与工艺成本、与供应商实行专项共同改进项目以节省费用（如采用周转包装材料降低包装费用、采用专用运输器具缩短装卸运输时间和成本、采用电子邮件传递文件减少行政费用等），并提高工作效率等。

3. 通过运用采购技巧和战术来降低采购成本

其中最常用的是灵活运用采购谈判技巧。辅助价格谈判的基本工具：一是成本结构分析，二是学习曲线，三是利用价格折扣。下面简要概括本书中涉及的降低采购成本方法以及其他几种降低采购成本的手段：

（1）集中采购法。集中采购（Centralize Purchasing）是指将各部门的需求集中起来，采购单位便可以较大的采购筹码得到较好的数量价格折扣。商品标准化后，可取得供应商标准品的优惠价格，库存量也可以相对降低。如此，还可以借助统一采购作业而减少行政费用的支出。

不过，集中采购也许会给人一种僵化、没有弹性的感觉，另一个较折中的方法是由使用量最多的单位（Leading – divisional Buying）来整合所有采购数量，负责主导采购议价。这除了可以拥有与集中采购相同的采购筹码外，还能让采购单位更靠近使用单位和了解使用单位的需求状况。也可以运用其他类似的方法降低采购成本，如由各相关部门代表组成的产品委员会、联合采购、长期合约和总体采购合约等。

（2）价值分析法。通过价值分析降低采购成本的途径有：将产品设计简化以便于使用替代性材料或制造程序；采用提供较佳付款条件的供应商；采购二手机器设备而非全新设备；运用不同的议价技巧；选择费用较低的货运承揽者（Forwarder），或考虑改变运输模式亦可达到降低成本的目的。当然，必须先行确认前置时间（Lead Time），并对其做周密的评估。

而价值工程法则针对产品或服务的功能加以研究，以最低的生命周期成本，透过剔除、简化、变更、替代等方法来达成降低成本的目的。价值分析是适用于新产品工程设计阶段，而价值工程则是针对现有产品的功能/成本，做系统化的研究与分析，但现今价值分析与价值工程已被视为同一概念使用。

（3）作业成本分析法。作业成本法（Activity Based Costing），在美国惠普公司已经实施多年。这种方式将间接成本（Indirect Cost）依照在某一产品上实际花费的时间正确地进行配置，有别于传统会计作业将间接成本平均分摊的做法。它运用到采购管理中，即将采购间接成本按不同的材料、不同的使用部门等进行分配，从而科学地评价每种材料、每个部门等实际分摊的采购间接费用，它可以让管理阶层更清楚地了解间接成本分配的状况。不过，分析的过度细化往往容易导致越想全面掌控又越抓不到重点的情形。所以，适当地利用如帕累托分析（Pareto Analysis）等工具找出关键的成本是非常必要的。

（4）谈判法。谈判是降低采购成本的重要渠道之一，通过谈判可以大幅度降低采购成本。谈判是买卖双方为了各自目标，达成彼此认同的协议过程，这也是采购人员应具备的最基本能力。谈判并不只限于价格方面，也适用于某些特定需求时，使用谈判的方式通常所能期望达到价格降低的幅度为3%~5%。如果希望达成更大的降幅则需运用价格/成本分析、价值分析与价值工程（VA/VE）等手法。

（5）早期供应商参与法。这是在产品设计初期，选择让具有移伴关系的供应商参与新产品开发小组。经由早期供应商参与的方式，新产品开发小组对供应商提出性能规格的要求，借助供应商的专业知识来达到降低成本的目的。

（6）联合采购法。主要发生于非营利事业的采购，如医院、学校等，经由统合各不同采购组织的需求量，以获得较好的数量折扣价格。这也被应用于一般商业活动中，应运而生的新兴行业有第三者采购，专门替那些 MRO 需求量不大的企业单位服务。

## 第四节　案例与习题

### 一、案例

## 供应商成本分析的实例

采购员 Smith 必须采购 10 种特殊的电子零件，以前他们采购过两次这种电子零件。零件历史记录显示出：第一次采购时以每件 1500 美元的价格采购了 5 件，第二次采购时以每件 1350 美元的价格采购了 5 件。Smith 要求供应商对本次采购进行报价，供应商按下面的标准细分价格：

| | |
|---|---|
| 直接人工成本 18 小时 | 261 美元 |
| 制造间接费用（占直接人工的 100%） | 261 美元 |
| 原材料成本 | 385 美元 |
| 管理费用（占售出的商品成本的 10%） | 90 美元 |
| 利润 | 100 美元 |
| 总的单位价格 | 1097 美元 |

供应商指出对 5 种零件的成本估算中采用了 90% 的学习曲线。采用 90% 的学习曲线是因为研究表明这个改进比率在整个生产过程中是可以实现的。生产第一批 5 个产品所需要的实际时间是 20 小时的技术和规划时间以及 96 小时的生产时间。当采购方要求供应商

提供生产第二批 5 个产品所需要的时间时，供应商告诉采购方这项信息暂时还没有，因为第二批产品还在生产过程中。

直接人工的工资率是技术和规划人员的平均工资率为每小时 20 美元，熟练的车间职员的平均工资率是每小时 11 美元，不熟练的车间职员的平均工资率是每小时 8.54 美元，并且据估计工资将以 10% 的速度增长。

物料清单如下：

| 数量/单位 | 种类 | 单位价格 |
|---|---|---|
| 10 | 电阻器 | 12 美元 |
| 1 | 集成电路 | 15 美元 |
| 5 | 电容器 | 20 美元 |
| 5 | 二极管 | 110 美元 |
| 1 | 变压器 | 150 美元 |
| 1 | 包装 | 40 美元 |
| 其他材料 | | 3 美元 |
| 10% 废料补贴 | | 35 美元 |
| 总计 | | 385 美元 |

间接费率、间接管理费用和管理成本由供应商的会计部门每半年修改一次，这种修改是以经验为依据的。废品率是依据所有产品的经验而得出的。

技术和规划成果可以用于第一次采购。如果采购中需要技术和规划，那么也只是需要少许的技术和规划。采购方指出技术和规划部门年工资增长率 6% 是比较合理的。

采购记录表明变压器的供应商以如下的价格报价：

| 数量 | 单位价格 |
|---|---|
| 1～5 | 200 美元 |
| 6～10 | 150 美元 |
| 11～25 | 120 美元 |

供应商的价格合适吗？如果不合适，你将采取什么策略来开始谈判？

采购方的分析过程如下：

直接人工分析（略）

直接人工成本：

因为订单没有要求技术和研发，所以可以只使用车间人工和 6% 的人工工资增长率来重新计算工资率。

$$供应商提出的人工工资率 = [(20.00 美元/小时 + 11.00 美元/小时 + 8.54 美元/小时)/3][1.1]$$
$$= 14.50 美元/小时$$

$$采购方提出的人工工资率 = [(11.00 美元/小时 + 8.54 美元/小时)/2][1.06]$$
$$= 10.36 美元/小时$$

直接人工工时：供应商为第 11 到 20 个单元的估算是每单元 18 小时的人工工时。采用学习曲线的方法，假设供应商的学习曲线 90% 是合理的，以生产第 1 个产品的时间为参考依据，生产第一批 5 个产品的总时间是从第 1 个到第 5 个的改进因素的总和（90% 学习曲线的改进因子总和是 4.3392）。因此，由于生产使用了 96 个小时的人工，除以 4.3392 后得出第 1 个产品的人工工时是 22.1 小时。如果继续使用 90% 的学习曲线，那么以第 1 个产品的生产为参考依据，生产第 11 到 20 个产品的总时间是 90% 的学习曲线的第 11 到第 20 个产品的改进因子的总和。这个值是 6.6134。生产第 11 到第 20 个产品的总人工工时是：

6.6134 × 22.1 小时 = 146.2 总工时

平均每单位产品 14.6 人工工时

总人工成本：估算的单位产品的人工成本就是每单位平均人工工时 14.6 小时，乘以采购方给出的人工工资率 10.36 美元/小时，即得出估算的单位产品的人工成本是 151.26 美元。

原材料成本分析：不包括变压器在内的原材料的成本总值是 200 美元。由于 10% 的废料原因使总价值变为 220 美元/单位。供应商可以利用在变压器上的数量折扣同时按 10% 的废料计算，采购 10 个变压器的总成本是 1500 美元，然而采购 11 个总成本却是 1320 美元。因此，包括废料的变压器的成本是每单位 132 美元。那么总的原材料成本是：

220 美元 + 132 美元 = 352 美元

新价格估算：用新人工和原材料估算新成本：

| | |
|---|---|
| 直接人工 | 151.26 美元 |
| 间接制造费用 | 151.26 美元 |
| 原材料 | 352.00 美元 |
| 管理费用 | 65.45 美元 |
| 利润 | 100.00 美元 |
| 总计 | 819.97 美元 |

这仍然是比较"粗略"的计算方法，因为它还没有涉及供应商的利润。如果供应商的利润被采购方当作成本来计算，涨价幅度是 11.3%，当供应商使用新成本估算时，就会得到一个 801.33 美元的总成本。

## 二、专题讨论

1. 我国农产品流通渠道有哪些？分析农产品各流通渠道的物流成本包括哪些？
2. 针对近年来农产品价格大起大落的现象，分析其产生的原因。
3. 结合成本控制策略理论谈谈如何降低农产品物流成本？

## 三、练习题

### （一）选择题

1. 在成本分析过程中，应用最多的分析方法是_____。

A. 比较分析法　　　　　　　　B. 因素分析法

C. 比率分析法　　　　　　　　D. 差异分析法

2. 一般来说，当边际贡献率在_____时，企业非常安全。

A. 40%以上　　　　　　　　　B. 20%到30%之间

C. 10%到20%之间　　　　　　D. 10%以下

3. 企业在进行成本分析时，第一步要做的是_____。

A. 确定对象　　　　　　　　　B. 运用恰当的分析方法

C. 数据收集与汇总　　　　　　D. 明确目的

4. 价格与成本分析的用途不包括_____。

A. 预测保本点　　　　　　　　B. 进行产品决策

C. 减少经营风险　　　　　　　D. 预测目标成本

5. ABC分类法是对采购物品进行分类管理的方法，其参照的标准是_____。

A. 价值大小　　　　　　　　　B. 数量多少

C. 重要程度　　　　　　　　　D. 质量指标

6. 在ABC库存管理法中，对于A类库存物资一般采用_____。

A. JIT订货方式　　　　　　　B. 定量订货方式

C. 定期订货方式　　　　　　　D. 联合库存方式

7. 一位采购经理要为公司购买3台大型计算机，共有甲乙丙丁4家厂商可以提供货源，但价格各不相同，甲乙丙丁分别报价100万元、120万元、130万元、150万元；预测每年消耗的维修和保养费分别为20万元、10万元、8万元和5万元，假设生命周期为6年。试问该经理应该购买_____产品？

A. 甲　　　　　　　　　　　　B. 乙

C. 丙　　　　　　　　　　　　D. 丁

（二）填空题

1. 降低采购成本的十大手段是_____、_____、_____、_____、_____、_____、_____、_____、_____、_____。

2. 要做到正确的选购物资，就必须对采购物资进行价值分析，价值分析的核心思想是_____，其两个目的是_____与_____。

3. 采购物品的功能与费用之比表现为_____。

4. 采购成本的构成实际上包括_____、_____、_____；整体采购成本是指_____与_____。

（三）名词解释

1. 学习曲线

2. 目标成本法

3. 价值分析

（四）简答题

1. 决定商品价格的三个因素。
2. 影响采购成本的因素分析。
3. 控制采购成本的意义。

（五）论述题

1. 请简要论述目标成本管理与传统成本管理方法的主要区别。
2. 如果你是企业的采购经理，请谈谈如何对企业的采购成本进行管理？

## ◇ 本章参考文献

［1］徐杰，鞠颂东. 采购管理［M］. 北京：机械工业出版社，2009.

［2］王征宇. 物流采购管理［M］. 北京：中国传媒大学出版社，2012.

［3］丁宁，宋莺歌，吕振君. 采购与供应商管理［M］. 北京：清华大学出版社，2012.

［4］周毅敏. 浅析企业采购成本控制［J］. 财税统计，2013（1）：104－105.

［5］吴晓宇. 解析采购成本管理的问题及对策［J］. 物流管理，2012（211）：68－70.

［6］王蕾. 产品生命周期视角下我国制造业目标成本管理的应用研究［D］. 山西财经大学硕士学位论文，2014.

［7］张晓丽. 汽车新产品开发中的目标采购成本控制研究及应用［D］. 重庆理工大学博士学位论文，2010.

［8］刘鸿鹏. 供应链环境下 E 公司采购成本管理研究［D］. 中国地质大学博士学位论文，2013.

［9］李东鹏. 作业成本法在采购成本管理中应用研究［J］. 现代商贸工业，2010（18）：47－48.

［10］田云刚. 论学习曲线在企业管理中的运用［J］. 山西农业大学学报，2003（2）：142－144.

［11］杨玉凤，吴秀芹，卜华. 学习曲线在成本预测中的应用［J］. 淮海工学院学报，2000（9）：74－76.

［12］谢培庆. 2014 年中国企业采购成本控制调查报告［R］//中国采购发展报告，2014.

# 第六章 供应商管理

◇ 引导案例

## 上海通用汽车"16步原则"严选供应商

上海通用汽车对供应商的选择、能力开发和质量管理有一整套严密的体系，严格遵循通用全球供应商开发的"16步"原则，覆盖从新品立项时的潜在供应商评审到整个生产周期中对供应商实施质量管理的全部流程。一家新供应商必须通过上海通用汽车采购部、工程部、物流部三大部门，Q（质量）、S（服务）、T（技术）、P（价格）四大功能块近10次专业评审，才能进入采购体系。

越来越多的全球车型项目带来了大量全球新供应商，以新君威为例，有92家供应商或通过全球供货，或在中国建新厂进入上海通用汽车的供应链。一方面，上海通用汽车严把供应商质量关；另一方面，积极帮助新供应商改进工作，供应商质量工程师主动跟踪新供应商的基础建设和生产线建设，帮助他们理解中国市场、协调全球资源、培训管理团队。

稳定的、高品质的供应商团队为产品品质带来保障。上海通用汽车的长期合作供应商数量迅速增长，与上海通用汽车保持业务往来3年以上的供应商已占其国内供应商总数的80%以上，保持5年以上的供应商已占总数的60%以上。

资料来源：http://www.chinawuliu.com.cn/xsyj/201409/23/293847.shtml。

◇ 案例解析

随着企业与市场经济的发展，企业对供应商管理的深层次需求不断凸显，供应商管理的创新与实践也一直没有间断过。通用汽车对供应商的选择、能力开发和质量管理建立了一整套严密的体系，覆盖了从新品立项时的潜在供应商评审到整个生产周期中对供应商实施质量管理的全部流程，以开放的心态及共赢的观念与各地优秀供应商建立长期友好的合作关系，促使自身在激烈的市场竞争中发展迅猛，成为同行业的发展标杆企业。

通用通过与供应商建立持续稳定的合作关系，不仅提升了服务品质，能够规模化地降低成本，在不断提升自身的核心竞争力的同时，也不断完善自己的供应链和供应商结构。

◇ **案例涉及主要知识点**

供应商选择与评估、供应商关系管理

◇ **学习导航**

- 了解供应商管理的内容
- 掌握供应商选择的程序
- 理解供应商关系管理的内容与策略

◇ **教学建议**

- 备课要点：供应商的选择与评估、供应商关系管理
- 教授方法：案例分析、讲授、专题讨论

## 第一节 供应商管理概述

供应商管理是采购管理领域的重要工作，也是国内企业管理中的薄弱环节。随着社会经济发展和市场竞争的加剧，如产品开发周期越短、市场国际化趋势加深、顾客消费理性化等，传统供应商管理已无法适应新的环境。立足供应链环境、不断改善供应商管理、建立科学合理的供应商管理体系对于提高企业及整条供应链的竞争力具有重要意义。

### 一、供应商管理的概念

供应商是指在一定时期内可以为企业生产提供原材料、设备工具及其他生产要素的法人、组织或自然人。

供应商管理，就是对供应商的了解、开发、使用和控制等综合性的管理工作的总称。其中，了解是基础，选择、开发和控制是手段，使用是目的。供应商管理的目的就是要建立一个稳定可靠的供应商队伍，为企业生产经营提供可靠的物资供应。

## 二、供应商管理的内容

供应商管理包括以下几个基本内容：

### （一）供应商调查

供应商调查的目的在于了解企业需要并具有哪些可能的供应商，各个供应商的基本情况如何，进而为了解资源市场及选择正式供应商做准备。

### （二）资源市场调查

资源市场调查是指在供应商调查的基础上，进一步了解掌握整个资源市场的基本情况和基本性质：是买方市场还是卖方市场、是竞争市场还是垄断市场、了解资源生产能力、技术水平及价格水平等，为制定采购策略和选择供应商做准备。

### （三）供应商开发

在供应商调查和资源市场调查的基础上，企业可能寻找到新的潜在合格供应商。供应商开发是供应商管理中的一项重要工作，企业为了保证生产与物流的顺利进行，增强应急能力就必须掌握尽可能多的供应商信息，寻找到适合企业的供应商队伍。

### （四）供应商选择

供应商的选择是企业供应商管理的一项重要工作。在市场众多的供应商中，企业需选择出优秀且适合自己的供应商进行合作。同一个产品在市场上的供应商数目越多，供应商选择工作就变得越复杂，更需要一个规范的程序来操作。

### （五）供应商绩效考核

供应商绩效考核是对已通过选择审核、正在为企业提供服务的供应商进行定期监控、考核和评比。其目的是了解供应商的表现，促进供应商提升供应水平，为奖惩供应商提供依据，确保供应商供应的质量。淘汰绩效差的供应商，继续同优秀供应商合作。另外，在绩效评估的过程中能了解存在的不足之处，将其反馈给供应商，可促使供应商改善业绩，为将来更好地完成供应活动打下良好基础。

### （六）供应商关系管理

企业的资源是有限的，在供应商管理过程中，必须根据供应商的重要程度和绩效水平进行划分，设定优先次序，区别对待。加强激励和控制，奖惩并行，从而形成与供应商的合作伙伴关系。

供应商调查、开发、绩效考核以及资源市场调查等内容在其他章节中已有所阐述，本章着重介绍供应商管理的几个关键环节，即供应商选择、供应商关系管理。

# 第二节　供应商选择

供应商选择是供应链合作关系运行的基础，供应商的业绩对企业的影响越来越大。在交货期、产品质量、价格、提前期、库存水平、产品设计、服务等方面都影响企业经营的成功与否。传统的供应关系已不再适应全球竞争加剧、产品需求日益更新的现实。企业必须转变原有的采购观念，坚持以经济效益为中心，合理选择供应商，实现低成本、高质量、柔性生产、快速反应等效应。选择优秀且合适的供应商无疑是一件非常重要的工作，企业应综合各方面的因素选择有助于本企业发展壮大的供应商。

## 一、供应商选择的基本准则和原则

供应商选择的基本准则是 QCDS 原则，也就是质量、成本、交付与服务并重的原则。在这四者中，质量因素是最重要的。首先要确认供应商是否建立有一套稳定有效的质量保证体系。其次要确认供应商是否具有生产所需特定产品的设备和供应能力。再次要运用价值工程的方法对所涉及的产品进行成本分析，并通过双赢的价格谈判实现成本节约。又次要确定供应商是否拥有足够的生产能力、人力资源是否充足、有没有扩大产能的潜力。最后要重视供应商的售前、售后服务的记录。

供应商选择的几项基本原则如下：

（一）全面性原则

建立和使用一个全面的供应商综合评价指标体系，对供应商做出全面、具体、客观的评价。

（二）简明科学性原则

供应商选择的步骤：过程透明化、制度化和科学化。

（三）稳定客观性原则

供应商选择体系应该稳定运作，标准统一，减少主观因素。

（四）灵活可操作性原则

不同行业、企业、产品需求、不同环境下的供应商评价应是不一样的，保持一定的灵活操作性。

（五）门当户对原则

供应商的规模和层次应与采购商相当。

## （六）数量控制原则

一方面，采购数量控制要遵循半数比例，购买数量不超过供应商产能的50%，反对全额供货的供应商。另一方面，供应商数量控制，同类物料的供应商数量2~3家，并且划分出主次供应商。

## （七）供应链战略原则

与重要供应商发展供应链合作伙伴关系。

## （八）学习更新原则

评估的指标、标杆、对比的对象以及评估的工具与技术都需要不断地更新。

## 二、供应商选择的程序

供应商选择的程序如图6-1所示。

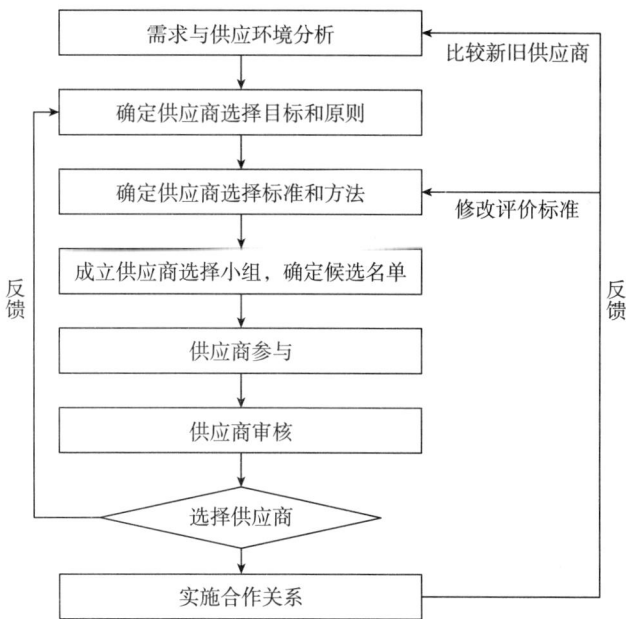

**图6-1　供应商选择的程序**

## （一）需求与供应环境分析

环境分析是供应商选择的重要步骤，环境分析不仅包括供应环境的分析，更重要的是进行需求分析。

1. 需求分析

市场需求是企业一切活动的驱动源。企业必须首先分析市场竞争环境，确定现在的市场需求是什么、需求的类型和特征是什么，以确认用户的需求，然后根据用户需求选择供应商，确定是否有建立供应链合作关系的必要。

2. 供应环境分析

供应商选择必须在对供应市场进行调研的基础上进行，收集供应商的信息是选择的前提，主要应该从供应商的市场分布、采购物品的质量、价格、供应商的生产规模等方面收集，通过对所收集信息的分析，了解潜在供应商和现有供应商的现状。

（二）确定供应商选择目标和原则

企业在选择供应商之前必须确定明确的目标，此目标必须与企业发展的长期目标、规划及战略相适应，要为企业提供核心能力和市场竞争力服务。不同的行业和企业对战略供应商的要求和选择是不同的，所以，企业应该根据自身的情况来选择并最终确立自己的供应商。选择供应商也必须遵循一定的原则，如全面性原则、学习更新原则等。

（三）确定供应商选择标准和方法

1. 供应商选择的标准

对于供应商的选择有短期标准和长期标准，企业要统筹兼顾。

（1）短期标准。

1）产品质量。质量因素是选择供应商首要考虑的因素，产品的质量是否符合要求是企业生产经营活动正常进行的必要条件，对产品质量的要求是质量合适，既不能过高，也不能过低。若质量过高，超出企业生产经营所需要的水平，对企业来说则是一种浪费。而质量过低的产品虽然采购成本低，但在使用的过程中往往会影响生产的连续性和后续产品的质量，实际上会导致企业总成本的上升。企业在选择供应商时重要的一环是考察供应商是否具有相应的质量体系，是否通过 ISO9000 质量认证体系认证，内部工作人员是否按照该质量体系完成工作，其质量水平是否达到国际公认的要求。

2）总成本最低。传统采购追求的是采购价格的最低化，采购价格低固然好，但是价格最低未必供应商最适合，还应该考虑产品质量、交货时间是否达标以及地理位置因素而导致的运输费用的增加等影响。因此在选择供应商时，要运用价值工程的方法对所涉及的产品进行成本分析，并通过双赢的价格谈判实现总成本的最低。

3）交付能力。指供应商满足需要的程度，要求交货及时，同时货物运输过程中的质量有保证。供应商能否按约定的交货期限和交货条件组织供货，直接影响生产和供应活动的连续性。企业在考虑交货时间时需要进行权衡，一方面使原材料的库存数量尽可能减少，另一方面又要降低因库存数量低可能产生的断料停工风险，因此要慎重考虑供应商的交货时间，以决定其是否能成为企业的合作供应商。影响供应商交货可靠性的因素主要有供应商的生产周期、供应商生产计划的规划及弹性、供应商的库存储备、渠道的长度、运输的条件及能力。

4）整体服务水平。供应商的整体服务水平是指供应商内部各作业环节，能够配合采购方的能力与态度。例如，处理问题的速度、提供技术咨询与服务、代办运输和送货服务、方便订购者的措施、为订购者节约费用的措施等。

（2）长期标准。

1）供应商信誉。这是一项长期的无形资产，可从三个方面着手考察供应商的信誉：企业在行业中的地位，这是一个象征性的标准；还贷信誉，查看供应商是否经常有违约行为；履行合同的能力。在确定供应商是否有履行合同的能力时主要考虑供应商是否对采购项目、订单数量和金额感兴趣，是否有长期合作的意愿，供应商处理订单的时间，供应商生产的柔性等。

2）财务状况。财务是否稳定会影响供应商的长期供货能力。供应商的财务状况直接影响其交货和履约的绩效，进一步影响企业正常的生产经营。判断一家供应商的财务状况比较困难，通常通过财务报表等间接方式来观察，如通过资产负债表可观察其所拥有的资产和负债情况，损益表可考察供应商一段时间内的销售业绩与成本费用情况等。

3）内部组织与管理。供应商内部组织与管理关系到日后供应商供货效率和服务质量。如果供应商组织机构设置混乱，采购的效率与质量也将下降甚至导致供应活动不能及时、高质量地完成。

4）员工的稳定性。员工的年龄、员工的工作态度、受培训的水平以及流动率也会影响供应商的供货能力。

5）供应商所处的环境。包括四个方面：自然环境，如自然资源的品种、数量、开采的难易程度和开采成本，供应商所在地与最终市场的距离，以及气候对投资项目的影响等；经济与技术环境，如交通运输条件、市场经济体制、各国的贸易政策、工业化政策、地区开发政策和金融、财政政策、外汇管理政策、贸易和关税政策、货币与财政等；社会文化环境，包括宗教制度、语言文化传统、教育水平和人口素质、社会心理等因素；政治法律环境，它直接关系到投资本身的安全性。

**2. 供应商选择的方法**

在供应商选择中，以下是几种常用的方法：

（1）定性方法。主要是根据以往的经验，凭借已有的信息来选择供应商。

1）直观判断法。主要是根据征询和调查所得的资料并结合个人的分析判断对供应商进行分析、评价。其主要是倾听和采纳有经验的采购人员意见，或者直接由采购人员凭经验作出判断，常用于选择企业非主要原材料的供应商。这种方法简单易行但主观性较强，容易受到采购人员人为因素的影响，可靠性差。

2）招标法。由企业提出招标条件，各投标供应商进行竞标，然后由企业决标，与提出最有利条件的供应商签订合同和协议。招标法竞争性强，企业能在更广泛的范围内选择适当的供应商，以获得供应条件有利的、便宜且适用的物资。但招标法手续较繁杂、时间长，不能适应紧急订购的需要。订购机动性差，有时采购方对投标者了解不够，双方未能充分协商，造成货不对路或不能按时到货。当采购数量巨大、供应商较多，并且竞争激烈时，可采用招标法来选择合适的供应商。

3）协商选择法。由企业先选出供应条件较为有利的几个供应商，跟他们分别进行协商，再确定合适的供应商。与招标法相比，协商方法由于双方能充分沟通，在物料质量、交货日期和售后服务等方面较有保证，但选择范围有限，不一定能找到价格最合理、供应条件最有利的供应商，而且该方法也容易受到采购人员人为因素的影响，可靠性不足。当采购时间紧迫、投标单位少、竞争程度小、采购物料规格和技术条件复杂时，协商选择法比招标法更为合适。若供货较多、企业难以抉择时，也可以根据实际情况采用协商选择的方法。

（2）定量方法。常用的定量方法如下：

1）线性权重法。这是定量选择供应商最常用的方法，其基本原理是给每个指标分配一个权重，每一个供应商的定量评价结果是该供应商对各项准则的得分与响应权重的乘积的总和。

2）采购成本法。通过计算和分析各个不同的供应商的采购成本，选择采购成本较低的供应商的一种方法。对质量和交货期都能够满足要求的供应商则需要通过计算采购成本来进行比较分析。采购成本一般包括售价、采购费用、运输费用等各项支出的总和。

3）ABC 成本法（Activity – Based Costing）。又称作业成本法，ABC 成本法的指导思想是"成本对象消耗作业，作业消耗资源"，以作业为核心，确认计量耗用企业资源的所有作业，将耗用的资源成本准确地记入作业，然后选择成本动因，将所有作业成本分配给成本计算对象（产品和服务）的一种计算方法。作业成本法是由鲁德霍夫和科林斯在 1996 年提出的，通过计算供应商的总成本来选择供应商。ABC 成本法把直接成本和间接成本（包括期间费用）作为产品服务消耗作业的成本同等对待，拓宽了成本的范围，使计算出来的产品服务成本更准确、真实。

（3）定性与定量相结合的方法。主要有层次分析法（AHP）、神经网络算法（ANN）和数据包络分析法（DEA）等。

1）层次分析法（the Analytic Hierarchy Process，AHP）。又称层级分析法，在 20 世纪 70 年代中期由美国运筹学家托马斯·塞蒂（T. L. Satty）正式提出。它是一种定性与定量相结合的系统化、层次化的分析方法，将决策者的经验判断给予量化，将人们的思维过程层次化，逐层比较相关因素，逐层检验比较结果的合理性。韦伯（Webber）等提出利用层次分析法进行供应商的选择。其基本原理是根据具有递阶结构的目标、子目标（准则）、约束条件、部门等来评价方案，采用两两比较的方法确定判断矩阵，然后把判断矩阵的最大特征向量的分量作为相应的系数，综合给出各方案的权重。

由于该方法让评价者对照相对重要性函数表，给出因素两两比较的重要性等级，因而可靠性高、误差小。但同时要求决策人对决策问题的本质、所包含的系统要素以及相互之间的逻辑关系必须十分清楚，而且判断矩阵是由评价者或专家给定的，一致性必然会受到有关人员的知识结构、判断水平以及个人偏好等许多主观因素的影响。遇到因素众多、规模较大的问题时判断矩阵也往往难以满足一致性要求，便很难再进一步对其分组。判断矩阵有时难以保持判断的传递性。

2）神经网络算法。人工神经网络（Artificial Neural Network，ANN）是 20 世纪 80 年代后期迅速发展的一门新兴学科，ANN 可以模拟人脑的某些职能行为，如知觉、灵感和形象思维等，具有自学习、自适应和非线性动态处理等特征，因此将 ANN 应用于供应链管理环境下供应商的评价选择。通过给定样本模式的学习，获取评价专家的知识、经验、主观判断及对目标重要性的倾向。当对供应商作出综合评价时，该方法可再现评价专家的经验、知识和直觉思维，从而实现了定性分析和定量分析的有效结合，也能较好地保证供应商综合评价结果的客观性。但人工神经网络算法复杂，不易掌握，复杂问题的神经网络的训练必须有大量数据作为支撑，否则训练出的神经网络可能只能处理非常有局限的问题。

3）数据包络分析法（Data Envelopment Analysis，DEA）。由美国运筹学家查恩斯（A. Charnes）、库伯（W. W. Cooper）及罗兹（E. Rhodes）等在1978年首先提出的。数据包络法实际上是线性规划模型的一种应用，分析一个企业与其他同类企业相比，将投入转化为产出过程中的相对有效性。

DEA适用于对各企业进行比较的情况，但是当部分或全体输出指标与部分或全体输入指标之间存在完全相关时，同样会导致评价失败。因此，采用DEA对供应商进行相对效率综合评价时必须注重指标体系的精练、低相关，避免输入输出指标之间的完全相关，避免输入输出指标内部的高度相关。

为了实现供应商选择的科学合理化，应研究使用定性与定量相结合的方法。

## （四）成立供应商选择小组，确定候选名单

企业必须建立一个专家小组来进行供应商的选择。组员以来自采购、质量、生产、过程等与供应链合作关系密切的部门成员为主，组员必须有团队精神，具有一定的专业技能。评价小组必须同时得到采购方企业和供应商企业最高层的支持。供应商选择小组成立后，应该通过各种渠道确定好候选供应商名单。

## （五）供应商参与

一旦企业决定实施供应商选择评审，评价小组必须与初步选定的供应商取得联系，以确认他们是否愿意与企业建立合作关系，是否有获得更高业绩水平的愿望。企业应尽可能早地让供应商参与到评价的设计过程中来。由于企业的资源有限，企业只能与少数的、关键的供应商保持紧密的合作，所以参与的供应商不宜太多。

## （六）供应商审核

供应商审核是在完成供应市场调研分析、对潜在的供应商已做初步筛选的基础上对可能发展的供应商进行的。根据不同物料供应商的不同成熟程度，供应商审核可安排在供应商认证的前、中、后进行，目的是确认、筛选出最好的供应商，优化供应商结构，提高竞争优势。

### 1. 供应商审核的层次

就采购供应的控制层次来说，供应商审核可局限在产品层次、工艺过程层次上，也可深入质量保证体系层次甚至供应商的公司整体经营管理体系层次（公司层次）。

（1）产品层次。主要是确认、改进供应商的产品质量。实施办法有正式供应前的产品或样品认可检验以及供货过程中的来料质量检查。

（2）工艺过程层次。主要包括对工艺过程的评审，也包括供应过程中因质量不稳定

而进行的供应商现场工艺确认与调整。

（3）质量保证体系层次。这是对供应商的整个质量体系和过程的审核，可参照 ISO9000 标准或其他质量体系标准进行审核。

（4）公司层次。这是最高层次的审核，在这一层次不仅要审核供应商的质量体系，还要审核供应商的经营管理水平、财务与成本控制、计划制造系统、设计工程能力等主要管理过程。

2. 供应商审核的方法

供应商审核的方法主要有两类：一是主观法，指依据个人的印象和经验对供应商进行评判，评判依据十分笼统；二是客观法，依据事先制定好的标准和准则对供应商进行量化考核、审定，包括调查法、现场打分评比法、供应商绩效考评、供应商综合考核、总体成本法等方法。

（1）调查法。指事先准备一些标准格式的调查表格发给供应商填写，收回后进行比较的方法，这种方法常用于招标、询价及供应情况的初步了解等情况。

（2）现场打分评比法。指预先准备一些问题并格式化，然后组织不同部门的专业人员到供应商的现场进行检查确认的方法。

（3）供应商绩效考评。指对已经供货的现有供应商的供货、质量、价格等进行跟踪、考核与评比。

（4）供应商综合考核。供应商综合考核是针对供应商公司层次而组织的包括质量、工程、企划、采购等专业人员参与的全面审核，通常将问卷调查和现场审核结合起来。

（5）总体成本法。一种以降低供应商的总体成本，从而降低采购价格为目的的一种方法。这需要供应商的通力合作，由企业组织强有力的综合专家团队对供应商的财务及成本进行全面、细致的分析，寻找可以降低成本的方法，并要求供应商付诸实施与改进，改进后的利益由双方共享。

3. 供应商审核的内容

由于供应商自身条件的差别，必须有客观的评分项目作为选拔合格供应商的依据。因此，供应商审核应制定详细的审核内容，通常包括以下几项：

（1）供应商的经营状况。主要包括供应商经营的历史、负责人的资历、注册资本金额、员工人数、完工记录及绩效、主要的客户、财务状况。

（2）供应商的生产能力。主要包括供应商的生产设备是否先进、生产能力是否已充分利用、厂房的空间距离，以及生产作业的人力是否充足。

（3）技术能力。主要包括供应商的技术是自行开发还是从外引进、有无与国际知名技术开发机构的合作、现有产品或试制品的技术评估、产品的开发周期、技术人员的数量及受教育程度等。

（4）管理制度。主要包括生产流程是否顺畅合理、产出效率如何、物料控制是否电脑化、生产计划是否经常改变、采购作业是否对成本计算提供良好的基础。

（5）质量管理。主要包括质量管理方针、政策，质量管理制度的执行及落实情况，有无质量管理制度手册，有无质量保证的作业方案，有无年度质量检验的目标，有无政治机构的评鉴等级，是否通过 ISO9001 认证。

## （七）选择供应商

依据选择的标准，参考审核的结果，采用一定的工具和技术手段，对候选供应商进行排序，筛选出最合适的供应商。若选择成功，则可以开始实施供应链合作关系管理；若没成功，则返回步骤二重新开始评价选择。

## （八）实施合作关系

经过以上步骤，成功选出合适供应商则可进行建立供应链合作关系工作。另外，由于市场需求不断变化，企业可根据实际情况及时修改供应商评价标准，或重新开始供应商评价选择。

# 第三节　供应商关系管理

供应商关系管理（SRM）正如当今流行的 CRM 是用来改善与客户的关系一样，SRM 是用来改善与供应链上游供应商的关系的，它是一种致力于实现与供应商建立和维持长久、紧密伙伴关系的管理思想和软件技术的解决方案，它旨在改善企业与供应商之间关系的新型管理机制，实施于围绕企业采购业务相关的领域，目标是通过与供应商建立长期、紧密的业务关系，并通过对双方资源和竞争优势的整合来共同开拓市场，扩大市场需求和份额，降低产品前期的高额成本，实现双赢的企业管理模式。实际上，SRM 是一种以"扩展协作互助的伙伴关系、共同开拓和扩大市场份额、实现双赢"为导向的企业资源获取管理的系统工程。

## 一、供应商关系管理的基础

### （一）供应商关系管理的基市内容

#### 1. 供应商的分类与抉择

应该确定符合公司战略的供应商特征，对所有供应商进行评估，可将供应商分为交易型、战略型和大额型。交易型是指为数众多，但交易金额较小的供应商。战略型供应商是指企业战略发展必需的少数几家供应商。大额型供应商指交易金额数额巨大，战略意义一般的供应商。供应商分类的目标是为了针对不同类型的供应商制定不同的管理方法，实现有效管理。

#### 2. 与供应商建立合作伙伴关系

确定对各类供应商采用何种关系和发展策略，可通过以下几个步骤完成。首先，与战略型和大额型供应商在总体目标、采购类别目标、信息共享等各方面达成共识，并记录在案。其次，与各相关部门开展共同流程改进培训会议，发现可改进领域。再次，对每位供应商进行职责定位。最后，双方达成建立供应商合作伙伴关系框架协议。在这一部分可进行建立供应商管理制度、供应商绩效管理、供应商的合同关系管理以及采购流程的设计与实施等工作。

3. 与供应商谈判和采购

根据前面的八个步骤工作的完成可以与供应商进行谈判达成协议。在与供应商的采购过程中实现企业内部与外部的一些功能。企业内部的功能包括采购信息管理、采购人员的培训管理和绩效管理、供应商资料实时查询、内部申请及在线审批；企业外部的功能包括在线订购、电子付款、在线招标等。

4. 供应商绩效考核

企业应该制定供应商评估流程，定期进行供应商考核并及时向供应商提供反馈意见。供应商绩效考核可从技术、质量、响应、交货、成本和合同履约情况等方面进行。

## （二）供应商关系管理的演变与分类

### 1. 供应商关系管理的演变

（1）传统的供应商关系。就是简单的交易型关系，也可以称为买卖关系。是一种买卖双方讨价还价的交易，供需双方存在竞争性的关系，采购方通常将供应商视为对手。这种关系主要特点有：①采购方常常同时向若干供应商采购相同的物资；②采购双方竞争的核心是价格；③采购方通常在供应商之间分配采购数量对供应商加以控制；④采购双方信任程度低，信息的不对称、不共享。

（2）新形势下的供应商关系——长期合作伙伴关系。同供应商建立长期合作伙伴关系是企业与供应商之间达成高层次的合作关系，在相互信任的基础上，由双方为着共同的、明确的目标而建立起来的一种长期的、相互依存的合作关系。企业通过与供应商建立长期合作伙伴关系，可以缩短供应商的供货周期，提高供货的灵活性。降低库存水平，降低管理费用，加快资金周转，提高供应商品质量。改善订单处理过程，提高需求准确度，与供应商共享管理经验、技术与革新成果，推动整个管理水平的提高。

供应商关系的演变如表6-1所示。

**表6-1　供应商关系的演变**

| | 20世纪六七十年代 | 20世纪八九十年代 | 21世纪 |
|---|---|---|---|
| 关系特征 | 竞争对手 | 协作关系 | 合作伙伴关系 |
| 市场特点 | 许多货源，大量存货，买卖双方是竞争对手 | 合作的货源，少量存货，买卖双方互为伙伴，实现"双赢" | 市场国际化，信息共享，在全球经济中寻求平衡与发展 |
| 采购运作 | 以最低价买到所需产品 | 采购总成本最低，采购专业化，买卖双方注重长期合作 | 风险共担，利益共享。双方共同开发与发展。合作信息化、网络化。供应商优化 |

### 2. 供应商关系的分类

企业与供应商的关系大致可分为五种，即短期目标型、长期目标型、渗透型、联盟型和纵向集成型。

（1）短期目标型。最主要特征是双方之间的关系是交易关系，即买卖关系。

（2）长期目标型。采购双方保持长期的关系，有可能为了共同利益对改进各自的工作感兴趣，并在此基础上建立起超越买卖关系的合作关系。

（3）渗透型。在长期目标基础上发展起来，其管理思想是把对方企业看成自己企业的延伸，是自己企业的一部分，因此对对方的关心程度又大大提高了，常见的方式有投资参股。

（4）联盟型。是从供应链的角度提出的，特点是从更长的纵向链条上管理成员之间的关系，双方维系关系的难度提高了，要求也更高了。由于成员增加，往往需要一个处于供应链核心地位的企业出面协调各成员间的关系，因而它也被称为供应链核心企业。

（5）纵向集成型。最复杂的关系类型，即把供应链上的成员整合起来，像一个企业一样，但各成员是完全独立的企业，决策权属于自己。在这种关系中，要求每个企业在充分了解供应链的目标、要求以及信息的条件下，能自觉作出有利于供应商整体利益的决策。

（三）供应商关系管理的意义

良好的供应商关系管理对于企业增强成本控制、提高资源效率，改善服务和增加收益起到了巨大的推动作用。实施有效的供应商关系管理可以大大提高经济效益，更大程度地创造价值，满足客户需求。具体来说，供应商关系管理的优势有以下三方面：

1. 效率与规模经济

越来越多的企业发现，供应商可以通过与同业的伙伴关系运用科技的力量合力削减成本和改善效率，从而提升市场竞争优势，如 IBM、DELL、沃尔玛、丰田和耐克等公司。

2. 新市场价值

在某些产业中，供应链上的企业之间的伙伴关系进入了一个更新的层次——结合力量创造更多的市场价值，为整合市场创造全新的贡献。也就是说，企业间结合彼此的核心能力，研发新的产品或推出新的方案，在最高的层次上，这种核心能力的结合甚至会扭转整合产业的方向。如苹果、IBM 与摩托罗拉间共同创造 Power PC 以及其他产品。

3. 客户需求

供应商关系管理使企业产品质量、交货时间、供货准时率等方面得到了很大程度的改进，从而满足了客户需求。另外，企业间的携手合作也适应了客户的要求和期盼，特别是在高科技产业中尤为突出。

## 二、供应商关系管理的策略

供应商关系管理的主要策略有以下几种：

（一）信息交流与共享机制

信息交流有助于减少投机行为，有助于促进重要生产信息的自由流动。为加强供应商与制造商的信息交流，可以从以下几个方面着手：

（1）在供应商与制造商之间经常进行有关成本、作业计划、质量控制信息的交流与沟通，保持信息的一致性和准确性。

（2）实施并行工程。制造商在产品设计阶段让供应商参与进来，这样供应商可以在原材料和零部件的性能和功能方面提供有关信息，为实施 QFD（质量功能配置）的产品开发方法创造条件，把用户的价值需求及时地转化为供应商的原材料和零部件的质量与功能要求。

（3）建立联合的任务小组解决共同关心的问题。在供应商与制造商之间应建立一种基于团队的工作小组，双方的有关人员共同解决供应过程以及制造过程中遇到的各种问题。

（4）供应商和制造商经常互访。供应商与制造商采购部门应经常性地互访，及时发现和解决各自在合作活动过程中出现的问题和困难，建立良好的合作气氛。

（5）使用电子数据交换（EDI）和互联网技术进行快速的数据传输。

## （二）供应商的激励机制

要保持长期的双赢关系，对供应商的激励是非常重要的，没有有效的激励机制就不可能维持良好的供应关系。在激励机制的设计上要体现公平、一致的原则。给予供应商价格折扣和柔性合同，以及采用赠送股权等，使供应商和制造商分享成功，同时也使供应商从合作中体会到双赢机制的好处。

## （三）合理的供应商评价方法和手段

要实施供应商的激励机制就必须对供应商的业绩进行评价，使供应商不断改进。没有合理的评价方法，就不可能对供应商的合作效果进行评价，这将大大挫伤供应商的合作积极性和合作的稳定性。对供应商的评价要抓住主要指标或问题，如交货质量是否改善了、提前期是否缩短了、交货的准时率是否提高了等。通过评价把结果反馈给供应商，和供应商一起共同探讨问题产生的根源，并采取相应的措施予以改进。

## 三、供应商风险管理

### （一）供应商风险的成因

供应商风险是由供应商原因造成的供应链风险，供应商的表现直接影响企业的行为及整个供应链的正常运行。形成供应商风险的原因可以分为客观原因与主观原因两个方面。其中，客观原因导致的风险是来自供应商外部及其与环境的互动而导致的风险，包括外部环境不良因素（政治法律环境因素、经济与技术环境因素、自然灾害等）和内部原因（决策失误、管理失当、操作不慎等）而导致的风险。主观原因主要是供应商为了自己的短期利益而主观故意采取行动损害下游合作伙伴的利益和整个供应链运行的行为，如供应商与企业目标冲突、双方信息不对称、关键信息泄露等，都可能使供应商全然不顾供应链合作伙伴关系而损害企业和供应链的利益。

（二）供应商风险的类别

供应商作为供应链的源头，在供应链中处于一种非常特殊的地位。供应商在对企业的成本控制、竞争力产生积极作用的同时，也使企业面临许多不可避免的风险，总结起来主要有：供应商内部风险（财务风险、管理风险、技术风险）、供应商道德和信誉风险（质量风险、价格风险、交货风险、信用风险）、外部环境风险（政治法律变动风险、经济社会波动风险、自然灾害风险），如图6-2所示。

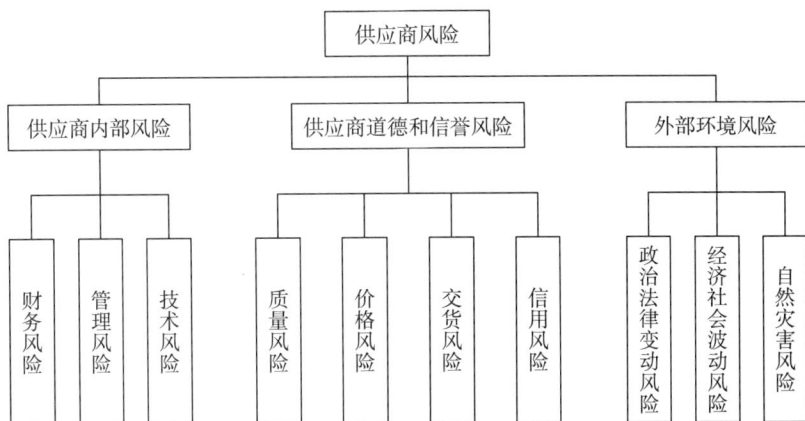

图6-2　供应商风险类别

1. 供应商内部风险

（1）财务风险。供应商财务状况直接反映资金信用情况，供应商财务状况的综合评估可以十分直接地反映供应商的经营业绩、实力以及发展状况，也是判断供应商能否持续经营和是否与供应商进行合作的依据。假如企业的供应商财务状况不好，则与其进行合作是有风险的。

（2）管理风险。在日益激烈的市场竞争中，没有较强的管理水平，资源得不到充分的利用，将直接影响企业利润，从而影响公司的发展，管理不善的企业将导致产品成本增加、生产不畅，对于产品价格和供货及时度也会产生一定的负作用，这些都会带来供应商的管理风险。

（3）技术风险。有两方面含义，一是指供应商是否有能力按照合约提供符合质量的产品；二是指供应商是否能在技术上有创新。这两者都将对产品质量产生很大的影响。

2. 供应商道德和信誉风险

（1）质量风险。供应商质量风险是供应商交付的产品不符合客户要求，包括产品的质量和外包装以及所要求的产品信息等。由于企业不可能对供应商的产品设计加工过程进行全面监督，供应商便可用偷工减料等方式，为了节约生产成本而损害产品质量。

（2）价格风险。供应商供货价格的稳定对于企业制定成本预算和产品组合是非常重要的。但企业不可避免地会遇到供应商要求涨价的情况。供应商要求提高价格，主要是因为原材料以及人工成本上扬，导致生产成本上升。另外，供应商改变价格策略，减少低端产品的生产销售，产品线向高端产品转移，以提高产品利润也会造成提价。企业为了保障生产或接受供应商条件，或不得不寻找新的供应商，这两种方式都将增加企业成本，影响经济利益。

（3）交货风险。供应商不能按协议交货期及时供货可造成企业运作滞后或中断，会降低企业以及整个供应链对客户的服务水平，进而影响供应链竞争力。

（4）信用风险。由于供应商资信方面的问题或在生产管理上存在不足或失误，有意或无意逃避履行合同义务，拒绝交货、交货数量不足或偷工减料、以次充好、弄虚作假甚至恶意的欺诈行为。由于信息不对称特别是产品存在经验属性，产品的质量在短期内难以辨别时，当供应商按自身利益而采取以上行动时，企业不能及时兑现客户合同，造成了企业名誉、信誉等损失。

3. 外部环境风险

（1）政治法律变动风险。指当地政府法律法规对供应商所在的行业产生影响，如进行产业结构升级，要求供应商企业重新优化组合企业的各种资源，从而影响供应商的产品供应。

（2）经济社会波动风险。指由于经济环境变化使供应商的人力成本，原材料成本和资金成本等发生变化而带来的风险。

（3）自然灾害风险。不可抗力的因素，如地震、火灾、台风等自然灾害风险。以上这些风险一般是难以预测和控制的，但是它的破坏性极强，易带来巨大的经济损失。2011年3月11日发生在日本本州岛附近海域的9.0级强烈地震，对日本企业生产造成莫大障碍，其影响也迅速波及以日本为重要节点的全球制造业产业链，如美国通用汽车公司、法国标致雪铁龙集团和韩国现代重工等公司。

## （三）供应商风险的控制策略

### 1. 供应商内部风险控制策略

（1）必须了解供应商的财务状况，明确该供应商是不是属于破产边缘，了解这些信息之后就可以作出相应的管控措施，包括给其定义信用等级、决定是否进行淘汰还是继续合作以及款项支付时限等。

（2）通过调查供应商近年来经营业绩、财务状况和员工流动，考察供应商企业管理水平，查看是不是建立了风险管理系统并覆盖所有的风险因素，以及供应商是否安排有资质的人员来进行风险管理。

### 2. 选择优质的供应商

设计合理的供应商选择程序与标准，是克服逆向选择风险的重要方式。供应商的选择是供应链管理的一个基本问题，从供应链风险控制的角度，供应商选择的指标应包括绩效方面的指标、实力方面的指标、合作态度与合作能力指标三方面。

实力强大的企业更具有保证供应链绩效水平的能力、更具有克服来自内外部风险因素的能力、更具有长期稳定合作的能力。基于企业实力进行供应链合作伙伴选择才能选择出真正有实力、稳健发展的企业作为合作伙伴，才能建立长期的战略合作关系。合作态度方面的指标，主要是考察供应商对合作的重视程度。合作能力方面的指标主要考察供应商很快融入供应链的大环境的能力以及合作能力。

3. 改善与供应商的协作关系

（1）建立信息交流与共享机制。供需双方要经常进行有关成本、质量控制、市场动态等方面信息的交流与沟通，以保持信息的一致性和准确性，便于价格的确定和质量的把关，实现合作企业间的信息共享，建立信息共享安全机制。另外，双方应建立正式的合作机制，经常互访，相互沟通，增加文化交流，及时发现和解决在合作过程中出现的问题和困难，实现供应商与企业之间利益分享和风险分担，共同承担由于市场的变化和环境的变化导致的供求关系的变化。

（2）建立激励与约束机制。一方面，企业必须加强对内部供应链企业的激励，特别是对下游供应商的激励，一般可采用价格激励、订单激励、商誉激励、信息激励、淘汰激励、组织激励等多种手段。另一方面，为了规避供应商道德信誉风险，还应建立供应商约束机制。如制定科学合理的供应商保密协议和供应商行为守则、增加供应商的转换成本、提高道德风险的机会成本。

4. 建立应对供应商风险发生的应急措施

在一些偶然发生的事情上需要预先制定应变措施，如交通事故、突发的冰冻天气该如何应对，所以在供应商风险的预防上必须给出一定的解决方案和措施并建立应变小组和管理流程。

## 第四节　案例与习题

### 一、案例

### 三洋科龙的供应商管理[①]

在实际生产中供应商在交货、材料品质、供货提前期、库存水平等方面直接决定采购企业的生产稳定性和产能的保障，对采购企业的生存发展起着至关重要的作用。三洋科龙公司采用的是日本三洋公司的 MRP II 制造资源计划（Manufacture Resource Plan）软件 SOPIS，全面实施日式管理体系。SOPIS 系统采购体系的核心就是围绕供应商的开发管理建立的。不仅如此，三洋科龙公司采购员的角色已经从普遍意识上的"订货人"，发展成协调供应商的"咨询人员"。他们的工作重点集中在如何同供应商建立和发展恰当的关系以及降低总成本等活动，而不是放在订货以及补货的日常程序上。

---

① 资料来源：https：//mp.weixin.qq.com/s/ovSHtHPxtAVkTp - mZ1j2rw。

## （一）供应商选择的策略

三洋科龙在综合三洋和科龙集团双方的历史经验后，针对在我国市场的情况确定了选择供应商的具体策略，有效地指导并保证了全部供应商选择过程的合理性，其中的一些策略硬性地在 SOPIS 系统中予以设置并不可改变，有效地避免了国内许多企业由经理拍脑袋决定的随意性现象。三洋科龙的供应商选择策略是：

### 1. 风险分散策略

一种物料必须由 2~3 家供应商同时供货，不再增多，也不能减少；供应商的供货额度有区别，一家供应商承担的供应额最高不超过 80%，而且也不能超过该供应商产能的 50%。这样既可保持较低的管理成本，又可保证供应的稳定性，并且在出现意外需求或是其中一家供应商停止供货时，能迅速从其他的供应商处得到补充供应。如果仅由一家供应商负责供应100% 的货物则风险较大，一旦该供应商出现问题，势必影响整个企业的生产。

### 2. 门当户对策略

并非行业老大就是首选供应商。门当户对策略是指选择的供应商应足够大，其能力要能满足本公司近远期的需求；同时又要足够小，使本公司的订货在对方的销售中占相当大的比重。这样，供应商才会在生产排期、售后服务、价格谈判等方面给予足够的重视和相当的优惠。

### 3. 供应链策略

与重要供应商发展战略合作关系。例如，参股冷柜最重要的元件——压缩机的制造厂商，并在其董事会取得席位。对各种供应商积极沟通联络，制定明确的制度，确保供应链的稳定可靠和利益共同体。

### 4. 评价策略

遵循"质量、成本、交货与服务"并重的原则。其中，质量因素最重要，要确认供应商是否有有效的质量保证体系，是否具有生产所需产品的设备和检验能力；在交付方面，要确定供应商是否有足够的生产能力、满足要求的人力资源是否充足（技术人员、管理人员的能力），是否能保证做到按时按需供货以及具有满足意外需求的潜力；要考察供应商的售前售后服务记录；最后才是成本价格，在保证供应商一定商业利润的前提下实现采购费用的降低。

## （二）供应商管理制度

供应商管理制度中包括供应商开发、评估、绩效管理等内容。

### 1. 了解市场

对该类物料进行市场分析，了解发展趋势和评估该材料的供需状况，主要供应商的市场定位及特点等。某种材料在第一次采购前将参考科龙集团和三洋公司的合格供应商清单并组织调查评审后决定。采购员可以给设计部门提建议，推荐使用市场主流的元器件来降低成本。

### 2. 供应商的初步筛选

评价的指标主要有供应商的注册资金、生产场地、设备、人员、主要产品、主要客户、生产能力和信誉、服务等。在这些评价的基础上，采购部建立起预备供应商数据库。这个阶段的工作可通过互联网查询、供应商的主动问询和介绍，专业期刊报纸、商品目录、工商局查询等方式进行。

3. 审核供应商

联系供应商，请有意向的供应商提供营业执照、税务登记证、企业代码证；银行信用证明；法定代表人证书、身份证；特许经营许可证、行业资质证、授权代理证；拥有生产、经营或办公场所的证明；生产或经营范围以及主要产品、商品目录；上一年度和近期的财务报告；公司简况、业绩、售后服务材料；有关的其他材料，如生产设备、技术和管理人员的状况报告等资料。评审小组将根据购买材料的具体状况设定具体要求指标来进行审核。

4. 对供应商实地考察

在实地考察中对供应商管理体系、合约执行能力、财务状况、设计开发、生产运作、测量控制和员工素质等方面进行现场评审和综合分析评分。比较重要的项目有质量体系，审核作业指导书、记录等文档和具体执行记录。计量管理，计量仪器要有完整的传递体系，设备管理，设备的维护制度和执行记录。

5. 询价

供应商审核完成后，对合格的供应商发出询价文件，一般包括图纸和规格、样品、数量、大致采购周期、要求交付日期等细节，并要求供应商在指定的日期内完成报价。如果可能的话要求供应商提供成本清单，列出材料成本、人工及管理费用等，并将利润率明示。收到报价后，要对其条款仔细分析，如有疑问要彻底澄清，澄清要求用书面方式作为记录。分析比较不同供应商的报价，对其合理性有一定的了解。

6. 价格谈判

价格谈判之前，应充分准备并设定合理的目标价格，保证供应商有合理的利润空间。对小批量产品，其谈判核心是交货期，要求快速的反应能力；对流水线连续生产的产品，核心是价格。这里指的并非单纯的交易价格，而是商品的总购置成本，是购买商品和服务所支付的实际总价，包括通讯费、税、存货运输成本、检验费、不合格品的维修和更换费用等。低的交易价格可能导致高的总购置成本，虽然是个很明显的事实，却常常被忽视。

## 二、专题讨论

1. 华为遭美封锁后采取了哪些风险应急措施？

2. 华为曾对外公布了核心的 92 家供应商。这其中来自美国的供应商共有 33 家，日本 11 家，德国 4 家。从华为事件谈谈如何进行供应商管理？

## 三、练习题

（一）选择题

1. 某采购经理要为企业采购两台设备，现有四家供应商可提供货源，但价格不同。

供应商甲、乙、丙、丁的价格分别为 130 万元、110 万元、140 万元、160 万元，它们每年消耗的维修费分别为 10 万元、20 万元、6 万元、5 万元。假设这些设备的生命周期均为 5 年，问该经理应选择的供应商为_____。

    A. 甲供应商             B. 乙供应商

    C. 丙供应商             D. 丁供应商

2. 当企业采购的原材料数量大，竞争激烈时，企业选择供应商可采用_____。

    A. 协商选择法           B. 层次分析法

    C. 供应商走访法         D. 招标法

3. 建立战略合作伙伴关系的第一步是_____。

    A. 明确战略关系重要性       B. 制定选择标准

    C. 评价合作伙伴          D. 选择合作伙伴

4. 根据与供应商的交易关系稳定性角度可将供应商分为_____。

    A. 公开竞争型、网络型和供应链管理型

    B. 重点供应商和普通供应商

    C. 短期目标型、长期目标型、渗透型、联盟型和纵向集成型

    D. 商业型、重点商业型、优先型和伙伴型

5. 供应商综合评价的指标体系的各种要素中，第一位是_____。

    A. 价格                 B. 质量

    C. 供应                 D. 服务

6. 对招标运作的基本程序的描述，正确的是_____。

    A. 投标—招标—开标—评标—决标

    B. 招标—投标—开标—评标—决标

    C. 评标—招标—投标—开标—决标

    D. 招标—投标—评标—决标—开标

7. 确定选择供应商的方法有很多，以下几项中属于定性的分析选择方法为_____。

    A. 层次分析法           B. 采购成本法

    C. 作业成本法           D. 直观判断法

（二）填空题

1. 原则上一种材料，要有_____家以上的合格供应商，以供采购时进行选择。

2. 供应商管理的六大范畴包括：_____、_____、_____、_____、_____、_____。

（三）名词解释

1. 供应商管理

2. 供应商关系管理

3. 供应商开发

4. 层次分析法

（四）简答题

1. SRM 的核心管理思想包括哪几点？

2. 简述供应商调查的步骤。

3. 供应商合作伙伴关系与传统关系的区别。

4. 简述供应商风险的类别。

（五）论述题

1. 为什么要与供应商建立战略合作伙伴关系？

2. 论述供应商评选的操作步骤。

◇ **本章参考文献**

［1］鲍春生．采购管理实务［M］．西安：西北工业大学出版社，2011.

［2］孙菲．供应链环境下供应商的风险管理［J］．物流工程与管理，2019（1）.

［3］丁宁，宋莺歌，吕振君．采购与供应商管理［M］．北京：清华大学出版社，2012.

［4］聂新宇．沃尔玛全球采购在华供应商选择的风险管理［D］．上海东华大学博士学位论文，2014.

［5］张浩．采购管理与库存控制［M］．北京：北京大学出版社，2010.

［6］罗小梅．风险控制下供应商评价选择模型研究［D］．哈尔滨工业大学博士学位论文，2008.

# 第七章　采购绩效评估

◇　引导案例

## 多家名企的采购绩效考核管理办法

一套完整的采购绩效考核评估体系是做好该项工作的必要保证，意识到这一点，很多企业都探索了一套自己的采购绩效考核管理办法。

中国石化物装部对各所属企业物资管理和采购业务操作部门进行考核。该考核指标体系共有11项指标，包括2项定性指标和2项定量指标。对所有企业按指标进行测算、排名和通报，好的挂红旗，差的挂黄旗。对个人的绩效考核由各个处室实施，并没有由集团统一考核。

在壳牌，按时保供是考核采购部门的主要指标，成本的重要性则根据上下游的不同以及市场环境的差异波动。节省采购金额也是壳牌采购部门绩效考评中的重要指标，节省的金额从价格降低、交货周期缩短、库存降低等多方面进行考量。年度考核指标主要依据与竞争对手和内部单位的比较制定。节省金额的考核也促使采购部门不断整合资源，使用更加集约的方式进行管理。

华为对采购部门进行 KCP（关键控制点，Key Control Point）考核，KCP 从部门到岗位逐级分解；联想对供应链进行 KPI（关键绩效指标法，Key Performance Indicator）考核，主要体现在原材料成本节约和端到端单台成本节约，由采购部门承担整条供应链的主要 KPI。

资料来源：http：//www.sohu.com/a/159667047_ 820175。

◇　案例解析

案例中的企业对采购绩效考核的方法均不完全相同，指标的设计和考核的重点也不一样。企业应该如何对企业采购绩效进行评估？

◇　**案例涉及主要知识点**

采购绩效评估、绩效评估指标

◇　**学习导航**

- 掌握采购绩效评估的基本概念和特点
- 掌握采购绩效评估的主要方法

◇　**教学建议**

- 备课要点：采购绩效评估定义的理解、采购绩效评估的目的、采购绩效评估的基本要求、采购绩效评估的指标体系与标准、采购绩效评估的过程
- 教授方法：案例、讲授、实证、启发式
- 扩展知识领域：采购绩效管理的发展趋势

# 第一节　采购绩效评估概述

随着经济全球化、市场一体化的到来，越来越多的企业面临着前所未有的竞争与压力。先前只关注市场份额和销售利润，轻视企业内部成本管理还能赚钱的时代已经一去不复返了。人们逐步开始利用绩效考核的办法来度量企业自身的竞争能力，来审视自身的管理成本。对于现代生产型企业来说，供应链管理的好坏关系着企业内部经营的得失，特别是企业采购这一敏感而又必要的环节，更是企业高层领导关注的重中之重。

## 一、采购绩效评估的概念

### （一）评估与绩效

评估即评价估量，就其本义而言，是评论估量货物的价格，现在泛指衡量人物、事物的作用和价值。

绩效即功绩、功效，也指完成某件事的效益和业绩。

### （二）绩效管理

绩效管理是指各级管理者和员工为了达到组织目标共同参与的绩效计划制订、绩效辅导沟通、绩效考核评价、绩效结果应用、绩效目标提升的持续循环过程。绩效管理的目的

是持续提升个人、部门和组织的绩效。

绩效管理强调组织目标和个人目标的一致性，强调组织和个人同步成长，形成"多赢"局面；绩效管理体现着"以人为本"的思想，在绩效管理的各个环节中都需要管理者和员工的共同参与。

按管理主题来划分，绩效管理可分为两大类：一是激励型绩效管理，侧重激发员工的工作积极性，适用于成长期的企业；二是管控型绩效管理，侧重规范员工的工作行为，适用于成熟期的企业。但无论采用哪一种考核方式，其核心都应有利于提升企业的整体绩效，而不应在指标的得分上斤斤计较。

### （三）采购绩效与采购绩效评估

采购绩效是指采购产出与相应的投入之间的对比关系，它是对采购效率进行的全面整体的评价。

采购绩效评估是指通过建立科学、合理的评估指标体系，全面反映和评估采购政策功能目标和经济有效性目标实现程序的过程。

## 二、采购绩效评估的目的和意义

### （一）采购绩效评估的目的

#### 1. 确保采购目标的实现

各企业的采购目标互有不同，如政府的采购单位偏重"防弊"，采购作业以如期、如质、如量为目标；民营企业的采购单位则注重"兴利"，采购工作除了维持正常的产销活动外，非常注重产销成本的降低。因此，各企业可以针对采购单位所应追求的主要目标加以评估，并督促其实现。

#### 2. 提供改进绩效的依据

绩效评估制度可以提供客观的标准来衡量采购目标是否达成，也可以确定采购部门的工作表现如何。采购绩效的测量可以产生更好的决策，因为这可以从计划实施后产生的结果中鉴别不同的差异。通过对这些差异的分析可以判断产生差异的原因，并可以及时采取措施防止未来的突发事件。

#### 3. 作为个人或部门奖惩的参考

良好的绩效评估方法能将采购部门的绩效独立于其他部门而凸显出来，并反映采购人员的个人表现，作为各种人事考核的参考资料。依据客观的绩效评估达成公平的奖惩，使整个部门发挥合作效能。

#### 4. 协助人员甄选与训练

根据绩效评估的结果可针对现有采购人员工作能力的缺陷，拟订改进的计划，如安排参加专业性的教育训练。若发现整个部门缺乏某种特殊人才（如成本分析员或机械制图人员等）则可经由公司内部甄选或向外界招募。

5. 增强业务的透明度

定期报告制订的计划内容和实际执行的结果可以使客户能够核实他们的意见是否被采纳，这可以向客户提供建设性的反馈意见；并且，通过向管理部门提供个人和部门的业绩有利于增强采购部门的认可程度。

6. 促进部门之间的沟通

采购部门的绩效受其他部门能否配合的影响很大。故采购部门的职责是否明确，表单、流程是否简单、合理，付款条件及交货方式是否符合公司管理制度，各部门的目标是否一致等，均可通过绩效评估来判定，并可以改善部门间的合作关系，增进企业整体的运作效率。例如，通过分析那些需要特别检查的发货单可使付款程序得到更加合理的安排，从而增强采购部门同管理部门之间的协调。

7. 产生良好的激励效果

有效且公平的绩效评估制度将使采购人员的努力成果获得适当回馈与认定。采购人员通过绩效评估将与业务人员或财务人员一样，对公司的利润贡献有客观的衡量尺度，成为受到肯定的工作伙伴，对其士气的提升大有帮助。

## （二）采购绩效评估的意义

进行采购绩效评估具有以下五个重要意义：

1. 有助于真实反映企业采购的绩效水平

调查显示，有75%左右的被调查者认为，由于不能对采购业绩进行有效的评估，管理者对采购活动的认识受到了妨碍。如果总经理没有办法评估采购活动对总绩效的影响，他就有可能认为采购活动不重要。如果没有完善的评估方法，他就只能进行粗略的评估。而这种粗略的评估方法往往会得到否定的评估结果，发现采购活动中失败的而不是成功的一面，如生产所需的物资没有送到或者没有通过检查。

2. 有助于提高绩效

将实际采购绩效与某种标准进行对比可以帮助管理者制定目标，确定管理的方向。有目标才会有追求，才会有动力。行业内的领头羊往往会是最好的标准，将企业自身的采购绩效与标准的比较，分析企业差距产生的原因，如采购成本的差距是由于供应商的原因还是企业自身采购决策的原因造成的，才能更有效地作出针对性的决策。

3. 可以确定评估业绩的基本规则

管理者如果在工作中能将采购绩效评估问题考虑进去，就可以在工作中制订对采购人员进行招聘、培训、报酬以及提拔的计划。许多正式的员工绩效报告中都必须包括评估对象以及评估指标。

4. 可以为公司决策提供依据

采购绩效评估得到的数据对采购部门的组织工作、采购部门与其他部门的联系有很大的价值，可以为公司的管理层提供必要的决策依据。

5. 可以刺激员工

必要的绩效考核可以使采购员工知道自己的努力会得到管理层的认可，可以使员工知道自己的价值，员工的工作动力会更大，整个团队的士气也会随之提高。

（三）采购绩效评估的基本要求

1. 采购主管必须具备对采购人员工作绩效进行评估的能力

采购主管对商品采购工作负有领导和监督的责任，因此采购主管的业务素质和道德素质对整个采购工作的优劣起到非常重要的作用，有效合理地对采购人员工作绩效进行评估是一名采购主管所必备的能力。

2. 采购绩效评估必须遵循的基本原则

（1）持续性。评估必须持续进行，要定期地检讨目标达成的程度，当采购人员知道会被评估绩效，自然能够致力于绩效提升。

（2）整体性。评估必须以企业整体目标的观点来进行绩效评估。

（3）开放性。采购作业的绩效会受到各种外来因素所左右。评估时，不但要衡量绩效，也要检讨各种外来因素所产生的影响。

（4）评估尺度。评估时可以使用过去的绩效为尺度，也可作为评估的基础，更可以与其他企业的采购绩效比较的方式来进行评估。

（四）采购绩效评估制度的要求

1. 公开化

企业应以公正无私的立场来制定采购绩效评估制度，绝不能使绩效评估制度成为采购部门本位主义的产物。

2. 符合企业的特性

采购绩效评估制度必须带有企业个性色彩，切实符合企业特性。评估制度不是摆设，在制定前要对企业的业务运营进行深入调查，使采购绩效评估制度能和企业实际结合起来，从而发挥最大效用。

3. 评估的目的必须明确化

评估的目的是引导员工行为的指南，明确的目的能使员工加深对制度的理解，保障企业利益最大化。

## 三、影响采购绩效评估的因素

开展采购绩效评估的目的是有效地保证采购目标的实现、提供改进绩效的依据、作为个人或部门奖惩的参考、为甄选和培养优秀采购人员提供依据、促进各部门间的沟通与合作、提高采购人员的士气、增强业务的透明度，意义重大。为了保证评估的公正、公平和客观性，工作中除了按规律办事外，还应该考虑一些影响采购绩效评估的因素。

影响采购绩效评估的一个重要因素是管理人员如何看待采购业务的重要性及它在企业中所处的地位。管理人员对采购业务的不同期望会对所采用的评价方法和技术产生重要影响。对建筑企业的一项调查结果表明，各个建筑企业在采购绩效的评价方面是不同的，导致这种状况的直接原因是各公司在管理风格、组织程度、委托采购上分配的职责不同，而不是由企业的具体特征造成的。关于采购业务，主要有四种管理观点。

### （一）业务管理活动

评价采购业务的绩效主要取决于与现行采购业务有关的一些参数，如订货量、订货间隔期、积压数量、现行市价等。

### （二）商业活动

把采购业务看成是一种商业活动，管理人员主要关注采购所能实现的潜在节约额。采购部门的主要目的是降低价格，以减少成本的支出。所以采购时更关注供应商的竞争性报价，以便保持一个满意的价位。所采用的主要参数是采购中的总体节约量、市价的高低、差异报告、通货膨胀报告等。

### （三）综合物流的一部分

管理人员也清楚，追求低价格有一定的缺点，可能导致次优化决策，太关注价格会引诱客户因小失大。降低产品的价格通常会使供应商觉得产品的质量可能会降低，并会降低供应的可信度。因此，管理人员要向供应商介绍产品质量改进目标情况，尽量减少到货时间并提高供应商的供货可靠度。

### （四）战略性活动

采购业务对于决定企业的核心业务及提高企业的竞争力将产生积极的作用，因为采购业务积极地参与了产品是自制还是购买决策的研究中。地区性供应商已卷入了国际竞争之中，在这种情况下，管理人员评价采购绩效主要考虑：基本供应量的变化数量、新的有联系的供应商的数量及依据已实现的节约额对采购价格底线的贡献大小等。

在企业结构体系中，由于采购部门所处的地位不同，用于评估采购绩效的方法也有很大的不同。当把采购看作一项业务管理活动时，采购绩效的评估方法主要是从特征上进行的管理性分析；当采购被看作一项经营策略时，会采用更加定性的和评判性的方法，在这种情况下，通常使用复杂的程序和指导体系来监控采购过程，提高采购效率，防止采购计划偏离特定的环境。

由于外在因素的影响，那些把采购看成一项商业活动的企业必须思考的问题是哪些因素决定着当前比较流行的采购评估模式。这些外在因素主要有价格和毛利上的压力、丧失市场份额的压力、材料成本显著降低的要求、供应市场上价格剧烈波动等。这些问题迫使各个管理人员必须关注高水平的采购绩效。另外，一些内在因素也会影响管理人员对采购业务所持有的观点。主要的内在因素有企业实行的综合物流程度、引进和应用现代质量概念的程度、材料管理领域的计算机化程度等。

由此可知，由于每个企业采购绩效的影响因素及评价方法的不同，因此用一种统一的方法和评估体系来评估采购绩效是不可能的。

## 第二节 采购绩效评估的指标体系与标准

### 一、采购绩效评估指标体系

采购绩效评估的关键在于制定一套客观、有效、能够充分展现采购绩效、对考核对象有指导作用的指标体系。这样一套采购绩效考核指标才能够充分地、真正地施展出采购绩效考核和评估的监视、激励、惩罚的作用。同时，应该留意在设定采购绩效考核与评估的指标时要确定绩效指标符合相关原则并充分考虑绩效指示的目标值。

常见的采购绩效指标包括质量绩效指标、数量绩效指标、时间绩效指标、价格绩效指标、采购效率指标和计划绩效指标。

（一）质量绩效指标

质量绩效指标指供应商的质量水平以及供应商所提供的产品或服务的质量表现，它包括供应商质量体系、来料质量水平等方面，可通过验收记录及生产记录来判断。

1. 供应商质量体系

供应商质量体系包括通过 ISO9000 的供应商比例、实行来料质量免检的供应商比例、来料免检的价值比例、实施统计过程控制（Statistical Process Control，SPC）的供应商比例、开展专项质量改进的供应商数目及比例、参与本公司改进小组的供应商人数及供应商比例等。

2. 来料质量

来料质量指标包括来料质量批次合格率、来料抽检缺陷率、来料在线报废率、来料免检率、来料返工率、退货率、对供应商投诉率及处理时间等。这些指标可以表明企业能够从供应商处获得无缺陷物资的程度。

同时，采购的质量可由验收记录及生产记录来判断。验收记录指供应商交货时，为企业所接受（或拒收）的采购项目数量或百分比；生产记录是指交货后，在生产过程中发现质量不合格的项目数量或百分比。

来料验收指标＝合格（或拒收）数量/检验数量

若以来料质量控制抽样检验的方式进行考核，拒收或拒用比率越高，显示采购人员的绩效越差。

3. 错误采购次数

错误采购次数是指一定时期内企业采购部门因工作人员失职等原因造成错误采购的数量，它反映企业采购部门工作质量的好坏。

## （二）数量绩效指标

1. 储存费用指标

储存费用指标是现有存货利息及保管费用与正常存货水准利息及保管费用之差额。

2. 呆料、废料处理损失指标

呆料、废料处理损失指标即处理呆料、废料的收入与取得成本的差额。存货积压越多，利息及保管的费用越大，呆料、废料处理的损失越高，显示采购人员的数量绩效越差。不过此项数量绩效有时受到公司营业状况、物料管理绩效、生产技术变更或投机采购的影响，并不一定完全归咎于采购人员。

## （三）时间绩效指标

时间绩效指标主要用以衡量采购人员处理订单的效率。延迟交货固然可能形成缺货现象，但是提早交货也可能导致买方负担不必要的存货成本或提前付款的利息。

1. 紧急采购费用

紧急采购费用是指因紧急情况而采用紧急运输方式（如空运）的费用。这一指标用紧急采购费用与正常运输方式的差额来衡量。

2. 停工断料损失

停工断料损失是指原材料供应不及时，造成停工，由此造成的生产车间作业人员工资及有关费用的直接损失。除了直接费用或损失外，还有许多间接损失。例如，经常停工断料，造成顾客订单流失、员工离职，以及恢复正常作业的机器必须进行的各项调整（包括温度、压力等）；紧急采购会使购入的价格偏高，质量欠佳，连带也会产生赶工时间，必须支付额外的加班费用。这些间接费用与损失，通常都没有被估算在此项指标内。

3. 订单处理时间

订单处理时间是指企业在处理采购订单的过程中所需要的平均时间，它反映企业采购部门的工作效率。

4. 对需求材料进行及时、准确处理的控制

这一指标包括采购管理的平均订货时间、订货数量、订购累计未交付额。

5. 供应商及时供货控制

供应商及时供货控制可以了解物资的流动控制水平。包括供应商供货的可靠性、物资短缺数量、已交货数量/尚未交货数量、准时制（Just In Time，JIT）交货的数量。

6. 交货数量控制

在某些情况下，采购活动对决定和控制有效的存货水平所需要的费用负责。衡量的指标有存货周转率、已交货/未交货数量、平均订货规模、在途存货总量等。

## （四）价格绩效指标

价格绩效是企业最重视及最常见的数量标准。通过价格指标，可以衡量采购人员的议价能力。

1. 年采购额

年采购额包括生产性原材料与零部件采购总额、非生产性采购总额（设备、备件、生产辅料、软件、服务等）、原材料采购总额占产品总成本的比例等。

2. 采购价格

采购价格包括各种各类原材料的年度基价、所有原材料的年平均采购基价、各原材料的目标价格、所有原材料的年平均目标价格等；付款方式、平均付款周期、目标付款期等。

3. 实际价格与标准成本的差额

实际价格与标准成本的差额是指企业采购商品的实际价格与企业事先确定的商品采购标准成本的差额，它反映企业在采购过程中实际采购成本与采购标准成本的超出或节约额，以监控采购材料和服务的成本支出的变化情况。

4. 实际价格与过去移动平均价格的差额

实际价格与过去移动平均价格的差额即企业采购商品的实际价格与已经发生的商品采购移动平均价格的差额，它反映企业在采购过程中实际采购成本与过去采购成本的超出或节约额。通过此指标可以监控和评估供应商分布的价格以及价格增长情况，监控采购价格，防止价格失控。

5. 使用时的价格与采购时的价格之间的差额

使用时的价格与采购时的价格之间的差额即企业在使用材料时的价格与采购时的价格差额。它反映企业采购材料物资时是否考虑市场价格的走势，如果预测未来市场的价格走势是上涨的，企业应在前期多储存材料物资；如果预测未来市场的价格走势是下跌的，企业不应该多储存材料物资。

6. 物资采购比价

物资采购比价是将当期采购价格与基期采购价格之比率与当期物价指数与基期物价指数之比率相互比较。该指标是动态指标，主要反映企业材料物资价格的变化趋势。只要实行物资采购比价管理就可以取得明显的经济效益。

（五）采购效率指标

采购效率通过采购组织绩效指标来显示。主要用来衡量采购人员的工作效果以及采购组织完成采购业务所需要使用的重要资源。指标内容包括：

1. 采购人员

采购人员包括采购人员的人数、年采购额、年人均采购额。其中采购人员的人数是指企业专业从事采购业务的人数，它是反映企业劳动效率指标的重要因素。

2. 采购管理

采购管理指采购部门的管理方式，包括采购策略的质量和有效性、行动计划、报告程序等，还涉及管理风格和交流体系。

采购管理衡量的指标有采购部门的费用、新供应商开发数、年采购金额占销售收入的百分比和采购计划完成率。

（1）采购部门的费用是一定时期内采购部门的经费支出，它是反映采购部门经济效益的指标。

（2）新供应商开发数是指企业在一定期间内采购部门与新的供应商的合作数。

（3）年采购金额占销售收入的百分比是指企业在一个年度里商品或物资采购总额占年销售收入的比例，它反映企业采购资金的合理性。

（4）采购计划完成率是指一定期间内企业商品实际采购额与计划采购额的比率，它反映企业采购部门采购计划的完成情况。

3. 采购程序和指导方针

这一指标指采购程序和采购人员、供应商的工作指令的有效性，目的是保证采购工作以最有效的方式进行。

4. 采购信息系统

这一指标与改善信息系统绩效所付出的各种努力活动有关。这些活动应能支持采购人员和其他部门人员的日常工作，并能产生与采购活动和绩效有关的管理信息。

（六）计划绩效指标

计划绩效指标是指供应商在实现接收订单过程、交货过程中的表现及其运作水平。涉及采购运作、交货周期以及交货可靠性的表现。

## 二、采购绩效评估标准

有了采购绩效评估指标之后，必须考虑将何种标准设为与实际绩效比较的基础，一般常见的有以下几种：

（一）历史绩效

选择公司以往的绩效作为评估目前绩效的基础是相当正确、有效的做法。但只有在公司采购部门，无论组织、职责或人员等都没有重大变动的情况下才适合使用此项标准。

（二）预算或标准绩效

若过去的绩效难以取得或采购业务变化甚大，则可以预算或标准绩效作为衡量基础。标准绩效的设定，有下列三种原则：

1. 固定的标准

评估的标准一旦建立，则不再做改动。

2. 理想的标准

理想的标准指在完美的工作条件下，应有的绩效。

3. 可达成的标准

在现有内外环境和条件下经过努力应该可以做到的水平，通常依据当前的绩效加以考量设定。

（三）同行业平均绩效

若企业其他同业公司在采购组织、职责及人员等方面相似，则可与其进行绩效比较，以辨别彼此在采购工作成效上的优势。若个别公司的绩效资料不可得则可以整个同业绩效的平均水准来比较。

### (四) 目标绩效

预算或标准绩效代表在现况下应该可以达成的工作绩效；而目标绩效则是在现况下非经过一番特别的努力，否则无法完成的较高境界。目标绩效代表公司管理当局对工作人员追求最佳绩效的期望值。

## 第三节　采购绩效评估过程

### 一、采购绩效评估的方式与方法

越来越多的企业管理者认识到采购部门在整个企业中发挥的巨大作用，尤其是一个配备了有能力的雇员和恰当组织的采购部门。合理地评价采购部门的绩效可以节省费用，直接增加企业利润。

#### (一) 采购绩效评估方式

采购人员工作绩效的评估方式可以分为定期和不定期两种。

##### 1. 定期评估

定期评估是配合公司年度人事考核制度进行的。一般而言，如果能以目标管理的方式，也就是从各种工作绩效指标中选择年度重要性较高的项目中的几个定位绩效目标，年终按实际达到的程度加以考核，那么一定能够提升个人或部门的采购绩效。并且，这种方法因为摒除了"人"的抽象因素，以"事"的具体成就为考核重点，也就比较客观和公正了。

##### 2. 不定期评估

不定期评估是以专案的方式进行的。如公司要求某项特定产品的采购成本降低10%。当设定期限一到，评估实际的成果是否高于或低于10%，并就此成果给予采购人员适当的奖励或处分。此种评估方法对采购人员的士气有巨大的提升作用，此种不定期评估方式特别适用于新产品开发计划、资本支出预算、成本降低的专案。

#### (二) 采购绩效评估的方法

采购绩效评估方法直接影响评估计划的成效和评估结果的正确与否。常用的评估方法有：

##### 1. 直接排序法

在直接排序法中，主管按照绩效表现从好到坏的顺序依次给员工排序，这种绩效表现既可以是整体绩效，也可以是某项特定工作的绩效。

2. 两两比较法

两两比较法指在某一绩效标准的基础上把一个员工与其他每一个员工相比较来判断谁更好，记录每一个员工和任何其他员工比较时认为更好的次数，根据次数的多少给员工排序。

3. 等级分配法

等级分配法能够克服上述两种方法的弊端。这种方法由评估小组或主管先拟定有关的评估项目，按评估项目对员工绩效作出粗略的安排。

## 二、采购绩效评估工具

### （一）关键业绩指标法

关键业绩指标（Key Performance Indicator，KPI）是通过对组织内部流程的输入端、输出端的关键参数进行设置、取样、计算、分析，衡量流程绩效的一种目标式量化管理指标，是把企业的战略目标分解为可操作的工作目标的工具，也是企业绩效管理的基础。KPI 可以使部门主管明确部门的主要责任，以此为基础，明确部门人员的业绩衡量指标。建立明确的切实可行的 KPI 体系，是做好绩效管理的关键。关键绩效指标是用于衡量工作人员工作绩效表现的量化指标，是绩效计划的重要组成部分。

KPI 法符合一个重要的管理原理——"二八原理"。在一个企业的价值创造过程中，存在着"80/20"的规律，即20%的骨干人员创造企业80%的价值；而且在每一位员工身上"八二原理"同样适用，即80%的工作任务是由20%的关键行为完成的。因此，必须抓住20%的关键行为，对之进行分析和衡量，这样就能抓住业绩评价的重心。

1. KPI 的特点

（1）对公司战略目标的分解。作为衡量各职位工作绩效的指标，关键绩效指标所体现的衡量内容最终取决于公司的战略目标。当关键绩效指标构成公司战略目标的有效组成部分或支持体系时，它所衡量的职位便以实现公司战略目标的相关部分作为自身的主要职责；如果 KPI 与公司战略目标脱离，则它所衡量的职位的努力方向也将与公司战略目标的实现产生分歧。

KPI 来自对公司战略目标的分解，是对公司战略目标的进一步细化和发展。公司战略目标是长期的、指导性的、概括性的，而各职位的关键绩效指标内容丰富，针对职位而设置，着眼于考核当年的工作绩效，具有可衡量性。因此，关键绩效指标是对真正驱动公司战略目标实现的具体因素的发掘，是公司战略对每个职位工作绩效要求的具体体现。

关键绩效指标随公司战略目标的发展演变而调整。当公司战略侧重点转移时，关键绩效指标必须予以修正以反映公司战略新的内容。

（2）对绩效可控部分的衡量。企业经营活动的效果是内因外因综合作用的结果，内因是各职位员工可控制和影响的部分，也是关键绩效指标所衡量的部分。关键绩效指标应尽量反映员工工作的直接可控效果，剔除他人或环境造成的其他方面影响。例如，销售量与市场份额都是衡量销售部门市场开发能力的标准，而销售量是市场总规模与市场份额相乘的结果，其中市场总规模则是不可控变量。在这种情况下，两者相比，市场份额更体现了职位绩效的核心内容，更适于作为关键绩效指标。

（3）KPI 是对重点经营活动的衡量，而不是对所有操作过程的反映。每个职位的工作内容都涉及不同的方面，高层管理人员的工作任务更复杂，但 KPI 只对其中对公司整体战略目标影响较大、对战略目标实现起到不可或缺作用的工作进行衡量。

（4）KPI 是组织上下认同的。KPI 不是由上级强行确定下发的，也不是由本职职位自行制定的，它的制定过程由上级与员工共同参与完成，是双方所达成的一致意见的体现。它不是以上压下的工具，而是组织中相关人员对职位工作绩效要求的共同认识。

2. KPI 的原则

确定关键绩效指标有一个重要的 SMART 原则。SMART 是 5 个英文单词首字母的缩写：S 代表具体（Specific），指绩效考核要切中特定的工作指标，不能笼统。M 代表可度量（Measurable），指绩效指标是数量化或者行为化的，验证这些绩效指标的数据或者信息是可以获得的。A 代表可实现（Attainable），指绩效指标在付出努力的情况下可以实现，避免设立过高或过低的目标。R 代表关联性（Relevant），指绩效指标与上级目标具有明确的关联性，最终与公司目标相结合。T 代表有时限（Time bound），注重完成绩效指标的特定期限。

3. 建立 KPI 指标的过程

确定关键绩效指标一般遵循下面的过程：

（1）建立评价指标体系。可按照从宏观到微观的顺序，依次建立各级的指标体系。首先，明确企业的战略目标，找出企业的业务重点，并确定这些关键业务领域的关键业绩指标（KPI），从而建立企业级的 KPI。其次，各部门的主管需要依据企业级 KPI 建立部门级 KPI。最后，各部门的主管和部门的 KPI 人员一起再将 KPI 进一步分解为更细的 KPI。这些业绩衡量指标就是员工考核的要素和依据。

（2）设定评价标准。一般来说，对立评价指标指的是从哪些方面来对工作进行衡量或评价；而设定评价标准指的是在各个指标上分别应该达到什么样的水平。

（3）审核关键绩效指标。对关键绩效指标进行审核的目的主要是确认这些关键绩效指标是否能够全面、客观地反映被评价对象的工作绩效以及是否适合评价操作。

4. 建立 KPI 指标的要点

建立 KPI 指标的要点在于流程性、计划性和系统性。每一个职位都影响某项业务流程的一个过程，或影响过程中的某个点。在订立目标及进行绩效考核时，应考虑职位的任职者是否能控制该指标的结果，如果任职者不能控制，则该项指标就不能作为任职者的业绩衡量指标。例如，跨部门的指标就不能作为基层员工的考核指标，而应作为部门主管或更高层主管的考核指标。

（二）标杆分析法

标杆分析法（Benchmarking）就是将本企业各项活动与从事该项活动最佳者进行比较，从而提出行动方法，以弥补自身的不足。标杆法是将本企业经营的各方面状况和环节与竞争对手或行业内外一流的企业进行对照分析的过程，是评价自身企业和研究其他组织的手段，具体是将外部企业的持久业绩作为自身企业的内部发展目标并将外界的最佳做法移植到本企业的经营环节中去。实施标杆法的企业必须不断对竞争对手或一流企业的产品、服务、经营业绩等进行评价来发现优势和不足。

标杆法是通过将企业的业绩与已存在的最佳业绩进行对比，以寻求不断改善企业作业活动、提高业绩的有效途径和方法的过程。其主要目的是找出差距，寻找不断改进的途径。其方法是对同类活动或同类产品生产中绩效最为显著的组织或机构进行研究，以发现最佳经营实践，并将它们运用到自己公司。最佳业绩通常有三类：内部标杆、竞争对手标杆和通用标杆。比较理想的是与竞争者比较，即使用竞争标杆来确认竞争者中最佳实务者，判断其取得最佳实务的因素，以资借鉴。这实质上是进行竞争对手分析。

利用标杆法进行竞争对手分析，首先要明确谁是企业的真正竞争对手。其次要明确竞争对手所采用的基本竞争战略，因为它决定了企业对成本的措施。采用成本领先战略的企业以低成本为第一目标，使用各种方式和手段来降低成本；而采用差异化战略的企业则以差异化为第一目标，降低成本的方式和手段以不影响企业差异化为限度；实行目标聚集战略的企业以占领特定细分市场为目标，在特定细分市场里，他们仍然会采用成本聚集或差异化战略。成本标杆分析以采用相同基本竞争战略的竞争对手分析最具有价值。最后要分析竞争对手的价值链和成本动因，并与企业自身价值链和成本动因加以比较。若竞争对手向目标市场提供相似产品或服务，并采用相同的基本竞争策略，则他们所处的市场环境就基本相同，分析的重点应是企业内部因素。

（三）平衡计分卡

平衡计分卡是一套用于衡量评价与企业战略经营有关要素的财务与非财务指标体系，是一种绩效管理工具。

1. 四个角度

平衡计分卡是从财务、客户、内部流程、学习与成长四个角度将组织的战略落实为可操作的衡量指标和目标值的一种新型绩效管理体系。设计平衡计分卡的目的就是要建立"实现战略制导"的绩效管理系统，从而保证企业战略得到有效的执行。因此，人们通常称平衡计分卡是加强企业战略执行力的最有效的战略管理工具。

（1）财务角度。企业经营的直接目的和结果是为股东创造价值。尽管由于企业战略的不同，在长期或短期对于利润的要求会有所差异，但毫无疑问，从长远角度来看，利润始终是企业所追求的最终目标。

财务性指标是一般企业常用于绩效评估的传统指标。财务性绩效指标可显示出企业的战略及其实施和执行是否正在为最终经营结果（如利润）的改善作出贡献。但是，不是所有的长期策略都能很快产生短期的财务盈利。非财务性绩效指标（如质量、生产时间、生产率和新产品等）的改善和提高是实现目的的手段，而不是目的的本身。财务面指标衡量的主要内容有收入的增长、收入的结构、降低成本、提高生产率、资产的利用和投资战略等。

（2）客户角度。如何向客户提供所需的产品和服务，从而满足客户需要，提高企业竞争力。客户角度是从质量、性能、服务等方面，考验企业的表现。

平衡计分卡要求企业将使命和策略诠释为具体的与客户相关的目标和要点。企业应以目标顾客和目标市场为导向，专注于是否满足核心顾客需求，而不是企图满足所有客户的偏好。客户最关心的不外于时间、质量、性能、服务和成本五个方面。企业必须为这五个方面树立清晰的目标，然后将这些目标细化为具体的指标。客户面指标衡量的主要内容有市场份额、老客户挽留率、新客户获得率、顾客满意度、从客户处获得的利润率。

（3）内部流程角度。企业是否建立起合适的组织、流程、管理机制，在这些方面存在哪些优势和不足？内部角度从以上方面着手，制定考核指标。

建立平衡计分卡的顺序，通常是在先制定财务和客户方面的目标与指标后，才制定企业内部流程面的目标与指标，这个顺序使企业能够抓住重点，专心衡量那些与股东和客户目标息息相关的流程。内部流程绩效考核应以对客户满意度和实现财务目标影响最大的业务流程为核心。内部流程指标既包括短期的现有业务的改善，又涉及长远的产品和服务的革新。内部流程指标涉及企业的改良/创新过程、经营过程和售后服务过程。

（4）学习与成长角度。企业的成长与员工能力素质的提高息息相关，企业惟有不断学习与创新，才能实现长远的发展。

学习与成长的目标为其他三个方面的宏大目标提供了基础架构，是驱使上述计分卡三个方面获得卓越成果的动力。面对激烈的全球竞争，企业今天的技术和能力已无法确保其实现未来的业务目标。削减对企业学习和成长能力的投资虽然能在短期内增加财务收入，但由此造成的不利影响将在未来给企业带来沉重打击。学习和成长面指标涉及员工的能力、信息系统的能力与激励、授权与相互配合。

2. 五项平衡

平衡计分卡所包含的五项平衡：

（1）财务指标和非财务指标的平衡。企业考核的一般是财务指标，而对非财务指标（客户、内部流程、学习与成长）的考核很少，即使有对非财务指标的考核，也只是定性的说明，缺乏量化的考核，缺乏系统性和全面性。

（2）企业的长期目标和短期目标的平衡。平衡计分卡是一套战略执行的管理系统，如果以系统的观点来看平衡计分卡的实施过程，则战略是输入，财务是输出。

（3）结果性指标与动因性指标之间的平衡。平衡计分卡以有效完成战略为动因，以可衡量的指标为目标管理的结果，寻求结果性指标与动因性指标之间的平衡。

（4）企业组织内部群体与外部群体的平衡。在平衡计分卡中，股东与客户为外部群体，员工和内部业务流程是内部群体，平衡计分卡可以发挥在有效执行战略的过程中平衡这些群体间利益的重要性。

（5）领先指标与滞后指标之间的平衡。财务、客户、内部流程、学习与成长这四个方面包含了领先指标和滞后指标。财务指标就是一个滞后指标，它只能反映公司上一年度发生的情况，不能告诉企业如何改善业绩和可持续发展。而对于后三项领先指标的关注使企业达到了领先指标和滞后指标之间的平衡。

## 三、采购绩效评估的流程

采购绩效衡量与评估是对采购工作进行全面系统的评价、对比从而判定采购所处整体水平的一种做法，可通过自我评估、内审、管理评审等方式进行。评估审核一般依据事先制定的审核评估标准或表格，对照本企业的实际采购情况逐项检查打分，依据实际得分并对照同行或世界最高水平找出自己的薄弱环节进行相应改进。

采购绩效评估的流程通常包括以下六个过程：

## （一）制定目标

参照企业战略、经营计划、工作目标、上次采购绩效评价或采购绩效目标、关键工作、最新工作描述、职位说明等制定目标。

## （二）进行沟通

参与各方面进行有效的、持续的正式的和非正式的评估沟通。

## （三）保持记录

观察绩效表现，收集绩效数据，将任何采购绩效的痕迹、印象、影响、证据事实完整地记录下来，并做成文档。

## （四）评估

通过检查、测评、绩效考核、绩效会议等进行对比、分析、诊断、评估。

## （五）识别

识别在各个领域中的缺点和优点，并得以确认。

## （六）激励

激励包括正激励、负激励、报酬、教导、训诫、惩罚等手段。

## 四、改善采购绩效的措施

### （一）营造良好的工作氛围

如果采购组织内部存在剧烈的矛盾，采购人员与供应商之间互相不信任，缺乏合作诚意，使采购人员无法将全部精力投入在工作上，这样就会降低采购的绩效。因此，任何采购组织包括供应商，融洽、和谐、流畅的工作气氛是搞好各项工作的基础。

### （二）更新采购业绩评价的理念

采购绩效的提升，需要先进的理念、扎实的态度和勤奋工作。

1. 建立全面采购成本的观念

从降低采购价格向降低采购成本目标转化。采购成本包括采购价格和非价格因素成本，非价格因素成本是指因供应商的质量、交货期和售后服务等存在问题而给买方增加的成本。

2. 强化跨部门协作和前期参与

降低采购成本从产品设计开始。通过采购部门前期参与新产品开发或工程建设有利于对设计人员施加影响，推进产品标准化，同时可以使采购与工程建设同步化，缩短采购周期，降低采购成本。

**3. 加强供应商管理和资源整合**

通过加强供应商管理和优化充分利用供应商技术、服务及劳务成本等优势，实现部分不增值的业务活动外包，降低供应链中的成本，达到"双赢"。

**（三）强化内部管理**

管理的根本是管人，企业员工是企业最宝贵的资产。与其他部门相比较，采购部门对人的依赖性更大，采购工作的大部分工作内容是人与人的交往。

从管理角度去提升商品采购绩效主要有以下几个方面：①在企业内建立合格的采购队伍（团队），提供必要的资源；②选聘合格人员担任采购人员，给予必要的培训；③给采购部门及采购人员设立有挑战性，但又可行的工作目标；④对表现突出的采购人员给予物质及精神上的奖励。

**（四）加强与供应商的合作**

供应商的表现对采购绩效有着很大的影响，而供应商与采购商的关系又在很大程度上制约着采购绩效的提升，通过加强与供应商的合作能够有效地改进采购绩效。与供应商联手实现降低商品采购成本的途径有：①与供应商共同制订可行的成本降低计划；②与供应商签订长期的采购协议；③供应商参与到产品设计中去。

**（五）充分应用科学技术**

在企业的采购过程中要充分应用现代科学技术，如互联网等。而传统通信技术如电话、传真、信函等，虽已被使用了几十年甚至上百年，但在今天仍发挥着重要作用。

# 第四节 案例与习题

## 一、案例

### A 公司的采购绩效评估[①]

在 A 公司总部会议室里，王总经理正在听取本年度公司绩效考评执行情况的汇报。其中有两项决策让他左右为难，一是年度考评结果排在最后的几名员工却是平时干活最多

---

的人，这些人是否按照原有的考评方案降职或降薪？二是下一阶段考评方案如何调整才能更加有效？A公司成立仅4年，为了更好地激励和评价各级员工，在引入市场化用人机制的同时，建立了一套新的绩效管理制度，它不但明确了考评的程序和方法，还细化了"德、能、勤、绩"等项指标，并分别做了定性的描述，考评时只需对照被考评人的实际行为即可得出考评的最终结果。

但考评中却出现了以下问题，工作比较出色和积极的员工，考评成绩却被排在后面，而一些工作业绩平平或者很少出错的员工却被排在前面，特别是一些管理人员对考评结果大排队的方式不理解，存在抵触心理。

为了弄清这套新制度存在的问题，王总经理深入调查，亲自了解到以下情况：

车辆设备部李经理快人快语："我认为本考评方案需要尽快调整，考评指标虽然十几个，却不能真实反映我们工作的实际，我部总共有20个人，却负责公司60台大型设备的维护工作，为了确保它们安全无故障的运行，检修工需要按计划分散到基层各个站点上进行设备检查和维护，在工作中，不能有一点违规和失误，任何一次失误，都会带来不可估量的生命和财产损失。"

财务部韩经理更是急不可待："财务部门的工作基本上是按照会计准则和业务规范来完成的，凭证、单据、统计、核算、记账、报表等项工作要求万无一失，但这些工作无法与'创新能力'这一指标及其评定标准对应，如果我们的工作没有某项指标规定的内容，在考评时，是按照最高还是按照最低成绩打分？此外，在考评中沿用了传统的民主评议方式，我对部门内部人员参加考评没有意见，但让部门外的其他人员打分是否恰当？财务工作经常得罪人，让被得罪过的人考评我们，能保证公平公正吗？"

听了大家的各种意见反馈，王总经理陷入了深深的思考之中。请根据本案例，回答以下问题：

（1）该公司在绩效管理中主要存在着哪些亟待改进的问题？

（2）请针对该公司绩效管理存在的诸多问题，提出具体对策。

分析：（1）绩效考核的是关键指标问题，做的事情多和少跟绩效考核没有太大关联，需要确定是否在关键绩效考核指标上完成了工作以及完成得是否出色。

绩效考核KPI指标设置有问题，没有找出关键驱动因素。

（2）绩效考核不是考核所有的工作内容，在绩效考核下面应该还需要一些制度辅助实施。如车辆设备部的李经理所反映的情况：工作内容比较复杂的，一般可以采取出错率和将失误比较多的环节设置KPI的方式来处理，抓住关键驱动因素；财务的创新考核是否引进新的核算工具，是否做到了流程优化甚至再造，提高了效率。

绩效考核不应该找一个对岗位不了解的人去做考评。

## 二、专题讨论

从不同类型企业的角度进行讨论：

1. 企业采购部门应该如何设计？

2. 企业采购绩效的评估体系应该怎样设计？

## 三、练习题

### （一）选择题

1. 储存费用指标属于_____中的指标。

A. 质量绩效　　　　　B. 数量绩效　　　　　C. 价格绩效　　　　　D. 时间绩效

2. 错误采购次数指标属于_____中的指标。

A. 质量绩效　　　　　B. 数量绩效　　　　　C. 价格绩效　　　　　D. 时间绩效

3. 平衡计分卡包括_____个角度。

A. 1　　　　　　　　　B. 2　　　　　　　　　C. 3　　　　　　　　　D. 4

4. _____不属于采购效率指标。

A. 采购人员　　　　　B. 年采购额　　　　　C. 采购管理　　　　　D. 采购信息系统

5. SMART 原则中_____代表可实现。

A. S　　　　　　　　　B. M　　　　　　　　　C. A　　　　　　　　　D. R

### （二）填空题

1. 采购绩效是指采购效益和_____。

2. 绩效管理强调组织目标和_____的一致性。

3. 影响采购绩效评价的一个重要因素是_____。

4. 常见的采购绩效指标包括质量绩效指标、数量绩效指标、时间绩效指标、价格绩效指标、计划绩效指标和_____。

5. 采购绩效评估的流程通常包括_____个流程。

### （三）名词解释

1. 绩效管理
2. 采购绩效评估
3. 质量绩效指标
4. 紧急采购费用
5. 计划绩效指标

### （四）简答题

1. 采购绩效评估的目的是什么？
2. 采购绩效评估必须遵循哪些基本原则？
3. 平衡计分卡包含哪五项平衡？

### （五）论述题

结合本章案例，谈谈如何做好企业采购绩效评估工作？

◇　**本章参考文献**

［1］北京中交协物流人力资源培训中心．采购绩效管理［M］．北京：机械工业出版社，2008.

［2］徐杰，鞠颂东．采购管理（第3版）［M］．北京：机械工业出版社，2014.

［3］物流术语（GB/T18354－2006）［S］．北京：全国物流标准化技术委员会，全国物流信息管理标准化技术委员会，2006.

［4］［美］帕门特．关键绩效指标：KPI的开发、实施和应用［M］．王世权译．北京：机械工业出版社，2012.

［5］付亚和，许玉林．绩效管理［M］．上海：复旦大学出版社，2014.

［6］［美］阿吉斯．绩效管理［M］．许昕译．北京：中国人民大学出版社，2013.

［7］邓明荣，冯毅．采购组织与绩效管理［M］．北京：中国财富出版社，2009.

［8］牛兰芬．A汽车零部件公司采购管理的优化研究［D］．华中科技大学硕士学位论文，2012.

［9］苏健．D公司供应商绩效评价研究［D］．北京交通大学硕士学位论文，2018.

# 第八章　电子采购

◇ 引导案例

## 伊利电子采购平台，开启乳品行业采购管理新模式

伊利是中国规模最大、产品线最健全的乳业领军者，所属企业130余家，拥有1000多个产品品种。2010年11月3~5日，电子采购系统平台正式在伊利集团上线，这意味着伊利将成为乳业内第一个吃螃蟹的人。同时伊利也是乳业内第一个享受到 Go8 生产型电子采购系统带来益处的企业。采用电子采购平台之后，伊利集团利用"供应资源基地"管理打破了多年固定的招标、竞价和询比价的模式，实现了阳光采购、高效采购，从而在采购原料、包装材料、消耗性辅料等方面将采购成本有效地降低。

伊利电子采购管理平台是根据网达信联 Go8 生产型采购管理解决方案，结合伊利集团生产型采购特点而量身打造的伊利电子采购解决方案，让伊利集团实现了从"打电话"向"点鼠标革命"的转变、从传统采购向阳光采购、高效采购的转变，从而让伊利开始步入采购电子化时代。通过电子采购系统，整个集团的采购定价活动不但省时、省力，节省了出差、开会、发传真、打电话的费用，同时，还让整个采购定价活动及采购全流程在监督下进行，实现了每单采购项目的在线查询、搜索与跟踪。

运用先进的网络平台，电子采购系统可以提高采购效率，逐步规避采购风险，最大限度地控制采购成本。同时可以打造供应资源基地管理，建立采购物资历史价格数据库。通过这些优势，伊利可以对采购业务进行系统化管理，从而缩短采购周期，高效率地完成采购活动。更为重要的是，在整个电子采购系统中，询比价、竞价、招标将处于公开、公平的环境下，真正实现"阳光采购"、"高效采购"。

资料来源：http://www.chinawuliu.com.cn/zixun/201012/28/118706.shtml。

◇　**案例解析**

随着信息技术的发展，以互联网为平台进行的现代采购模式越来越受到企业的重视。相比传统的招标方式，电子采购将投标的静态报价转换为动态报价，允许供应商在公平竞争的环境中多次报价，从而使企业采购成本有效降低。

◇　**案例涉及主要知识点**

电子采购平台

◇　**学习导航**

- 理解电子采购的含义与优势
- 掌握电子采购模式、实施条件和步骤
- 了解互联网模式下的电子采购应用

◇　**教学建议**

- 备课要点：电子采购模式、电子采购的实施、互联网模式下的电子采购
- 教授方法：讲授、案例分析、专题讨论

# 第一节　电子采购概述

## 一、电子采购

### （一）传统采购与电子采购概念

传统采购即企业根据生产需要，首先，由各需要单位在月末、季末或年末编制需要采购物资的申请计划；其次，由物资采购供应部门汇总成企业物资计划采购表，报经主管领导审批后，组织具体实施；最后，所需物资采购后验收入库，以满足企业生产的需要。传统采购存在市场信息不灵、库存量大、资金占用多、库存风险大的不足，可能出现供不应求、影响企业生产经营活动正常进行，或者库存积压、成本居高不下，影响企业的经济效益。

电子采购是由采购方发起的一种不见面的网上交易（如网上招标、网上竞标、网上谈判等）的采购行为。人们把企业之间在网络上进行的这种招标、竞价、谈判等活动定

义为 B2B 电子商务，事实上，这也只是电子采购的一个组成部分。电子采购除了完成采购行为外，还利用信息和网络技术对采购全程的各个环节进行管理，有效地整合企业的资源，帮助供求双方降低成本，提高企业的核心竞争力。

### （二）电子采购较传统采购的优势

**1. 便于企业制定合理的决策**

在电子采购环境下，统一且全面的商业信息系统能够为企业提供关键的总成本数据，为企业制定采购、折扣及供应商伙伴关系方面策略提供数据支持。发达的软件系统能够更准确、及时地捕捉到每一次采购活动的信息，只有在此基础上，企业才能够分析复杂的购买模型，让企业的决策拥有真正广泛的信息基础。

**2. 降低采购成本，缩短采购周期，提高采购效率**

电子采购所面对的市场是全球市场，在电子商务平台环境下可以对广大供应商进行网络化管理，对于每个供应商的产品、规格、工艺等信息都能够及时地掌握，从而突破传统采购模式的限制，做到货比三家，在此基础上找到满意的供应商来降低采购成本。此外，电子采购可以在网上进行招标、开标和评标，加速了采购的过程。一方面在省去很多环节的基础上使成本降低，另一方面使采购的批次和数量灵活多变，避免了由于数量过多采购或是批次过多采购所带来的采购运作风险，使采购效率大大增加。

**3. 信息共享，提高采购的透明度，杜绝采购过程中的腐败**

采用电子采购的方式可以使不同的企业包括各个供应商在内实现信息资源的共享，在了解当时采购、竞标的详细信息的同时，还可以查询以往的交易记录（如中标、交约和履约情况等）。这种采购信息和采购流程的网络公开化，在一定程度上避免了交易双方有关人员的私下接触，并对这种交易行为进行实时监控，使采购更透明、更公平、更公正。

**4. 形成战略采购，降低库存及物料积压，提高物资采购效益**

在电子采购平台下，供应商数目更多、可选择性也相对更大。在电子采购系统的支持下，采购人员摆脱了一系列的非增值性采购活动，真正实现了采购从战术性向战略性的转变，对采购的数量和次数有所调节，适时调整和选择更具有竞争力的战略合作伙伴，实现企业前瞻性的战略采购。

**5. 开发时间潜能，为企业提供智能服务**

在电子采购中，采购流程全部在互联网上进行。因此使采购工作在时间上与空间上表现灵活，不受任何时间和空间的限制，只要企业需要就能够把订单及时地下达给供应商，供应商收到之后可以第一时间组织生产。在速度上就获得了很大优势，尤其是一些急需物料的采购，耽误几个小时就可能给企业造成不可估量的损失，因此实现供应商订单的网络化管理可以为一些企业中的突发事件提供有效的物料采购保障。

**6. 提高整体供应链的获利能力**

将电子采购纳入整个供应链管理战略，通过互联网在供应链成员之间进行实时的、低成本的信息传递和共享，为整个供应链的需求预测提供信息支持，使预测更准确，降低因预测不准确而带来的支出（如库存成本），从而降低整个供应链的总成本，提高供应链的获利能力。

## 二、电子采购的战略目标及价值

### （一）电子采购战略目标

从价值链来看，对于各个行业里或大或小的公司来说，采购都是一个很大的资金支出活动。由于电子采购对支出和潜在成本的节约非常大，因此电子采购将被视为企业整体电子商务战略中一个不可分割的部分。通用公司前总裁杰克·维尔奇曾经说过，"在一个公司里，采购和销售是仅有的两个能够产生收入的部门，其他任何部门发生的都是管理费用"。

电子采购的战略目标是：集中采购、统一采购过程中的业务流程、实现集团公司采购信息共享、整合或优化供应商群体、实现对各子公司采购的监控等。

战略上的考虑不是偶尔、无计划地采购一些办公用品，而应考虑应用电子采购方式采购直接的原材料。战略上的考虑涉及公司组织结构的确立、流程重新分析和设计等方面，需要企业在组织、资源上提供保障，参与项目人员不仅仅是日常采购主管和人员，还要有高层管理者的关注和参与，同时，要考虑在应用中的风险和变动管理的需要。在对电子采购的战略思考完成后，最后才是考虑硬件和软件平台建设以及日常系统操作技术问题。

### （二）电子采购战略价值

1. 供应商优化

与供应商更快地相互交流；更高的灵活性，有效合作；更强的供应商整合。

2. 降低流程成本

加速内部流程；"无纸化"交流；缩短采购时间；减少自身库存；消除交流过程中断；降低流程的复杂度。

3. 改进与供应商的关系

在全球范围内与适合的供应商合作；简化与供应商之间的流程；采购批量上升；提高价格透明度。

电子采购战略价值如图 8-1 所示。

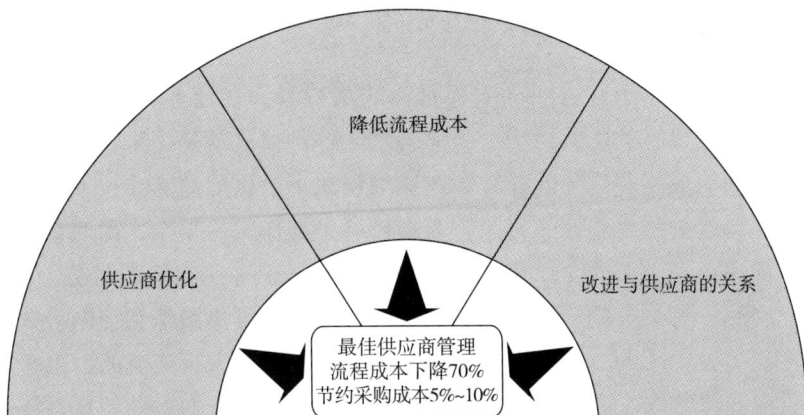

**图 8-1　电子采购战略价值**

# 第二节　电子采购模式与实施

采购直接影响企业的生产经营过程、企业效益，并构成企业竞争力的重要方面。电子采购是一种适应时代发展的先进采购模式，具有公开、透明、快捷和低成本等特点，能够有效地避免采购过程中的腐败和风险，提高采购效率。电子采购作为一种新的采购模式，充分利用了现代网络的开放性、信息的多样性、交易的快捷性和低成本等特点，有效地解决了企业和政府所面临的这些问题。一般来说，企业的电子采购模式有卖方电子采购模式、买方电子采购模式、第三方电子采购模式三种。

## 一、电子采购模式

### （一）卖方电子采购模式

卖方模式是指供应商在互联网上发布其产品的在线目录，采购商通过浏览供应商的网站来取得所需的商品信息，以做出采购决策的一种电子采购模式。如图 8-2 所示。

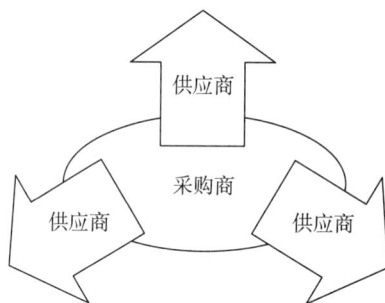

**图 8-2　基于卖方模式的电子采购**

这种采购模式就像一个有着明确购买目标的消费者，在商业大街的各个"商店"中不断进行比较来进行最终的购买行为。简而言之，这种模式就是由采购商根据自己的需要主动去寻找供应商完成购买行为的过程。在这种模式下，供应商需要投入大量的人力、物力、财力来建立、维护和更新产品目录，成本较高、操作较为复杂。而对采购方来说，其产品目录工作简单、易于访问、投资小。但是这一模式也存在自身的劣势。由于"商店"是普通的门户网站，与买方的后台系统集成性差，在采购订单跟踪和控制采购开支上也存在一定的难度。另外，采购方与供应商是通过供应商的系统进行交流的，由于双方所用的标准不同，供应商系统向采购方传输的电子文档不一定能被采购方的信息系统所识别并自动地加以处理和传送到相关责任人处，这些文档必须经过一定的转化甚至需要经过手工处理，大大降低了电子采购的效率，延长了采购的时间。

## （二）买方电子采购模式

买方电子采购模式是指采购方在互联网上发布所需采购产品的信息，供应商在采购方的网站上登录自己的产品信息，供采购方评估，并通过采购方网站双方进行进一步的信息沟通，完成采购业务的全过程。如图 8-3 所示。

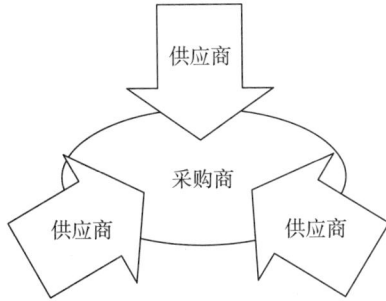

**图 8-3　基于买方模式的电子采购**

这种采购模式就像一个"商店"根据购买者的购买需求提供自己的产品目录，以期能达成双方的购买行为。简而言之，这种模式就是已知采购商的需求，供应商主动去寻找采购商完成购买行为的过程。在这种模式下，采购方承担了建立、维护和更新产品目录的工作。采购方可以更紧密地控制整个采购流程，它可以限定目录中所需产品的种类和规格，甚至可以给不同的员工在采购不同的产品时设定采购权限和数量限制。另外，员工只需要通过一个界面就能了解到所有可能的供应商的产品信息，并能很方便地进行对比和分析。由于供求双方是通过采购方的网站进行文档传递，因此采购网站与采购方信息系统之间的无缝连接将使这些文档流畅地被后台系统识别并处理。当然，这一模式也有着自身的劣势：买方保留了目录和系统维护的艰巨工作，最初的信息整合和合理化过程中需要很大的投入。买方除了成本问题外还面临技术更新的考验，一个成功的买方电子模式必须要采取全面的技术防护手段，才能确保采购过程的顺利进行。

## （三）第三方电子采购模式

第三方电子采购模式又称市场模式，是指供应商和采购方通过第三方设立的网站进行采购业务的过程。如图 8-4 所示。

在这个模式里，无论是供应商还是采购方都只需在第三方网站上发布并描述自己提供或需要的产品信息，第三方网站则负责产品信息的归纳和整理，以便于用户使用。第三方电子采购模式下的电子采购产品目录工作不复杂，与后台系统的集成性一般，使用虽不如买方模式下的电子采购方便，但比卖方模式要方便一些，投资也不高。

在第三方采购模式下，第三方以自身专业化的采购技能，为客户提供完善的电子采购服务，建立一个网上交易市场和服务平台，供双方询报价、谈判以及下订单。第三方电子采购模式是能够实现更多的有效信息与增值服务的模式。在这种模式下，买卖双方采用提供更专业的电子商务服务的第三方，第三方通过佣金和广告收入作为盈利，开设采购门户网站，采用专门的电子采购管理系统，建立维护自己独立的数据库并与物流公司、银行和认证机构建立联系，以保证整个采购流程的运转。同时，第三方还为客户提供后台集成服务，使企业能顺畅地通过电子市场进行采购。

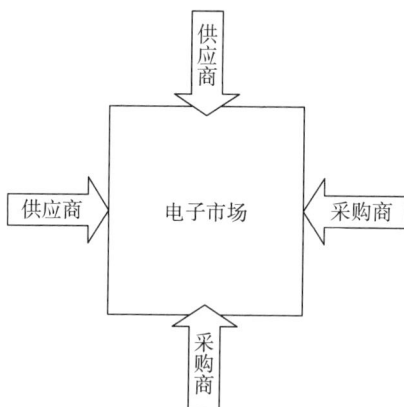

图 8 - 4 基于第三方模式的电子采购

第三方模式实际上是将传统的商业模式转向电子商务模式，由传统的市场向电子市场转变，为买卖双方开设了一个电子交易市场。电子市场加速了企业电子商务模式的转变，高效率地实现了网上买家和卖家迅速匹配。

## 二、电子采购的实施

### （一）电子采购实施条件

1. 数据库技术

数据库的作用在于存储和管理各种数据，通过对海量数据进行分析来支持决策，这一技术是实施电子采购必不可少的条件。在电子采购过程中存在供应商数据、采购物资数据、内部物资需求的数据等，有效地组织好这些数据才能够更好地支持采购决策的制定和实施。

2. EDI 技术

电子数据交换系统（EDI）是一种在合作伙伴企业之间交换信息的有效手段，EDI 可以实现企业之间的交易谈判、交易合同的传送以及商品订货单的传送等业务，能及时、准确地获得消费者的需求，并且对这种需求进行预测，可以节省采购成本、缩短订货周期。EDI 技术的目的就是以电子单证代替纸质文件进行电子贸易，从而在很大程度上提高上网交易的效率并降低费用。

3. 金融电子技术

在全球供应链网络中，电子采购包括网上进行货款支付和交易结算，交易双方可能相隔很远，此时银行在企业之间的交易中起着重要的作用，这样可以大大地提高企业处理业务的效率，使电子采购能够更快更好地发挥其作用。

4. 网络安全技术

网络安全技术是实现电子采购系统的关键技术，其中包括保护网络免受黑客袭击的防火墙技术、信息加密与解密技术、数字签名技术等，如瑞星、金山、卡巴斯基等都运用了防火墙技术。

5. 财务技术手段

财务技术手段主要包括：

（1）广泛用于公司财务部门之间的电子资金转账系统，用户可以改变传统的支票结账方式通过汇款通知和系统进行结账。

（2）加密收件盒，在电子采购过程中，用户将支票或电子付账单传到供应商的加密收件盒中，对相关信息进行加密和密码防护。

（3）现金收据评估，这是一种减少发票的技术手段，用户在接受到产品或服务时自动地以共同单位价格付款给供应商，可以在电子采购过程中改善现金管理并减少纸面工作。

## （二）电子采购实施步骤

（1）要进行采购分析与策划，对现有采购流程进行优化，制定出适宜网上交易的标准采购流程。

（2）建立网站。这是进行电子商务采购的基础平台，要按照采购标准流程来组织页面。可以通过虚拟主机、主机托管、自建主机等方式来建立网站，特别是加入一些有实力的采购网站，通过它们的专业服务，可以享受到非常丰富的供求信息，起到事半功倍的作用。

（3）采购单位通过互联网发布招标采购信息（即发布招标书或招标公告），详细说明对物料的要求，包括质量、数量、时间、地点等，对供应商的资质要求等。也可以通过搜索引擎寻找供应商，主动向他们发送电子邮件，对所购物料进行询价，广泛收集报价信息。

（4）供应商登录采购单位网站，进行网上资料填写和报价。

（5）对供应商进行初步筛选，收集投标书或进行贸易洽谈。

（6）网上评标，由程序按设定的标准进行自动选择或由评标小组进行分析评比选择。

（7）在网上公布中标单位和价格，如有必要对供应商进行实地考察后签订采购合同。

（8）采购实施。中标单位按采购订单通过运输交付货物，采购单位支付货款，处理有关善后事宜。按照供应链管理思想，供需双方需要进行战略合作，实现信息的共享。采购单位可以通过网络了解供应单位的物料质量及供应情况，供应单位可以随时掌握所供物料在采购单位中的库存情况及采购单位的生产变化需求，以便及时补货，实现准时化生产和采购。

### （三）电子采购实施战略

**1. 战略设计**

由于电子采购在节约采购成本方面对降低整个供应链的成本有着至关重要的作用，企业在设定电子采购战略时必须要有清晰的目标，确保电子采购战略目标对企业整体竞争实力的作用。参与战略制定的人员除了日常采购主管和人员还要有高层管理者的参与和同意。同时，企业还要对内部各个部门之间进行协调，对外部环境进行分析并综合考虑战略在应用中的风险和变动管理的需要，这是战略设计最基础的一项工作。

**2. 作业流程**

电子采购相对于传统采购方式的优点就是采购作业流程简洁、明快，但这并不意味着是当前作业流程简单的电子化或自动化。企业必须以现有采购流程为基础仔细评估确认当前的采购流程是否需要进行再设计。这一工作一般可通过三个途径来实现：一是利用企业自身的技术团队对现有采购流程进行分析，总结出其问题所在；二是邀请第三方咨询服务商帮助企业改进业务流程；三是邀请供应商参与采购作业流程的分析与再设计。在实际过程中，后两种途径更为常用。

**3. 技术支持**

电子采购的实现是一种新型的采购模式，它需要企业在软件和硬件方面并驾齐驱，才能建立起一套运行良好的电子化采购体系，充分发挥电子采购的优势。对企业内部各个部门和人员来说，应建设内联网，应用 ERP 管理系统将企业进货、销货、存货、生产及财务、计划等各个环节通过网络连接起来，再把内联网延伸到企业外部，与电子化采购系统对接，为电子采购提供内部信息系统支持。在建立企业内部电子采购系统时，需要知道自身的电子采购系统与供应商的系统是否兼容；企业新的电子采购系统是自主开发还是选择外包；如果外包则需要考虑如何选择电子采购的供应商以及新的电子采购系统如何与财务、生产、营销等部门相连接等。

**4. 组织建设**

电子采购是一场相对于传统采购的重大历史性变革，因电子采购对互联网的依赖，必然要求企业内部有熟练掌握电子采购技术与规则的高素质采购人才队伍来做支撑。因此，必须加强企业内部的组织建设，重新调整和划分组织职能、营造适合电子采购的组织文化、引进并培训高素质的采购人才，保障电子采购的有效实施。

**5. 绩效管理**

企业用电子采购替代传统采购就是想通过改变采购方式来获取更大的利润空间，因此评估和控制电子采购的绩效是保证电子采购成功运作的关键。科学的绩效衡量指标有助于企业发现新的电子采购系统中存在的问题并及时进行改进，这些指标包括订货满足率、准时交货率、处理采购订单的时间、采购价格的降低、库存成本的降低、订货成本的降低、运输成本的降低、供应商绩效的提高、与供应商关系的改善等。

现代信息和通信技术的发展为企业通过利用电子采购提高市场竞争力提供了可能。企业只有通过对电子采购的深入理解和应用正确的电子采购实施策略才能充分获取电子采购的益处。

## 第三节  "互联网＋"电子采购

随着"互联网＋"概念的提出，互联网模式下电子采购得到极大的发展，这种模式整合了产业链条的各个企业，使采购管理向着供应链管理发展，同时使企业的采购成本降低，采购效率提升，使得企业可以根据市场需求来进行真正意义上的准时化生产和柔性化制造。

### 一、"互联网＋"电子采购特点

"互联网＋"电子采购是企业可以利用互联网技术和电子采购平台进行几乎全部的采购管理活动，即企业从开始的采购计划的制订开始，一直到寻找供应商、供应商谈判、在线收付款、开具发票、物流配送、库存的控制、商品的管理以及价格的管控等环节都是通过互联网来完成的。

1. 采购的数据化

"互联网＋"电子采购可以通过自动匹配最合适的供应商自动化采购流程，采购系统根据产生的大量管理数据自动化选择最合适的采购产品，即对供应商、品类进行数据分析，实现更高效率的业务运营。同时将公司管理中产生的大量数据推送到供应商反向定制产品，通过采购数据分析公司的管理经营情况，优化企业管理模式。

"互联网＋"电子采购使得企业可以基于数据进行预测与预警，如需求预测、供应商预警等，为采购者提供更多的更准确的、高度量化的决策信息。

2. 采购的互联网化

"互联网＋"电子采购大大改善了企业与供应商之间的关系，上游企业可以给采购方及时地反馈原材料、半成品的价格、供应等信息，下游企业可以给采购方反馈消费者的偏好及需求情况，采购方企业可以根据这些信息实施准时化采购和生产，从而降低供应链上企业的总成本。双方信息沟通更加快捷，信息共享范围也不断扩大，从而使得企业可以实现准时化采购，企业可以针对消费者的个性化需求进行相应的采购，以实现即时生产和柔性化制造，从而增加企业在市场上的竞争力。

"互联网＋"电子采购为企业提供专业、高效的电商化采购解决方案，建立客户专属的互联网化的采购管理平台，实现阳光透明采购，降低采购成本，提升采购管理效率，实现互联网化运营转型。

3. 采购过程的公开化

"互联网＋"电子采购，每一个环节都在网络上清晰可见，节点可控，从而杜绝了人为控制造成腐败的情况。由计算机根据设定的采购流程自动进行价格、交货期、服务等信息的确定，并完成供应商的选择工作。有利于进一步公开物资采购过程，实现对物资采购过程中业务操作与结果的适时监控，采购过程全程信息化、透明化，避免暗箱操作及操作失误造成资源浪费。

## 二、"互联网+"电子采购的应用[①]

1. 企业自建采购网站模式

这种模式一般为行业中规模较大，在行业中影响力较强的一些企业选择的模式。这些企业往往利用在行业中的地位以及利用自身的巨额资金建立本企业的采购网站的模式。然后吸引其他同行业的企业注册采购，这种模式要求企业具有相当的财力和影响力，并且有能力吸引到世界各地的供应商到网站进行交易。

2. 企业联合建立采购网站的模式

企业自建采购网站一般资金投入很大，而且自建采购网站盈利能力较差，目前，一些企业联合起来共同出资进行采购网站的建设，这些企业往往在行业中地位较高，影响力较大，其各自利用自身的供应商体系以及采购渠道的共享可以吸引更多的同行业企业参与到采购网站中来。这种模式要求注意各家企业之间的博弈，要避免一些企业出工不出力的情况发生。

3. 行业协会统建网站模式

我国最主流的互联网采购模式主要是行业协会统建网站模式。比如像中国化工网、亚洲金属网等，这种模式是行业内中小企业的首选，中小企业很难提供大量的资金建设网站、宣传网站。但可以通过参加行业协会统建网站得到各种供应信息，并且这些供应信息往往是针对企业需求提供的。

4. 中介网站代理模式

一些中介网站利用其自身的地位，吸引不同行业的采购商和供应商，建立相应的中介网站平台，自身建立相应的信用担保系统、支付系统以及采购流程规范系统，使得平台上的采购商和供应商能够找到自身所需的资源。但是无论是哪种模式，在具体实施过程中应包含以下几个步骤：

（1）网上询价（物资采购最大增值环节之一）功能，即在网上编制询价方案、向供应商发布询价书或招标公告，供应商在网上对询价书进行报价、投标。

（2）网上比价（物资采购最大增值环节之一）功能，即在网上对各供应商的报价或标书进行比较，结合网上采购过程积累的关于各供应商的产品质量、服务水平、交货期、资信状况等情况，选择确定供应商。

（3）网上信用担保及支付功能，这是实现供应商与采购商资金流动的具体表现，目前，更多的互联网采购通过电子支付来完成，一般电子支付分为网上支付、电话支付、移动支付等方式。

（4）网上在线集成用户企业与供应商之间的供求信息与资源，实现物资需求动态、可供产品信息、新产品情况等重要信息和库存资源的共享，为减少物资储备资金占用、降低物资采购成本提供条件，为各级物资采购人员提供大量的决策信息。

（5）网上供应商动态考评（物资采购最大增值环节之一）功能，即在网上对供应商

---

① 资料来源：https://mp. weixin. qq. com/s/AKFAApR2n0bbiO4M-8Igig。

的每一份合同交易中的质量、价格、交货期、售后服务等方面情况进行考核评价，为下一次物资采购决策提供参考依据。

### 三、区块链技术在电子采购平台上的创新①

区块链是分布式数据存储、点对点传输、共识机制、加密算法等计算机技术的新型应用模式。它本质上是一个非中心化的数据库，它的底层技术是一串使用密码学方法相关联产生的数据块，每一个数据块中包含了一系列交易的信息，用于验证其信息的有效性和生成下一个区块。传统的电子采购平台遇到了区块链技术，能在以下几个方面创造出新的价值：

1. 溯源能力

电子采购平台上，相关的采购涵盖了大量的"重资产"，"重资产"本身价值普遍比较高。未来的相关"重资产"的仓储情况，会作为重要的数据输入，影响到企业的进销存等核心经营数据。如果把相关的"重资产"的生产数据以及流转信息，记录到区块链上，可以实现相关的数据透明化，可以有效对资产的相关情况进行统计和分析。通过区块链的不可篡改的特点，可以探索在数据精确性、可追溯性、不可篡改等方面解决企业实际面临的业务问题。

2. 自动清算交易

在电子采购平台上，相关的交易双方，都是通过合同的约定来完成交易支付环节的，平台系统欠缺及无法满足所有业务的情况下两方财务对账难、结账难的问题，采用可编程的智能合约技术，可以实现资产交易和数据模型的标准化，保障交易按约执行，管控履约风险。

3. 关键业务数据存证

在采购的业务过程中，交易双方难免对相关的采购业务发生不同层面的纠纷。通过区块链技术，在电子采购平台内，把相关的重要数据资产，如电子合同、交易数据等予以存证，可以得到法律认可，有效解决合同纠纷。

## 第四节 案例与习题

### 一、案例

## 京东，让生活变得简单快乐!②

随着"互联网＋"时代的到来，传统企业向互联网转型的势头在 2014 年已经被大面

---

① 资料来源：https：//mp. weixin. qq. com/s/R4Bb0aD9MqtnFzoZFf7HZQ。
② 资料来源：中国电子商务研究中心，http：//b2b. toocle. com/。

积触发。"互联网＋"传统行业的模式不管是在产品研发、生产制造还是营销服务上对企业信息化水平有着不同程度的要求，而企业的采购管理相对不复杂、流程也更简单。虽然京东的长项是在线零售，但面对 B2B 市场，京东很早便开始涉足。与其他 B2B 企业和平台不同的是，京东进入 B2B 的切口是政企采购。其中政府采购是京东瞄准的重要发力点。

### （一）力推政企采购电商化

政府引入采购电商化的运营模式是提高采购效率、简化采购流程、降低采购成本的有效手段，更是发展潮流和大势所趋。在此背景下，京东顺应趋势提出了"大力推动政企采购模式改革"，"让政企采购更加透明、高效、简单、快乐"的理念。京东针对国内政府及企业采购市场，力求打造"政企采购全面解决方案供应商"的新角色，为政企采购提供"一站式"电商解决方案，全面推动政企采购电商化模式革新，加快阳光采购发展步伐。为此京东亮出了进军政企采购市场的几大法宝：

#### 1. 过硬的技术实现电子平台对接

鉴于中央及地方政府采购部门大多早已搭建了自己的电子采购平台，京东有针对性地提出 API 接入方式通过技术手段与各省区市政府采购电子平台进行对接，各地方政采平台可通过京东大客户 API 完成对京东商品信息的获取，并通过该系统同步完成生成订单、查询订单明细、查询订单配送信息、提交售后等繁复工作，最终实现政府客户一站式完成采购所有的线上、线下环节。

#### 2. 自营商品确保优质

为保证商品质量，京东从创立之初就提出了"京东自营"的营销模式，通过自己进货自己配送的方式来严把质量关。

#### 3. 专业化团队提供定制化服务

京东拥有优秀的大客户团队，在北京、上海、广州、成都、武汉和沈阳六大城市设立了分部，组建了近 200 人的优秀团队为政企客户提供专业、便利的采购服务；针对不同的政企采购需求，从技术、运营、物流、法务、品牌、库存、客服等环节，配备专业的服务支持，提供精准一体化服务。

### （二）创新平台

#### 1. 三大企业及电商化采购平台

京东在 2014 年 11 月 26 日宣布推出智采、慧采、云采三大企业级电商化采购平台。智采平台是京东大客户转为集团型企业开发的采购平台，能够为企业客户提供商品、订单、库存、物流等标准服务接口，以开放接口模式与企业内部采购系统对接，企业员工登录内部平台实现采购下单。慧采平台是针对没有自建采购管理系统的企业。而云采平台是围绕企业频道打造的综合电商服务平台，提供商品采购方案、信息发布和交流服务。

#### 2. 企业尾牙（年会）采购平台

京东经过市场调研发现，企业尾牙采购的个性化需求急剧增长，其采购供应链已远远不能满足需求，且尾牙采购还是无人关注的"空白区"。为此，京东动用了大数据对新老客户进行跟踪分析，对品类需求、用途、采购量、商品单价变化等历史数据做了纵向分类比较，包括对有特色的礼品公司销售方案进行专项研究，从而有针对性地设计尾牙采购方案，以保证采购方案能够真正满足企业一站式采购所需。

3. "阳光云采"电商化采购平台

由于采购工作中采购预算的管理、采购招标的操作往往涉及企业经营的敏感信息，不适合对外公开，增加了采购工作的神秘感。再加上缺乏有效的监督机制，采购领域容易成为职务贪腐的高发区，采购工作透明化迫在眉睫。而采购电子商务化能够有效地解决信息不对称和流程烦琐复杂的问题，可以为企业采购提供一个全天候、全透明、超时空的公开平台；能够快速高效地传递交易价格及信息，并对交易行为进行全流程跟踪，从而使低成本、高效率、开放透明的企业采购模式的建立成为可能。

京东依托自身自营式电商的经验以及品牌实力，推出的三大企业电商化采购平台，帮助企业打破传统采购的瓶颈，满足不同规模、不同类型企业的需求，实现企业采购模式的转型。

### （三）强强联合

1. "京东 + 中国联通"，助力通信企业采购模式转型

联通一方面对内部顶层的企业资源计划系统（ERP）进行延伸扩展，另一方面借助京东数据平台的资源，双方进行了平台系统的深度对接，从而打造出中国联通内部商城—京东合作店的采购新模式，以"丰富的商品、高效的物流、透明的价格"优势，快速响应企业采购需求。中国联通的各省分公司一线需求部门可直接在中国联通内部商城—京东合作店向京东下单，由京东物流快速配送，实现联通集团总公司与京东直接结算，同时又能更加直接、高效、快速地响应各省分公司一线部门的需求。通过大客户开放平台，京东能够为联通提供完整的可视化采购服务。新的采购模式将原本烦琐的采购工作简单化、信息化、透明化；有效地降低了采购成本、提升了采购效率。

2. "京东 + 永源基金会"，助推公益采购

京东与由崔永元任理事长的北京市永源公益基金会达成合作，全力支持芭莎—爱飞翔乡村希望教室项目的公益采购及项目实施。从 2015 年 1 月起，项目为甘肃陇南、定西等地 266 个乡村小学及教学点提供教学设施，帮助当地乡村孩子获得更优质的教育、探索更广阔的知识天地。

扎扎实实、阳光透明，是京东与永源基金会在社会公益领域的共识，也是双方进行公益采购合作的最重要原因。京东充分发挥自营电商的优势，将保证提供最具性价比的优质产品，并发挥自身物流配送体系的优势，为项目实施提供免费配送服务。

3. "京东 + 英特尔"，提升"采购 +"效率

2015 年 3 月 31 日，京东正式面向企业采购市场发布全新"采购 +"计划，针对企业采购最高频的营销活动、办公集采、员工关怀、平台合作四类需求，推出四大场景化采购解决方案。京东此举的目的是整合供应链、金融、服务、软件应用等众多提供商，联手打造企业采购生态圈，为企业客户提供一站式电商化采购解决方案。而在这个解决方案中，物流、大数据分析显得尤为重要。同年 4 月 9 日，英特尔宣布与京东达成合作，使用英特尔的实感技术提升京东的仓储管理效率。这种技术的运用可以让工作人员在数以秒计的时

间内对各种京东包裹的长宽高等数据做了测量，并在平板电脑上实时计算每个包裹占用的空间，迅速了解货物流转速度，进一步提升京东的物流水平。

4. "京东＋沈阳万科"，开启房企采购新时代

双方达成合作协议，由京东为沈阳万科提供专属企业内采平台——慧采平台。通过此平台，沈阳万科将实现公司物品及礼品采购电商化。京东将为沈阳万科提供包括预占库存、母子账号管理、数据分析、统一开票、协议价等在内的多项专业、优质的定制化服务。

通过慧采平台，沈阳万科可以对流程审批、订单交易、数据分析、母子账户管理等功能进行模块化集成，并且无须信息系统的投入。万科永达及各关联子公司用户通过专属京东 ID 账号登录慧采平台，即可进行商品浏览与搜索、状态查询、下单、数据分析等全采购流程处理，实现对采购全过程的管理与监督，多范围、多维度经营采购，加速并改善采购决策过程，还可加强预算管控。另外，也可以快速实现订单查询和保存，并可以实现礼品的发放追踪，公司再也不用提前备货，占用资金，并节约了邮寄费用。

5. "京东＋得力"，推出办公 3.0 采购方案

2015 年 4 月 8 日，京东正式宣布与得力开展战略合作，推出了以场景式"办公生活馆"为核心产品、基于大数据分析，集成产品、系统、物流和服务四大维度的办公用品一站式采购解决方案，并签订 2015 年销售达到 10 亿元的战略协议。

京东 3D 办公生活馆是基于大数据分析，集成产品、系统、物流和服务四位一体的一站式采购解决方案，创新式提升了办公用品网上渠道价值。京东"办公生活馆"与得力等品牌厂商直接合作，由厂商母品牌为产品的质量保障和数量供应做背景。京东借助自身巨大的流量优势，基于大数据分析为客户提供个性化智能推荐。同时，京东还凭借在销售的高品质服务流程，推动办公用品网购标准的全线升级，树立法人采购渠道标杆。京东这一行为将大大改善传统办公采购 1.0 和 2.0 时代所面临的效率低、服务水平低等问题，迎来全新的办公采购 3.0 时代。

6. 京东正式发布 iSRM 智能采购管理平台，已与海尔达成战略合作①

2019 年 3 月 28 日，京东正式对外发布了 iSRM 智能采购管理平台。作为京东 2019 年初发布的企业业务五大战略在工业品领域的首个落地方案，其核心目的旨在构建开放和合作的服务生态，推动工业制造业的数字化转型。

该平台针对工业制造业长期存在的长尾商品多、供应商数量庞大、供应链管理难度大等问题，通过搭建数字化平台并集合商品、金融、物流、服务、质控等能力资源模块，实现对企业从寻源系统到商品采购管理、履约验收、财务对账付款及售后服务于一体，覆盖供应链管理上、中、下游的管理行为数字化及资源服务一体化的解决方案，通过打造数字化、平台化和生态化的工业品平台服务，助力工业制造业企业优化供应链流程，企业提升了管理效能。

目前，海尔集团与京东已达成战略合作，双方宣布将重点针对工业物联、园区成套服务模式深化合作，探索工业品采购的数字化升级。"以前我们在做采购供应链管理时，长

---

① 资料来源：http：//finance. sina. com. cn/stock/relnews/hk/2019－03－28/doc－ihtxyzsm1279987. shtml。

尾商品多、非标品种类多带来的流程长、周期长、环节多、管理难度大，而京东工业品的 iSRM 解决方案恰好填补了海尔集团的好品海智工业成套服务平台市场化业务的诉求。"海尔相关负责人表示。

到目前为止，京东平台上有超 700 万活跃企业客户，包括超 5000 家大型集团企业客户，389 家中国 500 强企业、80% 在华世界 500 强企业。

## 二、专题讨论

1. 结合案例分析，从采购战略角度分析京东的采购战略升级过程。

2. 以京东为例，分析互联网模式下的采购的优点。讨论其对我国传统企业的数字化采购转型与升级有何指导意义？

## 三、练习题

简答题

1. 电子采购与传统采购相比，有哪些优势？

2. 电子采购的实施条件有哪些？

3. 电子采购的实施步骤有哪些？

## ◇　本章参考文献

［1］韩景丰．电子采购模型与实施策略［J］．天津职业大学学报，2005（31）：61 - 62.

［2］钱芝网．电子采购的战略价值、模式选择及其实时策略分析［J］．江苏商论，2009（2）：55 - 57.

［3］罗洁．电子采购平台的研究与应用［D］．南京邮电大学，2012.

［4］周宝刚，胡勇．电子采购优势与模式研究［J］．科技信息：计算机与网络 2007（14）：4 - 5.

［5］周中林．电子商务采购模式浅析［J］．商业时代理论，2005（27）：77 - 78.

［6］中国电子商务研究中心，http：//b2b. toocle. com/.

［7］CPSM 博润顾问，https：//mp. weixin. qq. com/s/AKFAApR2n0bbiO4M - 8Igig.

# 第九章　国际采购

## ◇　引导案例

### 国际化采购让非尝味道实现一体化经营

　　所有人都清楚，进口商品运营相比起国产商品的运营程序要繁复得多，其中必须要经历采购、转口、入关、国内销售许可等流程。一直以来，进口商品贸易商因为资历、经验、资金等因素的影响，一般只能专注于其中一个流程的运营，很少有国际贸易品牌能完全实现真正意义上的一体化经营。而进口食品，因为还要涉及食品安全问题，进口环节更多，要求更严，因而对于进口食品的一体化经验长期以来都是中国进口食品行业里的一项空白。

　　非尝味道多年来主营进口食品的配送、采购、转口等相关贸易业务，因而拥有强大的资源优势、运营优势和雄厚的资金实力。在建立非尝味道进口食品贸易品牌后，非尝味道在已有的贸易关系中经过重重审查，最终与世界 140 多个国家的 6000 多家进口食品生产商建立了长期的合作关系。

　　非尝味道进口食品一进入市场，马上受到了各地各阶层消费者的喜爱，甚至在很多地区，出现了非尝味道进口食品被顾客疯抢的现象。而与非尝味道进口食品供不应求形成明显对比的是，国内很多进口食品经营商的销售量上升却非常缓慢。究其原因，和非尝味道的进入不无关系。

　　在非尝味道之前，国内进口食品的种类相对单一，经营商之间的货价没有对比甚至很多经营商的进口食品在国内的经营达到了垄断，这是造成当时国内进口食品价格普遍较高的原因之一；而经营商只针对国外少数生产厂家的小规模采购，也没有压低采购价格的资本，这又成了国内进口食品售价过高的另一个重要原因。

　　资料来源：http://www.chinawuliu.com.cn/xsyj/201303/15/214544.shtml。

◇　**案例解析**

非尝味道进口食品依托香港及全球贸易平台地位，建立了国际化进口食品贸易后，让进口食品的采购、转口、销售等本来分散的流程统一起来，完全实现了同一贸易品牌的一体化经营，并且将这样的优势整体地呈现于非尝味道的终端零售，避免了进口食品货源的困扰。

遍迹全球的进口食品采购链，让非尝味道在进行采购时，有了非常大的选择余地和压价底牌，同时也从源头上保证了进口食品种类、款式、工艺的多样性。因此，非尝味道在国内各地的直销店以及代理店里的进口食品不论从价格、品质、种类来看，都远远超过了国内其他进口食品经营商，从而成了国内广大消费者最钟爱的进口食品选购渠道。

◇　**案例涉及主要知识点**

国际采购

◇　**学习导航**

- 了解国际采购的含义和特点
- 掌握国际采购的基本程序
- 了解"互联网＋"跨境电子商务采购

◇　**教学建议**

- 备课要点：国际采购的程序、"互联网＋"跨境电子商务采购
- 教授方法：案例、讲授、专题讨论
- 扩展知识领域：大数据与 O2O 跨境电子商务

# 第一节　国际采购概述

## 一、国际采购定义

在采购商品时，有时国内市场上的商品性能或者质量上不能满足，或者相同的商品从国外进口的价格比在国内便宜，广义的国际采购就是将采购活动扩大到国际范围内进行。早在公元 7~8 世纪的封建社会就已经开始，来自非洲的象牙、中国的丝绸、远东的香料

等奢侈品，通过航海贸易满足不同国家人们的需求。

国际采购是指超越国界的、在一个或几个市场中购买产品、货物或服务的过程。这种国际化采购可以使公司以有竞争力的方式进行管理，在全球市场上成功地运营。采用国际供应商而不采用本国供应商主要是依据有利于提高产品或服务对采购方的附加值。国际采购不仅可以达到产品购买的目的，而且是一个使产品或服务符合消费者需要和技术发展的过程。

## 二、国际采购的必要性

从国际市场采购商品或服务的原因有很多，随着对特定商品需求的不同而不同。多数研究表明，对发达国家来说，国外供应商提供产品的总成本总要比国内供应商低一些，这是进行国际采购的主要原因。所以，开展国际采购是由其所具有的优势决定的，详列如下：

### （一）物美价廉

追逐利润是资本的原动力，一旦在更大的范围内寻求更优化的资源配置成为可能，资本一定会跨越国界和地域的障碍在更大的范围内寻求更好的资源。

### （二）有利于企业在全球范围内竞争

通过国际采购可以增强企业的灵活性、适应性和对市场机会的反应能力。

### （三）可以享受供应商所在国的出口政策优惠

许多国家为了鼓励出口往往都有出口退税的补贴。这在一定程度上鼓励企业寻求国际上各个国家的出口优惠待遇，进而降低成本，获得产品的成本优势。

### （四）完善企业发展战略

成功的企业应拥有自身的战略计划和战略重点，网络资源信息共享使得买方在产品开发上始终保持领先，于是便可以考虑定价、运输、组装和分配地点。越来越多的商家选择在第三国家组装或分配产品，这使得产品更具竞争力。

### （五）降低缺货风险

由于设备和生产能力的限制，在一些情况下，国外的大型供应商交货速度要比国内快。有实力的供应商为了防止缺货风险可能会备有大量库存，使即时购买成为可能，即使遇到某些特殊情况也不会影响采购方的生产。

### （六）国际采购可以拓展物流

物流是在国际市场化的驱动下进行的，运输频率的增加可以缩短供应链，从而缩短资本和货物在运输途中滞留的时间，成本的降低使得买方受益，因而使得国际采购更具有吸引力。

### 三、国际采购的特点

国际采购与国内采购相比有很多共同点，但也有其特殊性，国际采购的特点主要有：

#### （一）采购地距离较远

由于是跨越国界的采购，采购地和货源地有时相距较远，造成采购商对当地的市场情况了解的困难以及物流供应过程难度加大的局面。

#### （二）国际采购具有更长的订货提前期

由于是跨越国家和地区边界的远距离采购，除了需要更长的运输时间之外，进出口的一系列海关报税和报检程序也要耗费一定的时间；由于发生跨国交易，为了交易双方准确无误地交易，需要更多的文档传递；另外，对于国际供应商的选择、评价及合同谈判、签订过程也需要更多的时间。

#### （三）国际采购的程序相对复杂

国际采购从采购前的准备，采购合同磋商、签订和履行以及争议的处理等各个方面都比国内采购要复杂得多。除了交易双方之外，需要运输、保险、银行、商检、海关等部门的协作，还涉及中间商、代理商等，因此国际采购往往伴随着复杂的程序。

#### （四）国际采购的风险相对较大

国际化采购通常会面对比国内采购更大的风险，包括语言和文化差异带来的风险、外汇汇率变化的风险、贸易手续复杂和多限制性带来的风险、运输成本风险、时间差异风险、交货准确性风险、交货后服务困难带来的风险等。

## 第二节　国际采购的程序

在许多情况下，企业涉足国际采购是迫于外部环境的压力，而不是事先制定好的策略。有时，这样的结果是企业的资源不能得到经济有效的利用，也不能很好地设计其战略。因此，高级管理人员必须在了解国际采购特点的基础上，投入足够的时间和精力制定一条完善的全球采购流程，用于指导企业的全球采购活动，以保证全球采购活动的顺利进行。不同类型的企业国际采购的流程存在一定的差异，但大体的国际采购流程如图 9－1 所示。

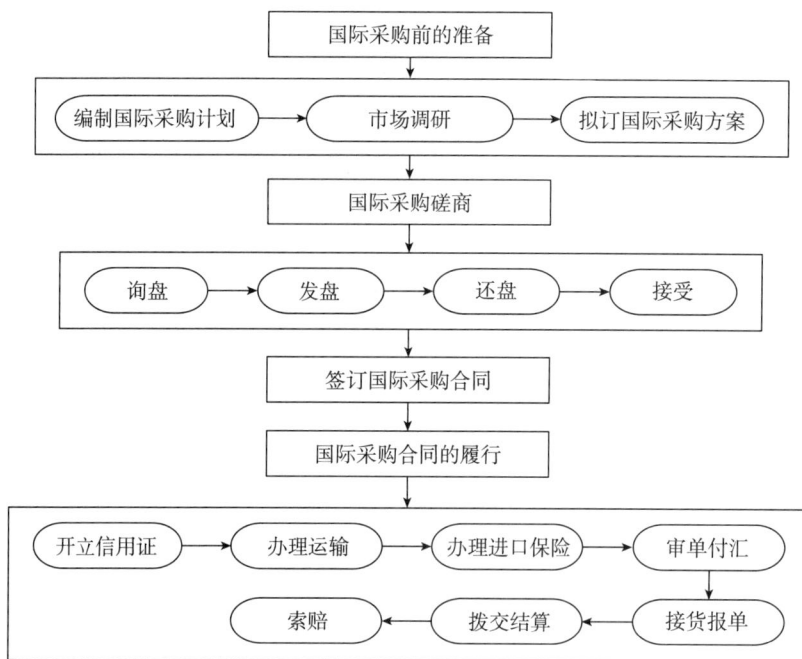

图 9 - 1　国际采购程序

## 一、国际采购前的准备工作

### （二）编制国际采购计划

国际采购计划规定了拟进行的国际采购业务的基本要求，它的编制标志着国际采购业务的开始。国际采购商品的种类、用途不同，计划的内容也不同，主要包括采购单位名称、采购目的、采购商品名称、品质、数量、单价、总价、采购国别、贸易方式、到货口岸及经济效益分析等。

### （二）市场调研

市场调研包括对采购商品的调研和对出口商资信的调研。对商品的调研应根据商品的特点有重点地进行，对出口商资信的调查包括出口商对我国政府的态度、目前的经营状况、信用、生产能力及技术水平。采购部门要时刻掌握市场信息和市场动向，仅凭直觉和经验做出的分析缺乏可靠性，势必会造成采购部门决策的失误，影响采购部门的效益。因此，采购前期的市场调查起着十分重要的作用。

### （三）拟订国际采购方案

国际采购方案是采购公司在国外市场调研和价格成本核算的基础上，为采购业务制定的经营意图和各项具体措施安排。内容包括采购数量和时间安排、采购交易对象的选择和安排、采购成交价格的掌握以及采购方式和采购条件的掌握。

## 二、国际采购的磋商

国际采购磋商是国际采购业务的重要阶段，磋商的形式大体分为三种：一是书面磋商，如往来函件、电报、电传、传真等；二是口头洽商形式，如参加各种博览会、交易会、洽谈会以及出访进行面对面的洽谈；三是行为表现形式，如在拍卖行、交易所等场合所进行的货物买卖。国际采购商与数家交易对象分别进行洽购磋商，通过比价、选择和讨价还价来议定价格。从程序上看，一般要经过询盘、发盘、还盘和接受四个环节。

### （一）询盘

询盘也叫咨询，指交易的一方准备购买某种商品的人向潜在的供货人探寻该商品的成交条件或交易的可能性的业务行为。询盘的内容涉及价格、规格、品质、数量、包装、装运以及索取样品等，而多数只是询问价格，故也称作询价。询盘不是每笔交易必经的程序，如交易双方彼此都了解情况，不需要向对方探询成交条件或交易的可能性，则不必使用询盘，可直接向对方发盘。它不具有法律上的约束力。

### （二）发盘

发盘指交易的一方为了销售或购买一批商品，向对方提出有关的交易条件，并表示愿按这些条件达成一笔交易。满足是向一个（或几个）特定受盘人提出的订立合同的建议、内容十分确定、表明发盘人订约意图、送达受盘人这四项必要条件的发盘具有法律效用。

### （三）还盘

还盘是受盘人对发盘内容不完全同意而提出修改或变更的表示，是对发盘条件进行添加、限制或其他更改的答复。还盘只有受盘人才可以做出，其他人做出无效。一方的发盘经对方改变了内容，还盘以后就应视为失效，发盘人不再受原发盘的约束；同时，接盘人在还盘中对原发盘有任何一点的改变，或对原发盘有任何一点的减少和增加，都是对原发盘的拒绝；接盘人在还盘以后又愿意接受原发盘，发盘人既可以确认，也可以拒绝。

### （四）接受

接受指受盘人在发盘的有效期内，无条件地同意发盘中提出的各项交易条件，愿意按这些条件和对方达成交易的一种表示。一项有效的接受应具有以下内容：接受必须是由特定的受盘人做出；必须以一定的形式表示出来；可以口头或书面，或用行动表示；应当是无条件的；接受的通知要在发盘的有效期内送达发盘人才有效。

## 三、国际采购合同的履行

我国进口采购合同大多以 FOB 价格条件成交，以信用证方式结算货款。所以下面主要介绍此类合同的履行。

国际采购商履行合同的主要内容有申请开证、办理运输（租船订舱、催装）、办理保险、审单付汇、接货报关、报验等，如果出现损失还须办理索赔。

### （一）申请开立信用证

进口采购合同签订后，进口商应填写开证申请书向银行办理开证手续。开证申请书是银行开立信用证的依据，也是申请人和银行之间的契约关系的法律证据。

### （二）办理运输

在履行 FOB 交货条件的进口合同项下，应该是卖方负责到对方口岸接货。根据合同规定，卖方在交货前一定时间将预计装运日期通知买方，买方在接到通知后，根据货物的性质和数量选择租船还是订舱，及时向运输公司办理手续，并按规定的期限将船名及船期及时通知对方以便对方备货装船。同时要注意催促对方按时装运。进口商（收货人）在货物到达目的地后，凭海运提单等运输单据向承运人的代理人换取提货凭证，用于办理进口报关、提货等手续。

### （三）办理进口保险

办理保险有预约投保和逐笔投保两种办法。为简化投保手续，防止漏保，我国外贸公司及经常有货物进口的企业会与保险公司订立预约保险合同（Open Police）。在预约保险合同规定范围内的货物，一经启运，保险公司即启动承担保险责任。而对于未与保险公司签订预约保险合同的企业，对进口货物需要逐笔办理保险，进口企业在收到国外卖方的装船通知后，应立即填制投保单或装货通知单。

采用 FOB 贸易术语成交的，应由买方办理保险，所以在卖方装船后应向买方发出货物已交至船上的充分通知，通知一般应列明合同号、货名、数量、金额、船名及起航日期，买方据此资料办理保险。

### （四）审单付汇

在货物装运后，卖方将汇票和货运单据交送出口地银行议付后，议付行随即将全套货运单据转寄买方开证行。由银行会同买方对单据的种类、份数、内容进行审核。在审单无误后银行即对外付款，同时要求买方按国家外汇牌价向其购买外汇，赎取单据，以便报关、接货。如有不符，应立即要求国外议付行改正或暂停对外付款。开证行、保兑行付款后无追索权。

### （五）接货和报关

进口企业通常委托货运代理公司办理接货、报关业务，海关凭进口许可证或报关单查验货证，确认无误后放行，买方接货。货物在到达港口卸货时要进行卸货核对，如发现短缺应及时填制"短卸报告"交由船方签认作为索赔的依据。

## （六）检验和拨交

进口商检施行"先放行通关，后检验检疫"原则。货物的检验有商检和法检之分，商检一般包括动植检疫、商品检验、卫生检疫即三检。不是所有的货物都需要商检和法检，视情况而定。在办理完商检手续之后，进出口公司委托中国对外贸易运输公司提取货物并拨交给订货部门。

## （七）索赔和理赔

在国际贸易中，合同的一方当事人全部或部分地未能履行合同所规定的义务，或者货物经检验发现其品质、数量、包装等方面有不符合合同规定应当进行鉴定，以便索赔。

## 四、货物的交付

在国际采购中，货物的交付需要一定的条件，即交货条件，按买卖合同规定的时间和地点交付符合合同的货物是卖方的主要义务，而买方也有义务接收货物，从而完成国际贸易货物的交接。因此，交货的时间和地点是国际采购合同中的重要内容；同时，货物的交付是通过运输这个中介完成的，运输对于货物由卖方至买方的实际转移起着极其重要的作用。

交货时间是指卖方按买卖合同规定将合同货物交付给买方或承运人的期限，故又称交货期或装货期。交货时间对买卖双方的利益均有很大影响，所以在采购合同中，一般必须对交货时间做出明确具体的规定，若卖方不能履约，买方有权要求损害赔偿或拒收货物。交货地点是指卖方按合同规定将货物交付给买方或承运人的地点，它直接关系到买卖双方交货的具体安排。由于交货地点通常取决于买卖合同中所采用的贸易术语，因此，在合同中选用正确的贸易术语至关重要。

国际采购中运输是采购业务的重要组成部分。国际货物运输方式包括海洋运输、铁路运输、航空运输、公路运输、内河运输、邮包运输、管道运输以及各种运输方式组合而成的多式联运。各种运输方式有其各自的特点及适用性。其中海洋运输是最重要的一种国际运输方式，据统计，国际贸易货物运输数量的 80%~90% 是通过海上运输实现的。随着运输技术和计算机管理理念的不断发展和加强，使多种方式的联合运输成为国际货物运输方式的一种较为有效且费用低廉的运输方式。

## 五、国际采购结算

国际采购结算是国际采购过程的重要环节，也是主要交易条件，其中的支付条款是采购合同中的重要组成部分。任何国际采购业务都涉及支付，对于采购方来说，了解多种支付方式及相关的银行业务是至关重要的，因为支付方式不仅可以减少立即付现的问题，还可以为买方提供最大限度的保障。买方可以把支付方式当作一种担保工具来使用，但是在采购货物或代表货物的单据未收到前不进行支付。国际采购货款结算涉及结算工具和结算方式两大内容。

国际结算的基本方法是非现金结算，在非现金结算条件下，必须使用一定的支付工具用以清算国际上的债权债务。票据就是一种支付工具，并因为其在经济上独特的作用，在商业交易中被广泛应用。最常见的票据有汇票、本票和支票，其中汇票最能反映票据的性质、特征和规律，最能集中地体现票据所具有的信用、支付和融资等各种经济功能，因而它是票据的典型代表。通过支付工具与结算方式相结合，国际采购常见的有三种支付方式，分别是汇付、托收、信用证。

（一）汇付

汇付又称汇款，是付款人通过银行，使用各种结算工具将货款汇交收款人的一种结算方式。汇付的历史悠久，在当今国际结算中仍得到广泛的运用，按结算性质划分，汇付可以分为预付货款（前 T/T）和货到付款（T/T）。汇款的交易前提完全处在买卖双方相互信任的基础上。

从采购方立场出发，预付是最不理想的支付方式，因为采购方要承担未交货的风险，因此，理性的采购方应该拒绝这种方式，除非必须预付。如货物需要按合同规定制造，不预付货款，卖方拒绝提前生产。预付不需要一次性付清全部的货款，一般采用逐步递增的分期付款方式。而后 T/T 则是对于出口商非常不利的结算方式，相当于出口商在给进口商进行无息贷款，在没有担保的情况下很有可能人财两空。

（二）托收

托收是出口商根据买卖合同先行发货，然后开立金融单据或商业单据两者兼有，委托出口托收行通过其海外联运或代理行（进口代收行）向进口商收取货款或劳务费用的结算方式。在现实的国际贸易中，一般的出口商不愿意在货款未收到前交货，而采购商也不愿意在货物未收到前支付货款，跟单汇票成了两者之间的桥梁，通过跟单汇票的方式，银行向双方提供保证。大量的国际采购都是采用跟单汇票支付的方式。跟单汇票（Documentary Bill）又称信用汇票、押汇汇票，是需要附带提单、仓单、保险单、装箱单、商业发票等单据，才能进行付款的汇票。

跟单托收项下所附的交易单据有两种交单方式：

1. 付款交单

付款交单指代收银行在进口商付款后将汇票及附属单据交给进口商凭以提货。出口商必须提交给银行的单据将由采购商鉴别，并且要求与买卖合同的有关条款完全相符。

2. 承兑交单

承兑交单指代收银行在进口商承兑汇票后将附属单据交进口商，已承兑的汇票留待到期时向进口商收款。

（三）信用证

信用证（Letter of Credit，L/C），指开证银行应申请人（买方）的要求并按其指示向第三方开立的载有一定金额的、在一定的期限内凭符合规定的单据付款的书面保证文件。

信用证是国际贸易中最主要、最常用的支付方式。在国际贸易活动中，买卖双方可能互不信任，买方担心预付款后，卖方不按合同要求发货；卖方也担心在发货或提交货运单据后买方不付款。因此，需要两家银行作为买卖双方的保证人，代为收款交单，以银行信用代替商业信用。银行在这一活动中所使用的工具就是信用证。

1. 信用证三原则

（1）信用证交易的独立抽象原则。

（2）信用证严格相符原则。

（3）信用证欺诈例外原则。

2. 信用证的内容规定

（1）对信用证本身的说明，如其种类、性质、有效期及到期地点。

（2）对货物的要求，根据合同进行描述。

（3）对运输的要求。

（4）对单据的要求，即货物单据、运输单据、保险单据及其他有关单证。

（5）特殊要求。

（6）开证行对受益人及汇票持有人保证付款的责任文句。

（7）国外来证大多数均加注："除另有规定外，本证根据国际商会《跟单信用证统一惯例》即国际商会 600 号出版物（《ucp600》）办理。"

（8）银行间电汇索偿条款（T/T Reimbursement Clause）。

3. 信用证方式的特点

（1）信用证是一项自足文件（Self – sufficient Instrument），不依附买卖合同，银行在审单时强调的是信用证与基础贸易相分离的书面形式上的认证。

（2）信用证方式是纯单据业务（Pure Documentary Transaction），信用证是凭单付款，不以货物为准，只要单据相符，开证行就应无条件付款。

（3）开证银行负首要付款责任（Primary Liabilities for Payment），信用证是一种银行信用，它是银行的一种担保文件，开证银行对支付有首要付款的责任。

4. 信用证运作流程

（1）开证申请人根据合同填写开证申请书并交纳押金或提供其他保证，请开证行开证。

（2）开证行根据申请书内容向受益人开出信用证并寄交出口人所在地通知行。

（3）通知行核对印鉴无误后将信用证交受益人。

（4）受益人审核信用证内容与合同规定相符后，按信用证规定装运货物、备妥单据并开出汇票，在信用证有效期内送议付行议付。

（5）议付行按信用证条款审核单据无误后把货款垫付给受益人。

（6）议付行将汇票和货运单据寄开证行或其特定的付款行索偿。

（7）开证行核对单据无误后付款给议付行。

（8）开证行通知开证人付款赎单。

5. 跟单信用证的支付

跟单信用证的支付是以提交信用证中规定的单据为基础的，因此必须非常仔细地审查单据以保证所需的单据都已提交且各单据相互之间不矛盾也不存在单据不符现象。由于信用证受到法律上"严格符合的原则"的制约，为了保障买方的利益，银行可以因单据上极小的误差而拒付。但如果买方出于对卖方的诚意，并且卖方严格履行了买卖合同。在单据有细小不符的情况下买方可以指示银行付款。

# 第三节　"互联网＋"跨境电子商务采购

## 一、"互联网＋"跨境电子商务概述

互联网技术的兴起与发展重塑了许多传统行业的运营模式，商业贸易就是其中重要的一个。跨境电子商务是传统跨境贸易的互联网化，是跨境贸易与电子商务的有机结合，在运营流程上具有两者的双重特征。

### （一）跨境电子商务概念和类型

跨境电子商务是指分属不同关境的交易主体，通过电子商务平台达成交易、进行支付结算，并通过跨境物流送达商品、完成交易的一种国际商业活动。跨境电商基于互联网平台大幅降低了买卖双方的信息沟通成本，在线上直接匹配交易主体，减少商品流通环节、提高商品流通效率、增加贸易发生机会。

跨境电子商务模式主要有跨境 B2B 电子商务、跨境 B2C 电子商务、跨境 C2C 电子商务以及跨境 O2O 电子商务。

1. 跨境 B2B 电子商务

跨境 B2B 电子商务（Business – to – Business）是指分属不同关境的商户通过电子商务手段将传统进出口贸易中的展示、洽谈和成交环节电子化，通常会以规模化现代物流方式送达货物给境外商户，从而完成交易的一种国际商业活动。

2. 跨境 B2C 电子商务

跨境 B2C 电子商务（Business – to – Consumer）是指商户通过电子商务将商品直接出售给不同关境的消费个人，并采用快件、小包等行邮的方式通过跨境物流送达商品、完成交易的一种国际商业活动。

3. 跨境 C2C 电子商务

跨境 C2C 电子商务（Consumer – to – Consumer）是指分属不同关境的个人卖方对个人买方开展在线销售产品和服务，由个人卖家通过第三方电子商务平台发布产品和服务售卖产品信息、价格等内容，个人买方进行筛选，最终通过电子商务平台达成交易、进行支付结算，并通过跨境物流送达商品、完成交易的一种国际商业活动。

4. 跨境 O2O 电子商务

O2O 电子商务（Online – to – Offline）是一种线上、线下消费形式，泛指通过有线或无线互联网提供商家的销售信息，将线下商务的机会与互联网结合在一起，聚集有效的购买群体，并在线支付相应的费用，再凭各种形式的凭据去现实世界的商品或服务供应商处完成消费。它作为电子商务新的商业模式在近年来得到了快速发展，其优势在于把线上和线下完美结合在一起，既为用户提供一个具有互动性、便利性、低价性等特点的网络平台，又为用户提供了可以进行实体体验的体验店。

O2O跨境电子商务可以通过对线上用户的订单进行数据分析，选出距离消费者最近的仓储及体验店进行发货，减小了物流的周期，提高了消费者的消费体验。例如，大连金普新区的跨境电子商务试验区及经贸合作区，已有阿里巴巴、韩国Ebay等登记注册企业340多家，入驻运营企业120家，O2O体验店18家，而随着金普新区"一站式"通关服务中心的启动，将进一步提高跨境电商的物流速度，增加客户体验的满意度。

### （二）"互联网＋"背景下我国跨境电子商务发展现状

在"互联网＋"背景下，跨境电子商务已经突破了传统的发展模式，逐渐形成新的发展模式，在新模式下，消费者与个体或企业建立了直接联系，大大地降低了商品的流通成本，为企业和个体创造了更大的利润空间。

当前我国跨境电子商务的发展具有以下特征：

1. 跨境电子商务交易的规模持续扩大，并在我国进出口贸易中所占的比例逐渐增加

随着全球经济一体化和信息化的快速发展，在商务全球化的背景下跨境电商正在飞速迅猛的发展。根据中国电子商务研究中心的统计数据，2015年、2016年跨境电商在进出口贸易总额中的占比已分别达到20.74%和25.89%，预计2019年将占到跨境总贸易的40%。

2. 跨境电子商务交易中以出口业务为主，并且呈现出快速发展的态势

2016年跨境电商进出口双向流动达到6.3万亿元人民币，其中出口业务达到了5.4万亿元，远高于进口业务的0.9万亿元。根据艾瑞咨询的预测，我国跨境电商业务在未来的增速将保持在20%～30%，预计2019年进出口双向电商交易规模将超过10万亿元人民币。[①]

3. 数据化的O2O跨境电子商务

在"互联网＋"背景下，随着大数据时代的到来以及跨境电商的不断发展，大数据技术与跨境电子商务的结合也成了发展的必然趋势。O2O跨境电商这种线上线下的模式必然有着庞大的数据信息，如消费者的信息、商家的运营数据、商品的数据等，跨境电商企业应该合理地运用数据分析技术对这些信息进行整理、分析及运用。通过数据的分析，了解消费者的需求及品牌的知名度，对消费者购物需求及偏好进行分析，从而得到客户及消费者真正感兴趣的数据信息。跨境电商则要根据这些数据进行分析，整理出消费者对哪些商品、哪种类型的东西购买更多。企业可以针对数据反映的特征，加大对热销的商品进行备货，调整货物存储的比例，提速货物物流配送，进而打造数据化的O2O跨境电商物流。另外，O2O跨境电商可以记录客户在浏览产品时的足迹，并对所有的消费行为进行

---

① 资料来源：中国报告网，http://free.chinabaogao.com/it/201707/0G12X2012017.html。

统计，得出消费者的偏好，进行个性化的产品推送，让 O2O 跨境电商企业获得更多的宣传和展示机会。同时可以根据客户填写的代收货地址，通过数据分析对其推荐最优的运费搭配方案，为客户提供优质的物流服务。

## 二、"互联网 + "跨境电子商务采购模式

### （一）"互联网 + "跨境电子商务企业采购特点

**1. 头部跨境企业**

这类企业拥有较高的市场份额，上游资源整合能力强。它们往往会直接与境外品牌方达成战略合作，商品由厂商直接供应，特别是在畅销的母婴、美妆、保健食品商品上头部企业一般会选择和品牌方直接达成合作，这样做的好处有三个：一是企业销售的商品具备完整的采销链路，可靠的保证产品质量及售后服务；二是能够在产品供应端争取到较低的采购成本；三是能最大限度地保证产品的供应稳定。

**2. 中部跨境企业**

这类企业往往是细分领域的垂直跨境电商企业，它们保有一定数量的特定用户，拥有不错的市场份额。其上游供应商以品牌代理商为主，少数非标产品会直接与品牌方达成合作。中部跨境企业在畅销品采购上谈判能力不及头部企业，它们在商品的销量上很难达到品牌要求的承销量。所以在畅销产品上游供应商选择上它们往往会选择该品牌的代理商，这样做有以下三个好处：一是不用或少承担压货的压力；二是能有效地保证商品质量，保证采销链路完整；三是能在一定程度上保障货源稳定。在非标品的供应商选择上，中部企业往往会直接与品牌方合作，原因在于这类非标产品在特殊市场拥有大量用户，而这类中部企业往往就是某一类垂直细分市场的独角兽，拥有该细分市场的绝对话语权。

**3. 尾部企业**

这类跨境电商企业多是刚刚进入跨境领域的小企业，在用户和销量都远远赶不上中部和头部企业，它们只能从境外商品经销商手中采购商品，相对而言，其采购成本均要高于头部和中部企业，在畅销品采购上尾部企业经常在缺货期无法组织到足够的货源。上游供应商整合已经成为我国跨境进口电商企业竞争的主旋律之一，有效的供应端整合是跨境电商企业提高销售商品性价的重要保障，是跨境企业获取海淘客户的重要手段。

### （二）"互联网 + "跨境电子商务采购模式①

跨境电商采购流程一般为：根据消费者订单信息或者历史销售信息决定采购品种及数量，再向供货商处进货。如图 9 - 2 所示。

---

① 资料来源：http：//www.100ec.cn/detail - -6332686.html。

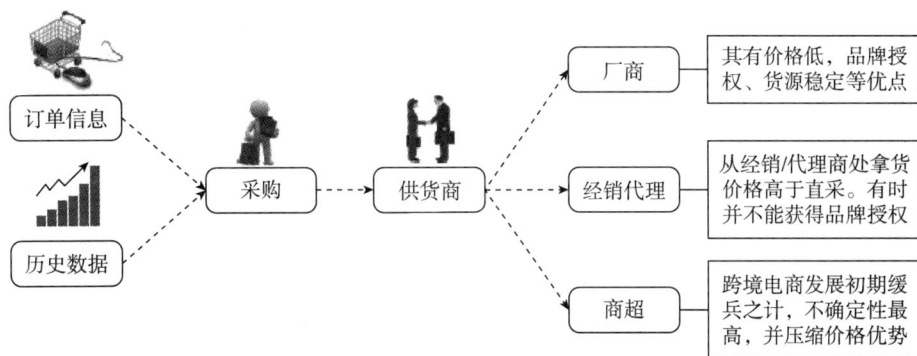

图9-2　跨境电商采购流程

1. 厂商直接供货

该渠道加价环节最少、定价优势大；具备厂商品牌背书，满足消费者"正品"需求；货物直供同时保证货源稳定性。

2. 经销商/代理商供货

一般而言，海外品牌经销/代理在保证本国供给充足情况下会分拨货物给跨境电商。该渠道定价相对于厂商直供定价偏高，有时会遭遇厂商不承认货物正品资质。同时，在海外市场需求旺盛时跨境电商企业难以保证货物供应。

3. 海外商超供货

在货物供给缺口较大时企业不得不采用该类方式，即组织海外个人从当地商超批量采购。该渠道货源供给不稳定、价格优势最小，且难以获得厂商认可、导致较高法律风险。

（三）我国"互联网＋"跨境电子商务采购发展现状与对策

我国大部分跨境电商企业成立时间短，在采购环节尚无企业形成绝对竞争优势，存在以下问题：

1. 产品受欢迎程度低、无法引起消费者购买欲，多个产品销路不佳导致平台销量差

针对产品销路问题，跨境电商企业普遍采用历史数据抓取消费热点，或进行简单产品热度统计。例如，天猫国际首页设置"商品试用"板块，给出一定商品范围邀请用户快速点击、申请试用。大量消费者乐于参与其中，实质上构成大样本随机调查，点击量能切实地反映出消费者需求。又如，母婴电商蜜芽宝贝首页"种草机"功能采取同样思路，在获得数据的同时也为新商品上线充分预热。

2. 招商能力差，供应商尤其是品牌供应商资源匮乏，导致货源依赖海外经销/代理商分拨甚至频繁从商超渠道进货

跨境电商企业最大发展障碍是缺乏坚实的供货商基础，上游供应链仍需经历较长培育期，跨境电商在合作商资源上与国内电商仍存在较大差距。天猫、京东、唯品会供货商数量分别超过7万、4万、1.1万家，雄厚供货商资源构成其在采购环节的拿货优势及定价优势。相比而言，知名度较高的兰亭集势、环球易购、蜜芽宝贝、洋码头等企业供货商数量稀少，尤其缺乏知名合作品牌，以目前水平难以支撑规模发展。

### 3. 优质供应商资源形成采购环节竞争壁垒

采购端竞争优势依托于多方面因素，如企业资金力量、消费趋势把握能力及采购团队谈判能力等，对于多数跨境电商企业而言都是严峻挑战。参照国内电商发展经验，只有部分领先企业能够形成采购端竞争壁垒。例如，天猫借助淘宝平台因势利导，吸引大量国内外知名品牌入驻，供货商数量超过 7 万个、品类数量超过 2000 个；京东凭借强大资本实力，拓展原 3C 供货平台为全品类平台，供货商达 4 万家、SKU 数量超过 2470 万个；唯品会则依托广东庞大服装尾货市场、打造专业买手团队，累计已获得逾 1.1 万家供应商。

从现阶段发展来看，平台优势及海外买手制有望帮助跨境电商企业形成采购环节竞争壁垒。

（1）平台优势：具备行业先发优势，已积累丰富品牌合作资源。亚马逊、ebay 以及阿里速卖通等企业在跨境电商采购环节先发优势明显。相比于其他跨境电商企业，三者具备深厚行业积淀，在供应商资源方面已完成前期积累。

以亚马逊为例，其电商业务遍布欧美、日本、中国等主要市场，在 2009 年之前已实现服装配饰、鞋类、电子产品、母婴产品、珠宝、汽配等大品类供应，在主要市场均形成丰富的品牌商合作资源。亚马逊国际业务与北美业务均发展迅速，2014 年披露总营业收入 890 亿美元，其中国际业务达到 335 亿美元。2001 年，亚马逊开放第三方平台，吸引大量企业及个人卖家入驻平台。第三方业务进一步扩大了亚马逊品类优势，并补充长尾品类供给，从而促使自营业务专注于主要商品品类。到 2012 年、2013 年公司第三方业务增长率已超出其自营业务，分别达 43%、18%。亚马逊采购端优势在 2014 年爆发。2014 年亚马逊中国向国内消费者开通六大海外站点，平台 SKU 数量一跃从 600 万家扩大为 8000 万家，同时合作国际品牌数量从 4000 家增长至 6000 家，其上游拿货优势及定价优势毋庸置疑。

（2）精英买手制：利用丰富行业经验及技术锁定爆款商品。买手制度最早出现于服装行业，其出现根本上是为解决零售商缺乏进货经验。相对于一般采购人员，买手更为了解行业规范、具备敏锐时尚嗅觉及货品辨别能力，并与多品牌供应商及经销商建立良好合作关系。买手制有望帮助跨境电商企业在采购环节形成竞争优势。跨境电商企业一般需在海外完成采购活动，如果组建海外精英买手团队，可以凭借买手经验及行业资源便捷了解海外市场运作、以低廉价格锁定爆款商品，并达成与海外商家的商业合作。

国内知名闪购电商唯品会正是凭借成熟买手制度打造采购环节壁垒。买手占总员工比例达 10%，2014 年总人数共计 881 人。唯品会买手职责包括判断每一季流行趋势，把握消费热点；对厂商订货单、特卖会销售数据进行持续跟踪及分析，以数据支持采购及特卖会活动；与品牌商进行就进货及线上销售等活动的交流与协调。

2009~2013 年，唯品会合作品牌数量经历爆发式增长，业绩也因此扶摇直上。2009 年网站处于起步阶段，供货商基础非常薄弱，合作品牌仅数十家，随后连续 5 年成倍增长，到 2013 年合作商数量达到 4287 家，到 2014 年已突破 1 万家，其中独家合作品牌就达 1100 余家。与此同时，唯品会营业业绩增长迅猛，且仍未出现成长天花板。2011 年第一季度~2014 年第四季度单季营业额从 0.29 亿美元增长至 3.1 亿美元，并在 2012 年第四季度开始扭亏为盈，到 2014 年第四季度单季净利达 0.53 亿美元。2014 年唯品会加入跨境电商大潮，启动"全球特卖"板块，运营模式基本与其国内模式类似，通过组建海外买手团队进行货品采购，品类覆盖服装、母婴、化妆品等。海外买手团队招募与管理是其跨境电商业务成功的关键。

# 第四节　案例与习题

## 一、案例

### 华为全球采购分散风险，迈向跨国企业巨头[①]

华为技术有限公司是一家生产销售通信设备的民营通信科技公司，总部位于中国广东省深圳市龙岗区坂田华为基地。华为的产品主要涉及通信网络中的交换网络、传输网络、无线及有线固定接入网络和数据通信网络及无线终端产品，为世界各地通信运营商及专业网络拥有者提供硬件设备、软件、服务和解决方案。华为于 1987 年在中国深圳正式注册成立。华为公司的采购目标是构建一个世界级的采购运作系统，满足客户需求，提升公司的客户满意度和核心竞争力。

#### （一）从求便宜到求品质

在华为成长过程中，产品采用的电子部件也在变化。

在以中国和新兴市场国家为中心供货产品的 2006 年以前，华为采购时最注重的是低价格，从来不向供应商提出新产品要求，一直是被动接受。但在与全球竞争企业激烈交锋的今天，华为必须先于其他竞争公司获得尖端部件，需要转换成与供应商合作以共同增长的模式。

因此，为了加深与日本电子企业的合作，华为开始采取措施。华为与全球的通信运营商都有往来，以与它们共同拥有研究开发基地等方式来抓住需求。而日本企业虽然拥有优秀的技术，却未必能抓住这些需求。双方如果合作就会构筑一种双赢关系。实际上，华为与日本企业之间的业务在迅速增加。2009 年的采购额约为 4.47 亿美元，而 2012 年达到 8.31 亿美元，几乎翻一番。

为制造最新锐机型，也为了避免过于依赖其他国家的企业，华为扩大了日本企业部件的采购比例。虽然这一数额与华为 2011 年的总采购额 200 亿美元相比还很小，但今后从日本企业采购的比例还将增加。为了开拓拥有优秀技术的企业，华为准备在日本国内设立部件采购中心，而设立该采购中心的目的是在拥有高度技术但在世界上并不闻名的大量日

---

① 资料来源：http://finance.people.com.cn/n/2012/1114/c348883-19577104.html。

本企业中，开拓出一片天地。

### （二）分散采购降低风险

华为基本上是一家把从各公司采购的部件组合制成最终产品（通信设备）的企业，因此经营部件和制造装置的企业全都能成为该公司的供应商。华为将技术（Technical）、品质（Quality）、速度（Speed）、配送（Delivery）、价格（Cost）和环境（Environment）六项指标数值化，以此来选择供应商。不过，华为公司并不只是照本宣科，因为如果拥有可与其他公司形成差异化的技术，会提高该技术的比重评价，必要时还可以通过共同研究等提供资金援助。

华为虽然拥有半导体业务，但基本上是一家整机厂商。从半导体到室外设备建材有着广泛的产品需求。华为之所以希望与日本电子企业联手，不仅仅只是想获得尖端部件，还有降低采购风险的考虑。尤其在意的是对美国特定企业的过度依赖，当用于通信设备的微处理器和可编程 LSI 等核心部件极度依赖美国的某家企业时，华为很需要改变一下这种情况。而日本有富士通那样拥有毫不逊色于美国企业的尖端半导体设计和制造技术，只要有市场就能开发出可抗衡产品的企业。

2012 年 12 月，华为投资 9000 万美元在芬兰赫尔辛基创建研究开发中心。2014 年 6 月，华为斥资 1.25 亿英镑在英国西部港口城市布里斯托尔建立研发中心，专注芯片技术研发。2014 年 9 月，华为在法国南部开办了研发机构，主攻芯片组设计和内嵌技术。同年 10 月 2 日，华为宣布在法国扩建其研发中心，并进一步加大在法国的采购及其他产业合作。

高端智能手机要求充电电池、扬声器、摄像头以及构造材料等部件，要有能在薄型、高品质、低耗电量方面超过其他智能手机的部件。要想成为市场的领头羊，只是买回任意一家企业制造的部件进行组装就远远不够了。还要考虑供应商未来的成长，与其共同开发最新技术。为此要不惜投资。即使企业规模不大，只要拥有能让人眼前一亮的技术，华为就愿意提供支援。华为设备（Huawei Device）公司在日本拥有 R&D 中心，发掘拥有新技术的合作企业也是其使命之一。

## 二、专题讨论

1. 国际采购为华为的发展带来哪些优势？
2. 国际采购存在哪些风险？华为是如何应对这些风险的？

## 三、练习题

### （一）选择题

1. 下列_____不属于国际采购的特点。

A. 采购地距离较远 　　　　　B. 程序相对复杂

C. 风险相对较大 　　　　　　D. 订货提前期短

2. 下列_____规定了拟进行的国际采购业务的基本要求，标志着国际采购业务的开始。

A. 编制国际采购计划　　　　　　　B. 市场调研

C. 拟订国际采购方案　　　　　　　D. 国际采购的磋商

3. 票据就是一种支付工具，并因为其在经济上独特的作用，在商业交易中被广泛应用。最常见的票据有汇票、本票和支票，其中_____最能反映票据的性质，特征和规律，最能集中地体现票据所具有的信用，支付和融资等各种经济功能，因而它是票据的典型代表。

A. 汇票　　　　　　B. 本票　　　　　　C. 支票

4. 从采购方立场出发，_____是最不理想的支付方式，因为采购方要承担未交货的风险，因此，理性的采购方是应该拒绝这种方式的，除非必须_____。

A. 汇付　　　　　　B. 预付　　　　　　C. 信用证

（二）填空题

1. 国际采购磋商是国际采购业务的重要阶段，磋商的形式大体分为三种：一是_____，如往来函件、电报、电传、传真等；二是_____，如参加各种博览会、交易会、洽谈会以及出访进行面对面的洽谈；三是_____，如在拍卖行、交易所等场合所进行的货物买卖。

2. 目前我国进口采购合同大多以_____条件成交，以_____方式结算货款。

3. 由于交货地点通常取决于买卖合同中所采用的_____，因此，在合同中选用正确的_____至关重要。

（三）名词解释

1. 国际采购

2. 询盘

3. 信用证

4. 贸易术语

（四）简答题

1. 请简述国际采购的特点。

2. 请简述国际采购前的准备工作。

3. 请简述国际采购磋商的过程。

4. 请简述信用证的运作流程。

（五）论述题

1. 试结合实际情况谈谈国际采购的必要性。

2. 试论述在 FOB 价格条件成交下，以信用证方式结算货款的合同的履行。

## ◇ 本章参考文献

［1］胡军主编．国际采购理论与实务［M］．北京：中国物资出版社，2008.

［2］杭言勇主编．国际采购实务［M］．大连：大连理工大学出版社，2007.

［3］赵道致等编著．采购与供应链管理［M］．北京：清华大学出版社，2009.

［4］徐杰等主编．采购管理［M］．北京：机械工业出版社，2009.

［5］苏宗祥等编著．国际结算［M］．北京：中国金融出版社，2010.

［6］杨德彬．物流金融在国际贸易结算中的应用研究［D］．复旦大学硕士学位论文，2011.

# 第十章 招标采购

## 药品集中招标，降低基础药价

药品集中招标采购主要指数家医疗机构联合组织的药品招标采购和共同委托招标代理机构组织的药品招标采购。城镇职工基本医疗保险（或公费医疗）药品目录中的药品、医疗机构临床使用量比较大的药品，原则上实行集中招标采购。

药品集中招标采购，是药品采购制度的一项重大改革，实行药品采购招标的目的是规范医疗机构药品购销活动，引入市场竞争机制，提高药品采购透明度，遏制药品流通领域不正之风，减轻社会医药费用负担，保证医药体制改革和医疗机构改革的顺利实施。为了推进我国的城镇医药卫生体制改革进程，国务院及相关部门制定了一系列政策法规，如卫生部、国家发展改革委等部委联合发布的《医疗机构药品集中招标采购试点工作若干规定》和《药品招标代理机构资格认定及监督管理办法》、《关于进一步做好医疗机构药品集中招标采购工作的通知》、《关于进一步规范医疗机构药品集中招标采购的若干规定》、《医疗机构药品集中招标采购工作规范（试行）》、《医疗机构药品集中招标采购和集中议价文件范本（试行）》等，明确了药品集中招标采购和集中议价采购的交易规则、业务流程和行为规范，以及药品招标代理机构资格认定等。

资料来源：http：//www.xinhuanet.com/politics/2018-11/19/c_1123731729.htm。

◇ **案例解析**

案例中，通过对药品的集中招标采购，对药品价格有很好的遏制作用，可以有效减轻患者经济负担。

思考：药品招标的实施效果能否达到预想的目标？未达到目标的原因是什么？

◇ **案例涉及主要知识点**

招标采购

◇ **学习导航**

- 掌握招标采购的基本概念和特点
- 掌握招标采购的主要方法

◇ **教学建议**

- 备课要点：招标采购定义的理解、招标采购的目的、招标采购的基本要求、招标采购的方法、招标采购的流程
- 教授方法：案例、讲授、实证、启发式
- 扩展知识领域：采购绩效管理的发展趋势

## 第一节　招标采购基础

### 一、招标采购定义

招标采购是在一定范围内公开采购信息，说明采购物品或项目的基本情况和交易条件，邀请供应商在规定的期限内提出报价，按公开说明的标准进行比较分析后确定最优投标人并与其签订采购合同的一种采购形式。

招标采购是在众多的供应商中选择最佳供应商的有效方法，体现了公平、公开、公正的原则，通过招标程序，招标企业可以最大限度地吸引和扩大投标方之间的竞争，从而使招标方有可能以更低的价格采购到所需要的物资或服务，更充分地获得市场利益。招标采购方式通常用于比较重大的建设工程项目、新企业寻找长期物资供应商、政府采购或采购批量比较大的场合。

### 二、招标采购的主要特点

#### （一）竞争性

有序竞争，优胜劣汰，优化资源配置，提高社会和经济效益。这是社会主义市场经济

的本质要求，也是招标采购的根本特点。

### （二）程序性

招标投标活动必须遵循严格的法律程序，相关法律对招标人确定招标采购内容、招标范围、招标方式、招标组织形式直至选择中标人并签订合同的招标投标全过程每一环节的工作内容和时间、顺序都有严格的限定，不能随意改变。任何违反法律程序的招标投标行为都可能侵害相关当事人的权益而应当承担相应的法律责任。

### （三）规范性

相关法律对各招标投标主体的资格、行为和责任以及各个环节的工作条件、内容、形式、标准都有明确的规范要求，应当严格遵守。

### （四）一次性

投标要约和中标承诺只有一次机会，且密封投标，双方不得在招标投标过程中就实质性内容进行协商谈判，讨价还价，这也是招标采购与谈判采购及拍卖竞价的主要区别。

## 三、招标采购原则

招标采购应当遵循公开、公平、公正和诚实信用的原则。

### （一）公开原则

招标项目的需求、投标人资格条件、评标标准和办法以及开标信息、中标候选人、中标结果等招标投标程序和时间安排等信息应当按规定公开透明。

### （二）公平原则

每个潜在投标人都享有参与平等竞争的机会和权利，不得设置任何条件歧视排斥或偏袒保护潜在投标人，招标人与投标人应当公平交易。

### （三）公正原则

招标人和评标委员会对每个投标人应当公正评价，行政监督部门应当公正执法，不得偏袒护私。

### （四）诚实信用原则

招标投标活动主体应当遵纪守法、诚实善意，恪守信用，严禁弄虚作假、言而无信。

## 四、招标方式

按照不同的分类方法，可以划分为不同的招标方式。实践中比较常见的分类方法有按竞争开放程度和按竞争开放地域两种。

### （一）按竞争开放程度分类

按照竞争开放程度分类，招标方式分为公开招标、邀请招标和议标三种。

**1. 公开招标**

公开招标属于非限制性竞争招标，是招标人以招标公告的方式邀请不特定的法人或其他组织参加投标，按照法律程序和招标文件公开的评标标准和办法选择中标人的一种招标方式。这是一种充分体现招标信息公开性、招标程序规范性、投标竞争公平性，可以降低串标、抬标和其他不正当交易的可能性，最符合招标采购优胜劣汰和"三公"特征的招标方式，也是其主要的招标采购方式。

**2. 邀请招标**

邀请招标属于有限竞争性招标，也称为选择性招标。招标人以投标邀请书的方式直接邀请特定的潜在投标人参加投标，按照法律程序和招标文件规定的评标标准方法选择中标人的招标方式。邀请招标不必发布招标公告或资格预审公告，但必要时可以组织资格预审，且投标人不应少于3个。由于邀请招标选择投标人的范围和投标的竞争程度受到一定限制，可能达不到预期的竞争效果及其中标价格。邀请招标适用于因涉及国家安全、国家秘密、商业机密、技术复杂、有客观特殊要求，或受自然环境限制等只有少量几个潜在投标人可供选择的项目，或者招标项目较小，采用公开招标方式的费用占项目合同金额的比例过大的项目。公开招标和邀请招标方式特点对比如表 10-1 所示。

**表 10-1　公开招标与邀请招标对比**

| | 公开招标 | 邀请招标 |
|---|---|---|
| 适用条件 | 适用范围广，大多数项目均可采用，规模较大、建设周期长的项目尤为适用 | 适用于技术复杂、有特殊要求或者受自然环境限制只有少数潜在投标人可供选择的项目，或者拟采用公开招标的费用占合同金额比例过大的项目 |
| 竞争程度 | 属非限制性竞争招标方式，投标人之间相互竞争比较充分 | 属有限竞争性招标方式，投标人之间的竞争受到一定限制 |
| 招标成本 | 招标成本和社会资源耗费较大 | 招标成本和社会资源耗费较小 |
| 信息发布 | 招标人以公告的方式向不特定的对象发出投标邀请。依法必须进行招标的项目，应当在指定媒体发布招标公告或资格预审公告 | 招标人以投标邀请书的方式向特定的对象发出投标邀请 |
| 优点 | 信息公开，程序规范，竞争充分，投标人较多，招标人选择余地较大，有利于从中选择出合适的中标人 | 招标工作量相对较小，招标花费较省，投标人比较重视，招标人选择的目标相对集中 |
| 缺点 | 素质能力良莠不齐，招标工作量大，时间较长 | 投标人数量相对较少，竞争性较差，招标人在选择邀请对象前所掌握的信息存在局限性，有可能得不到最合适的承包商和获得最佳竞争效益 |

3. 议标

议标也称为谈判招标或限制性招标，是指直接邀请 3 家以上合格供应商就采购项目进行谈判的采购方式。

议标由于其本身的局限性，在大多数情况下都应尽可能地避免采用。议标通常适用于当采购方公开招标后，没有供应商投标或没有合格中标者的情况下，或者是不可预见的急需采购，无法按公开招标方式进行采购的。当投标文件的准备和制作需要较长时间才能完成或需要高额费用时，也可以采用议标。

由于议标的中标者是通过谈判产生的，存在暗箱操作的可能，导致非法交易的产生，因此，我国机电设备招标规定中禁止采用议标方式。

《联合国贸易法委员会货物、工程和服务采购示范法》中规定，经颁布国批准，招标人在下述情况下可采用议标的方法进行采购：①急需获得该货物、工程或服务，采用公开招标程序不切实际。这种情况还要求造成此种紧迫性的情况并非采购实体所能预见，也非采购实体自身所致。②由于某一灾难性事件，急需得到该货物、工程或服务，而采用其他方式因耗时太多而不可行。

在议标过程中，招标人应与足够数目的供应商或承包商举行谈判，以确保有效竞争，如果是采用邀请报价，至少应有 3 家；招标人向某供应商和承包商发送与谈判有关的任何规定、准则、文件、澄清或其他资料，应在平等基础上发送给正与该招标人举行谈判的所有其他供应商或承包商；招标人与某一供应商或承包商之间的谈判应是保密的，谈判的任何一方在未征得另一方同意的情况下，不得向另外任何人透露有关的任何技术资料、价格或其他市场信息。

## （二）按竞争开放地域分类

按照竞争开放的地域范围可以将招标划分为国内招标和国际招标。

1. 国内招标

国内招标是指在采购国范围内，邀请不特定（国内公开招标）或特定（国内邀请招标）的对象参与投标竞争，并按照规定程序从中选择交易对象的一种市场交易行为。

国内招标是在本国内媒体上刊登招标公告，公开出售标书，公开开标一般以本国语言编写标书，投标的参与者大部分都是本国企业。从国内采购货物或者工程建设服务等可以大大节省时间，对项目的实施有很大的便利性。通常适用于合同金额较小（世界银行规定一般在 50 万美元以下）、采购品种比较分散、分批交货时间较长、劳动密集型产品、商品成本较低而运费较高、当地价格明显低于国际市场等情况下的采购。

如有外国公司愿意参加国内招标，则应允许它们按照国内招标的要求参加投标，不应人为设置障碍，妨碍其公平参加竞争。由于国内招标限制了竞争范围，通常国外供应商不能得到有关投标的信息，这与公开招标的原则不符，所以有关国际组织对国内招标都有所限制。

2. 国际招标

国际招标是指在国际相适应的领域范围内公开货物、工程或服务采购的条件和要求，邀请不特定（国际公开招标）或特定（国际邀请招标）的对象参与投标，并按照规定程序从中选择交易对象的一种市场交易行为。

国际公开招标须通过面向国内外的公开媒介和网络发布招标公告。国际招标文件的编制应遵循国际贸易准则、惯例，招标投标程序复杂、严密、时间相对较长。适用于规模大、价值高、技术和管理比较复杂，国内难以达到要求或提供项目资金的国外投融资组织规定需要在全球范围内选择合适的投标人，或需要引进先进的工艺、技术和管理的工程货物或服务的项目招标。

国际招标是在世界范围内进行招标，国内外合格的企业均可以参与投标。国际招标要求招标者制作完整的英文标书，在国际上通过各种宣传媒介刊登招标公告。例如，世界银行对其贷款项目货物及工程的采购规定了三个原则：必须注意节约资金并提高效率，即经济有效；要为世界银行的全部成员国提供平等的竞争机会，不歧视投标人；有利于促进借款国本国的建筑业和制造业的发展。世界银行认为，国际招标能很好地满足以上三原则。

## 五、招标方法

为适应不同招标项目特点的需要，2019 年 3 月 2 日第三次修订的《中华人民共和国招标投标法实施条例》规定了两阶段招标、电子招标等招标方法和手段，在实践中还摸索出了框架协议招标等招标方法。

### （一）两阶段招标

对于一些技术复杂或者无法精确撰写技术规格的项目招标，可以分为两个阶段进行：第一阶段通过招标公告征集项目技术方案，从潜在投标人递交的技术方案中优选确定技术方案，统一技术标准、规格和要求，并据此编制招标文件，因此这个阶段实质是招标文件的准备阶段，除发布招标公告外，不需要严格按照招标投标程序要求实施，潜在投标人也不需要递交有实质约束力的投标报价。第二阶段一般由第一阶段递交技术方案的潜在投标人按照招标文件及其统一确定的技术标准、规格要求，编制递交投标文件。

### （二）电子招标

电子招标是指招标投标主体按照国家有关法律法规的规定，以数据电文为主要载体，运用电子化手段完成的全部或部分招标投标活动。

电子招标与纸质招标相比，具有高效、低碳、节约、透明的特点，有利于建立招标市场信息一体化共享体系，突破传统招标实施和管理封闭侵害的缺陷，转变和完善招标行政监督方式，真正实现"公开、公平、公正"的价值目标，有效发挥社会监督和主体自律作用，建立健全招标投标信用体系，规范招标投标秩序，预防和惩治腐败交易行为。

### （三）框架协议招标

主要适合于企业集团或政府采购招标人采用集中一次组织招标，为下属多个实施主体在一定时期内因零星、应急或重复需要分批次采购技术标准、规格和要求相同的货物或同一类型的服务。招标人通过招标，与中标人形成货物或服务统一采购框架协议，协议中一般只约定有效期内采购货物和服务的技术标准、规格和要求及其合同单价，不约定或大致约定采购标的数量和合同竞价，各采购实施主体按照采购框架协议分别与一个或几个中标人分批次签订和履行采购合同协议。为了适应有效期内货物和服务产生的价格波动，框架协议中可以选择确定一个价格联运指数，适时调整框架协议确定的货物和服务合同单价，也可以采用定期更新补充框架协议中标人数量及其中标单价的动态调整办法。

## 第二节　招标采购程序

招标采购的基本程序包括招标准备、资格审查、编制发售招标文件、投标、开标、评标、中标和合同签订。

### 一、招标准备

招标准备工作包括制订招标工作总体计划、确定招标组织形式、落实招标基本条件和编制招标采购方案。

#### （一）制订招标工作总体计划

根据政府、企业采购需要或项目实施进度要求制订项目招标采购总体计划，明确招标采购内容、范围和时间。

#### （二）确定招标组织形式

招标组织形式一般有自行组织招标和委托代理招标两种形式。

1. 自行组织招标

招标人如果具有与招标项目规模和复杂程度相适应的技术、经济等方面的专业人员，经相关部门审核后可以自行组织招标。

2. 委托代理招标

招标人如不具备自行组织招标的能力条件的，应当委托招标代理机构办理招标事宜。招标人应该根据招标项目的行业和专业类型、规模标准，自主选择具有相应资格的招标代理机构，委托其代理招标采购业务。

#### （三）落实招标基本条件

为了维护招标市场秩序，保护招标投标当事人的合法权益，提高招标投标的成效，根据有关规定，招标必须具备必要的基本条件：

1. 招标人应当符合相应的资格条件

招标人只能是法人或其他合法组织。招标人是法人的应当有必要的财产或经费，有自己的名称、组织机构和场所，具有民事行为能力，且能够依法独立享有民事权利和承担民事义务的机构。招标人不具备法人资格的应当是依法成立且能以自己的名义参与民事活动的经济和社会组织，如合伙型联营企业、法人的分支机构、不具备法人资格条件的中外合作经营企业、法人依法设立的项目实施机构等。

2. 招标项目应当符合相应的资格条件

根据招标项目本身的性质、特点应当满足项目招标和组织实施必需的资金、技术条件、管理机构和力量、项目实施计划和法律法规规定的其他条件。

此外，招标的内容、范围、条件、招标方式和组织形式已经由有关项目审批部门或招标投标监督部门核准，并完成法律、法规、规章规定的项目规划、审批、核准或备案等实施程序。

### （四）编制招标采购方案

为有序、有效地组织实施招标采购，招标应在上述准备工作的基础上，根据招标项目的特点和自身需求，依据有关规定编制招标方案，确定招标内容范围、招标组织形式、招标方式、标段划分、合同类型、投标人资格条件、安排招标工作目标、顺序和计划、分解落实招标工作任务和措施以及需要的资源、技术与管理条件。其中，依法必须招标的工程建设项目的招标范围、招标方式与招标组织形式应报项目审批部门核准或招标投标监督部门备案。

## 二、资格审查

为了保证潜在投标人能够公平地获取投标竞争的机会，确保投标人满足招标项目的资格条件，同时避免招标人和投标人不必要的资源浪费，招标人应当对投标进行资格审查。

资格审查包括资格预审和资格后审两种。

### （一）资格预审

资格预审是指招标人在投标前按照有关规定程序和要求公布资格预审公告和资格预审文件，对获取资格预审文件并递交资格预审申请文件的申请人组织资格审查，确定合格投标人的方法。

### （二）资格后审

资格后审是指开标后由评标委员会对投标人资格进行审查的方法。采用资格后审办法的按规定要求发布招标公告，并根据招标文件中规定的资格审查方法、因素和标准，在评标时审查确认满足投标资格条件的投标人。

### 三、编制发售招标文件

招标文件是招标人向投标人提供的为进行投标工作所必需的文件，旨在向投标人提供为编写投标文件所需的资料并向其通报招标投标将依据的规则和程序等项内容的书面文件。招标文件是整个招标采购中的核心文件，也是招标方全部活动的依据。拟定一个高水平的招标文件，是搞好招标采购的关键。

（一）招标文件的编制

招标文件的编制要特别注意以下几点：①所有采购的货物、设备或工程的内容，必须详细地一一说明，以构成竞争性招标的基础；②制定技术规格和合同条款，不应造成对有资格投标的任何供应商或承包商的歧视；③评标的标准应公开和合理，对偏离招标文件另行提出新的技术规格的标书的评审标准，更应切合实际，力求公平；④符合本国政府的有关规定，如有不一致之处要妥善处理。

招标文件包括投标邀请、招标设备一览表、投标方须知、合同、投标文件格式等。

招标文件并没有法律意义上的固定格式，招标单位可以根据实际情况按自己的需要组织招标文件的结构。

通常情况下，招标文件应当至少包括以下内容：

1. 招标公告

招标公告是指招标单位或招标人在进行科学研究、技术攻关、工程建设、合作经营或大宗商品交易时，公布标准和条件，提出价格和要求等项目内容，以期从中选择承包单位或承包人的一种文书。在市场经济条件下，招标有利于促进竞争，加强横向经济联系，提高经济效益。对于招标者来说，通过招标公告择善而从可以节约成本或投资，降低造价，缩短工期或交货期，确保工程或商品项目质量，促进经济效益的提高。

2. 投标人须知

投标人须知即具体制定投标的规则，使投标商在投标时有所遵循。投标须知的主要内容包括：

（1）资金来源。

（2）如果没有进行资格预审的，要提出投标商的资格要求。

（3）投标书的编制要求。

（4）招标文件和投标文件的澄清程序。对于招标文件和投标文件中不清楚或有歧义的地方，应当由招标方进行统一的澄清。

（5）投标价格和货币规定。对投标报价的范围做出规定，即报价应包括哪些方面，统一报价口径便于评标时计算和比较最低评标价。

（6）修改和撤销投标的规定。

（7）投标程序。

（8）投标有效期、投标截止日期和开标的时间地点等。

（9）投标保证金。招标人可以在招标文件中要求投标人提交投标保证金作为担保，以防投标人在中标后违约，给招标人带来损失。中标人确定后，对于没有中标的投标人，投标保证金应予以退还。

3. 技术规格

技术规格是招标文件和合同文件的重要组成部分，也是评标的关键依据之一。招标文件中的规格应当采用国际或国内公认、法定的标准。

技术规格应当尽可能地详细，方便投标人根据技术规格要求对招标项目进行逐一对应，同时也方便评标委员会对投标人进行响应性评价。

4. 评标的标准和程序

招标文件中公布的评标标准和方法是招标采购中评标时惟一能够采用的标准，不得另行选择其他未在招标文件中公布的标准和方法。

5. 合同条款

合同条款应明确将要完成的工程范围、供货范围、招标人与中标人各自的权利和义务。合同条款包括通用合同条件和专用合同条件。通用合同条件规定有关当事人的权利义务，专用合同条件是符合招标项目的特殊合同条款。

（二）招标文件的发售

招标文件的发送可以采取免费提供的方式，也可以要求潜在投标人付费获得。在国内的招标采购中，通常要求潜在投标人付费购买招标文件，费用一般在几百元左右，这样可以使参与投标的企业对招标项目细致思考，避免出现凑热闹的现象。如果招标采购在资格审查时采用资格预审的方式，招标文件可以直接发售给通过资格预审的供应商，如果采用资格后审方式则可以向所有对招标项目有兴趣的供应商发售招标文件。

## 四、投标

招标文件发售完毕后，招标采购即进行投标阶段。

投标包括投标文件编制和投标文件提交。

（一）投标文件编制

投标文件是评标委员会的评标证据，一份高质量的投标文件是投标企业在招标采购中获胜的关键，投标人应当根据招标项目的特点，严格按照招标文件中的要求编制投标书，并对招标文件中的技术规格作出实质性的响应。

（二）投标文件提交

投标文件应在招标文件中规定的投标截止日期前提交到招标方，包括正本和多本副本，正本和副本的内容应当完全一致，投标文件应当密封提交，并在密封封面上标明正本或副本。招标人在收到投标文件后，在开标前不得启封投标文件。

## 五、开标

开标是指在招标投标活动中，由招标人主持、邀请所有投标人和行政监督部门或公证机构人员参加的情况下，在招标文件预先约定的时间和地点当众对投标文件进行开启的法定流程。

开标应当按招标文件规定的时间、地点和程序以公开方式进行。开标时间与投标截止时间应为同一时间。唱标内容应完整、明确。只有唱出的价格才是合法、有效的。唱标及记录人员不得将投标内容遗漏不唱或不记。

开标既然是公开进行的，就应当有一定的相关人员参加，这样才能做到公开性，让投标人的投标为各投标人及有关方面所共知。一般情况下，开标由招标人主持；在招标人委托招标代理机构代理招标时，开标也可由该代理机构主持。主持人按照规定的程序负责开标的全过程。其他开标工作人员办理开标作业及制作记录等事项。邀请所有的投标人或其代表出席开标，可以使投标人得以了解开标是否依法进行，有助于使他们相信招标人不会任意做出不适当的决定；同时，也可以使投标人了解其他投标人的投标情况，做到知己知彼，大体衡量一下自己的中标可能性，这对招标人的中标决定也将起到一定的监督作用。此外，为了保证开标的公正性，一般还邀请相关单位的代表参加，如招标项目主管部门的人员、监察部门的代表等。有些招标项目，招标人还可以委托公证部门的公证人员对整个开标过程依法进行公证。

开标时，对于投标文件中含义不明确的地方，允许投标人进行简要解释，但所作解释不能超过投标文件记载的范围，或实质性地改变投标文件的内容。以电传、电报方式投标的不予开标。

## 六、评标

评标，是指按照规定的评标标准和方法，对各投标人的投标文件进行评价比较和分析，从中选出最佳投标人的过程。评标是招标投标活动中十分重要的阶段，评标是否真正做到公开、公平、公正，决定着整个招标投标活动是否公平和公正；评标的质量决定着能否从众多投标竞争者中选出最能满足招标项目各项要求的中标者。

评标应由招标人依法组建的评标委员会负责，即由招标人按照法律的规定，挑选符合条件的人员组成评标委员会，负责对各投标文件的评审工作。招标人组建的评标委员会应按照招标文件中规定的评标标准和方法进行评标工作，对招标人负责，从投标竞争者中评选出最符合招标文件各项要求的投标者，最大限度地实现招标人的利益。

（一）评标委员会

1. 评标委员会的人员组成

（1）招标人的代表。招标人的代表参加评标委员会，以在评标过程中充分表达招标人的意见，与评标委员会的其他成员进行沟通，并对评标的全过程实施必要的监督。

（2）相关技术方面的专家。由招标项目相关专业的技术专家参加评标委员会，对投标文件所提方案的技术上的可行性、合理性、先进性和质量可靠性等技术指标进行评审比较，以确定在技术和质量方面确能满足招标文件要求的投标。

（3）经济方面的专家。由经济方面的专家对投标文件所报的投标价格、投标方案的运营成本、投标人的财务状况等投标文件的商务条款进行评审比较，以确定在经济上对招标人最有利的投标。

（4）其他方面的专家。根据招标项目的不同情况，招标人还可聘请除技术专家和经济专家以外的其他方面的专家参加评标委员会。例如，对一些大型的或国际性的招标采购项目，还可聘请法律方面的专家参加评标委员会，以对投标文件的合法性进行审查把关。

### 2. 评标委员会的条件限制

（1）评标委员会成员人数须为 5 人以上单数。评标委员会成员人数过少，不利于集思广益，从经济、技术各方面对投标文件进行全面的分析比较，以保证评审结论的科学性、合理性。当然，评标委员会成员人数也不宜过多，否则会影响评审工作效率，增加评审费用。要求评审委员会成员人数须为单数，以便于在各成员评审意见不一致时，可按照多数通过的原则产生评标委员会的评审结论，推荐中标候选人或直接确定中标人。

（2）评标委员会成员中，有关技术、经济等方面的专家人数不得少于成员总数的 2/3，以保证各方面专家的人数在评标委员会成员中占绝对多数，充分发挥专家在评标活动中的权威作用，保证评审结论的科学性、合理性。

参加评标委员会的专家应当同时具备以下条件：①从事相关领域工作满 8 年。②具有高级职称或者具有同等专业水平。具有高级职称，即具有经国家规定的职称评定机构评定，取得高级职称证书的职称。包括高级工程师，高级经济师，高级会计师，正、副教授，正、副研究员等。对于某些专业水平已达到与本专业具有高级职称的人员相当的水平，有丰富的实践经验，但因某些原因尚未取得高级职称的专家也可聘请作为评标委员会成员。

### （二）评标步骤

评标程序一般包括三个步骤：初步评标、详细评标和编写评标报告。

### 1. 初步评标

初步评标工作比较简单，却是非常重要的一步。初步评标的内容包括供应商资格是否符合要求、投标文件是否完整、是否按规定方式提交投标保证金、投标文件是否基本上符合招标文件的要求、有无计算上的错误等。如果供应商资格不符合规定，或投标文件未做出实质性的反映，都应作为无效投标处理，不得允许投标供应商通过修改投标文件或撤销不合要求的部分而使其投标具有响应性。经初步评标，凡是确定为基本上符合要求的投标，下一步要核定投标中有没有计算和累计方面的错误。在修改计算错误时应遵循两条原则：如果数字表示的金额与文字表示的金额有出入，要以文字表示的金额为准；如果单价和数量的乘积与总价不一致，要以单价为准。但是，如果采购单位认为有明显的小数点错误，此时要以标书的总价为准，并修改单价；如果投标商不接受根据上述修改方法而调整的投标价，可拒绝其投标并没收其投标保证金。

2. 详细评标

在完成初步评标以后，下一步就进入详细评定和比较阶段。只有在初评中确定为基本合格的投标，才有资格进入详细评定和比较阶段。具体的评标方法取决于招标文件中的规定，并按评标价的高低，由低到高，评定出各投标的排列次序。

在评标时，当出现最低评标价远远高于标底或缺乏竞争性等情况时，应废除全部投标。

3. 编写评标报告

评标工作结束后，采购单位要编写评标报告，上报采购主管部门。评标报告包括以下内容：

（1）招标通告刊登的时间、购买招标文件的单位名称。

（2）开标日期。

（3）投标商名单。

（4）投标报价及调整后的价格（包括重大计算错误的修改）。

（5）价格评比基础。

（6）评标的原则、标准和方法。

（7）授标建议。

（三）评标方法

按照定标所采用的排序依据，可以分为四类，即分值评审法（以分值排序，包括综合评分法、性价比法）、价格评审法（以价格排序，包括最低评标价法、最低投标价法、价分比法等）、综合评议法（以总体优劣排序）、分步评审法〔先以技术分（和商务分）为衡量标准确定入围的投标人，再以他们的报价排序〕。具体如下：

1. 综合评分法

综合评分法是指在满足招标文件实质性要求的条件下，依据招标文件中规定的各项因素进行综合评审，以评审总得分最高的投标人作为中标（候选）人的评标方法。

2. 性价比法

性价比法是指在满足招标文件实质性要求的条件下，依据招标文件中规定的除价格以外的各项因素进行综合评审，以所得总分除以该投标人的投标报价，所得商数（评标总得分）最高的投标人为中标（候选）人的评标方法。

3. 价分比法

价分比法是指在满足招标文件实质性要求的条件下，依据招标文件中规定的除价格以外的各项因素进行综合评审，以该投标人的投标报价除以所得总分，所得商数（评标价）最低的投标人为中标（候选）人的评标方法。

4. 综合评议法

综合评议法是指在满足招标文件实质性要求的条件下，评委依据招标文件规定的评审因素进行定性评议，从而确定中标（候选）人的评审方法。

5. 最低投标价法

最低投标价法是指在满足招标文件实质性要求的条件下，投标报价最低的投标人作为中标（候选）人的评审方法。

6. 经评审的最低投标价法

经评审的最低投标价法是指在满足招标文件实质性要求的条件下，评委对投标报价以外的价值因素进行量化并折算成相应的价格，再与报价合并计算得到折算投标价，从中确定折算投标价最低的投标人作为中标（候选）人的评审方法。

7. 最低评标价法

最低评标价法是指在满足招标文件实质性要求的条件下，评委对投标报价以外的商务因素、技术因素进行量化并折算成相应的价格，再与报价合并计算得到评标价，从中确定评标价最低的投标人作为中标（候选）人的评审方法。

8. 设备运行年限评标法

设备运行年限评标法是指在满足招标文件实质性要求的条件下，在最低评标价法的基础上考虑运行的年限及其运行与维护费用和贴现率。

9. 固定低价评标法

固定低价评标法是指投标人的报价必须等于招标人发布的合理低价，当投标文件满足招标文件的其他实质性要求时，就进入随机抽取中标人环节的评标方式。

10. 组合低价评标法

组合低价评标法是组合低价标底法（也称经抽取系数的低价投标价法）中特有的评标方法。该方法基于预先公布的成本预测价，通过开标后系数、权数的随机抽取，计算出组合低价，以组合低价至其向上浮动至某一点的区间作为合理低价区间，最后，对报价属于合理低价区间的投标人进行随机抽取，从而确定中标人。

## 七、中标

中标是指投标人被招标人按照法定流程确定为招标项目合同签订对象，一般情况下，投标人中标的应当收到招标人发出的中标通知书。

评标委员会完成评标后，应当向招标人提出书面评标报告，并推荐合格的中标候选人；招标人根据评标委员会的书面评标报告和推荐的中标候选人确定中标人，招标人也可以授权评标委员会直接确定中标人。

中标的标准，法律上规定了两项：一是能够最大限度地满足招标文件中规定的各项综合评价标准，这里所谓的综合评价标准，就是对投标文件进行总体评估和比较，既按照价格标准又将非价格标准尽量量化成货币计算，评价最佳者中标；二是能够满足招标文件的实质性要求，并且经评审的投标价格最低，但是投标价格低于成本的除外，这项标准是与市场经济的原则相适应的，体现了优胜劣汰的原则，经评审的投标价格最低，仍然是以投标报价最低的中标作为基础，但又不是简单地去比较价格，而是对投标报价要作评审，在评审的基础上进行比较，这样较为可靠、合理。

中标人确定后，招标人应当向中标人发出中标通知书，中标通知书对招标人和中标人同样具有法律效力，中标后招标人改变中标结果的，或者中标人放弃中标项目应当依法承担法律责任；招标人和中标人应当在中标通知书发出后的法定期限内，按照招标文件和中标人的投标文件订立书面合同，招标人和中标人不得再行订立背离合同实质性内容的其他协议，这项规定是要用法定的形式肯定招标的成果，或者说招标人、中标人双方都必须尊重竞争的结果，不得任意改变。

招标文件要求中标人提交履约保证金的，中标人应当提交，这是采用法律形式促使中标人履行合同义务的一项特定的经济措施，也是保护招标人利益的一种保证措施。

中标人应当按照合同约定履行义务，完成中标项目，中标人不得向他人转让中标项目，也不得将中标项目肢解后分别向他人转让，这是规定中标人的履约义务，它是招标投标的落脚点，为此中标人要承担相应的法律责任。如果中标人可以任意毁约，背弃合同，招标投标便成为一种没有实际结果的交易形式。同时，要禁止中标人转让中标项目的行为，谁中标只能由谁来完成中标项目，中标人是一个特定的市场主体，并不能由他人代替，更要防止在转让时产生的种种弊端，所以禁止转让中标项目；中标人按照合同约定或者经招标人同意，可以将中标项目的部分非主体、非关键性工作分包给他人完成，但不得再次分包，分包项目由中标人向招标人负责，接受分包的人承担连带责任，这项规定表明，分包是允许的，但是有严格的条件和明确的责任，有分包行为的应当注意这些规定。

## 八、合同签订

招标人与中标人签订正式的采购合同，合同即行生效，正式合同签署生效后，招标人应退还其他投标人提交的投标保证金。

# 第三节　"互联网＋"招标采购

"互联网＋"代表着一种新的经济形态，已成为人们工作、学习和生活的基础元素，正在重构中国人的生活方式，给人们和社会都带来了许多新的机遇。在招标采购领域利用"互联网＋"既能够大大提高招标采购的透明度、效率与质量，还能够降低交易成本，进一步规范招标投标活动，促进其健康持续发展。

## 一、国家关于"互联网＋"招标采购的政策背景

国务院于2015年7月1日印发的《关于积极推进"互联网＋"行动的指导意见》（国发〔2015〕40号）中明确提出，"按照市场化、专业化方向，大力推广电子招标投标"。国务院办公厅于2015年8月10日印发的《整合建立统一的公共资源交易平台工作方案》（国办发〔2015〕63号）提出，依托电子公共服务系统，整合规范公共资源交易

平台电子交易系统，同时推动电子交易系统市场化专业化建设运营，以及行政监督系统的工作方案与目标。国家发展改革委等6部委于2017年2月23日联合印发的《"互联网＋"招标采购行动方案（2017～2019年)》（发改法规［2017］357号）全面规划和协同各行业和地方深入推进招标采购与互联网深度融合发展的行动方案。

## 二、推进"互联网＋"招标采购的现实背景

中国招标投标协会副会长李小林认为"互联网＋"招标采购的推进源于以下五点：

（一）改革完善招标投标交易制度供给结构已经具备条件

建立并依托电子招标投标交易系统实时记录、一体互联、立体动态、永久追溯、公开共享的市场信息公共服务体系和全流程电子交易信息系统，必将有效地促进建立和实施招标投标刚性法律政策、行业指导标准规范和市场主体个性约定规则三个层次立体协同，动态互补，建立共性刚性、简约的公平交易规则体系，满足市场主体个性柔性、复杂交易需求相互结合的多层次招标采购交易制度体系。

（二）政府加快推进"放管服"，创新交易监督方式的趋势已经形成

建立并依托电子招标投标全流程交易的实时记录、一体互联、动态交互、永久追溯、公开共享大数据智能化服务系统，为政府转变监管职能和方式，创建与社会公众立体协同，并与市场交易划分清晰边界，创新运用交易行为分析大数据以及智能监督工具，实现事中事后数字化依法监督规范市场竞争交易秩序奠定了基础，从而可以替代条块分割、静态封闭和相互冲突的行政监管文件以及主观随意判定的前置审批监管方式，以此可以有效防范腐败交易和非法越位干预行为，依法回归和维护市场主体自主规范交易的权利，优化市场公平竞争环境。

（三）市场主体回归依法公平交易的权利责任定位已成全社会共识

在政府转变招标采购监管职能和方式，招标采购主体规范实行电子全流程交易并记录、存储、交互和公开发布有关交易信息，接受社会公众监督并承担相应法律责任约束的基础上，按照招标采购项目特性需求以及市场竞争状况，依法自主和科学选择合适的招标采购方式、交易平台（工具）、评价方式以及确定成交对象。同时，在"互联网＋"招标采购背景下，科学规范适用非招标采购方式，同样能够有效地发挥市场公开竞争和公平交易的功能作用。

（四）全面优化提升互联网招标采购

通过建立完善全国电子招标投标交易系统互联网络交易服务功能，推进电子交易平台与专业交易工具实现第二次网络功能的精细分工和协同服务。市场交易主体在电子招标投标交易公共互联网络上可以配置专属用户节点，并植入和共享网络交易主体数字身份证书及相应功能；招标采购主体可以依据标准自行建设运营或者自主选择专业匹配的市场第三

方电子交易平台以及个性化、专业化分类分项交易工具；市场交易主体通过自己的专业交易工具可以无缝对接交互企业内部与外部的信息资源和管理要求，同时按照招标采购项目需求以及数据标准接口，便捷、个性与高效制作交易信息产品，并通过公共网络立体互联站点交互至招标采购人选择的专业电子交易平台。

（五）深入优化市场资源要素结构及其组织管理方式

招标采购全面实现电子化全流程交易，精准匹配供需资源要素、降低采购交易成本、提高采购交易效率、满足专业化和个性化采购交易需求，有效地提升企业供应链全过程或工程建设全过程以及产品全生命周期的采购价值水平。持续推进招标采购主体及其代理服务机构以及市场交易主体在市场秩序一体化、法治化以及公平竞争环境下，实现转型升级，助力经济高质量发展。

## 三、"互联网＋"招标采购的目标

（一）打破招投标工作的时间和空间限制，保证市场规范性

通过将传统的招投标活动与"互联网＋"技术进行融合，能够有效提高招投标行业的发展水平。通过电子信息技术、互联网通信技术的数据处理技术与招投标工作进行整合，能够将招标投标工作的时间和空间局限打破，将全国的招标投标市场纳入统一的系统中，进一步增加招投标市场的规范性。保证所有的招标投标单位都能够在第一时间快速获得网络信息资源，同时完成多个招标投标活动。电子招标投标工作能够减轻投标公司人力成本和时间成本，提高投标单位的竞争实力，也可以为招标企业在最短的时间内找到最佳的投标单位，极大地提高招投标活动的效率。

另外在"互联网＋"背景下，招标投标活动并不单纯地拘泥于某一个单一的区域或空间内，而能够真正地为所有投标企业营造公平、公正、公开的竞争条件，可以有效规避在传统的招标投标过程中存在种种不公平的问题，在很大程度上提高招标投标的水平。

（二）让招投标信息更加公开透明

"互联网＋"技术的快速发展能够彻底地转变人们的沟通方式，极大地增强信息传递的效率。"互联网＋"平台能够提高招标投标信息的时效性，打破过去招标投标活动受到时间和空间限制的局限性，有效地提高招标投标的整体速度，让招投标工作更加顺利地开展。

在"互联网＋"背景下，招标公告、资格预审公告、招标文件能够直接在互联网上进行发布，可以保证每一位潜在投标人都能够在第一时间获得真实可靠的信息，避免由于信息遗漏而无法参加投标活动。电子招标投标工作也能够避免由于信息不对称的问题，而造成招标投标情况不一致的结果，通过运用"互联网＋"技术，能够使得电子招标投标工作活动更加的规范化、科学化，避免了人为操作而引起的信息不平等问题。

### （三）促进招投标信息的保密、监管的转变

在电子招标投标系统进行互联网平台注册的过程中，能够及时地针对重要信息进行加密保管，尤其是保证招标项目信息、报名信息、企业信息在招投标截止之前的保密工作，避免发生围标、串标等恶的投机行为。

此外，互联网技术下招标投标具有公开、透明和可追溯的特点，有利于行政监督从传统的过程监督向事后监督转变。

### （四）"互联网＋"为我国招标投标发展带来新的动力

《电子招标投标办法》颁布以来，国内许多招标投标监管部门、交易中心、招标代理机构和大中型企业积极影响政府号召，纷纷开展电子招标投标系统（监督平台、公共服务平台或交易平台）的研究和建设。国家提出的"互联网＋"行动计划为电子招标投标带来新的发展动力，并促进移动互联网、云计算、大数据、物联网等在招标采购行业中的应用。"互联网＋"招标采购意味着要将招标投标活动本身转移至互联网平台。招标投标活动的物理行为、物理空间和物理载体可以在互联网平台实现电子化、数据化和在线化。

## 四、"互联网＋"招标采购系统的组成

"互联网＋"招标采购系统包括电子交易平台、公共服务平台、电子行政监管平台三个平台。

### （一）电子交易平台

电子交易平台有交易权，是主要的交易场所。招标投标的全部交易过程都必须在交易平台上在线完成，包括招标文件的发布、投标文件的递交、开标、评标、中标等流程，评标委员会的组成也在平台上完成。国家鼓励社会资本建设运营电子招标投标交易平台。

### （二）公共服务平台

公共服务平台具有信息权，是信息的发布平台。主要功能是发布免费公开市场信息，不具有交易权不可进行交易。招标公告、中标公示等信息必须发布在公共服务平台上。到2018年底，国内各省区市均已实现政府采购公共服务平台的建设。公共服务平台可以采取政府与社会资本合作方式建设，可以通过提供个性化增值服务，建立平台可持续运营机制。

### （三）电子行政监管平台

电子行政监管平台实行监督权。负责对招标采购全程进行实时在线监管，不得与交易平台合并建设与运营，也不得具有任何交易功能，以保证监督权力的独立性。电子行政监管平台只能由政府监管部门建设运营。

## 五、"互联网＋"招标采购的流程

### （一）建立招标项目

在交易平台内建立招标项目，经在线审核后，登记备案，在交易平台上发布招标公告，同时在公共服务平台上发布招标公告，向电子行政监管平台备案招标项目。

### （二）投标人在线报名

意向投标人通过公共服务平台查询招标公告信息，了解拟投标项目信息，在交易平台上进行报名，上传投标人资料后，通过审核后可以在交易平台上报名参与投标。如采用资格预审方式进行资格审查，可以在此阶段进行。

### （三）招标文件发售

招标文件的发布与澄清都必须在交易平台上在线进行。

### （四）投标人投标

投标人将符合投标要求的投标文件使用 CA 证书加密后上传至交易平台。

### （五）组建评标委员会

按要求在专家库中随机抽取评标专家，组成评标委员会。

### （六）开标

按指定时间在交易平台上进行开标，对投标文件进行解密。

### （七）评标

评标委员会在交易平台上对投标文件进行评标，评标专家通过交易平台进行远程评标。

### （八）中标候选人公示

评标委员会评标结束后，将评标结果发给招标人，由招标人确认后在交易平台和公共服务平台上进行公示，接受监督。

### （九）确定中标人

中标候选人公示结束，无异议，由招标人确定中标人后发布中标人公告，接受监督。

### （十）发布中标通知书

招标人发布中标通知书。

（十一）签订合同

合同可在交易平台上直接签订，也可以在线下签订。

合同签订完成后，招标采购即结束。

交易平台负责招标和投标的全过程，若有需要公开发布的信息，则同时在公共服务平台和交易平台上发布相关信息，电子行政监管平台负责对交易平台上的招标采购全过程进行监管。

## 第四节  案例与习题

## 一、案例

## 建设工程招标分析[①]

某国家重点大学新校区位于某市开发区大学产业园区内，建设项目由若干个单体教学楼、办公楼、学生宿舍、综合楼等构成，现拟对于第五综合教学楼实施公开招标。该教学楼建筑面积16000平方米，计划投资额4800万元，30%财政拨款（已落实），30%银行贷款（已经上报建设银行），40%自筹（正在积极筹措之中）。

根据开发区管委会的文件要求，项目招标由该校新校区建设指挥部委托某招标代理公司实施——该代理公司隶属于开发区建设局，其主要成员由建设局离退休领导或专家构成。项目招标文告在当地相关媒体上公布，并指出"仅接受获得过梅花奖的建设施工企业投标"（梅花奖为本市市政府每年颁发的，用于奖励获得市优工程的建设施工企业的政府奖），且必须具有施工总承包一级以上资质，并同时声明，不论哪一家企业中标，均必须使用本市第一水泥厂的水泥。

本地施工企业A、B、C、D、E、F、G分别前来购买了招标文件，并同时按照招标方的要求以现金的方式提交了投标保证金。在购买招标文件的同时，由学校随机指派工程技术或管理人员陪同进行现场踏勘，并口头回答了有关问题。

在投标人须知中明确指出，由于工期比较紧张，相关资料准备没有全部完成，尤其是需要由投标人根据图纸自行核算工程量并根据该量实施报价，并采用成本加固定酬金合同。

**问题1**：根据我国相关法律规定，该项目是否需要招标？是否需要实施公开招标？为什么？

**答**：该项目需要招标，且需要公开招标。因为该项目是国家重点大学新校区建设的组成

---

① 资料来源：https://www.shangxueba.com/ask/11233048.html。

部分，其投资方属于国家事业单位，其资金来源属于"全部或者部分使用国有资金投资或者国家融资的项目"。同时其投资额度已经超过了必须实施公开招标项目的相关标准。

另外，该项目不具备邀请招标以及不需要招标项目的必要条件，因此必须实施公开招标。

**问题2**：该项目的招标实施过程有哪些不妥之处？应该如何改正？

**答**：该项目招标实施过程有以下不妥，并应作相应的改正：

（1）建设项目资金尚未落实，除财政拨款外，其他资金并未落实——应该在资金来源落实后才能实施招标。

（2）根据开发区管委会的文件要求，招标代理机构由该校新校区建设指挥部委托的招标代理公司实施，且该公司与相关行政机关存在隶属与利益关系——应该根据情况自行实施或委托与行政机构无相关关系的招标代理机构进行招标，任何人、组织不得以任何方式指定招标代理机构。

（3）仅接受获得过梅花奖的建设施工企业投标，是以不合理的条件排斥潜在的投标人——应该将该限制条件剔除。

（4）必须使用本市第一水泥厂的水泥，违反了"不得要求或者标明特定的生产供应者以及含有倾向或者排斥潜在投标人的其他内容"——应该不作相关限制。

（5）在购买招标文件的同时提交投标保证金，此时购买标书者并不意味着一定会投标，仅是潜在的投标人，不需要投标保证金对其是否投标进行担保——此时不应提交，应该在正式投标时提交。

（6）现场踏勘随时随机组织并口头回答相关的问题——招标人不得单独或者分别组织任何一个投标人进行现场踏勘，并且相关问题均应以书面的形式送达所有的潜在的投标人。

（7）要求投标人自行核算工程量，将导致投标竞争的初始性的不公平——应该由招标人给出，以确保投标的公平性。

## 二、练习题

### （一）选择题

1. 下列选项中_____不适合采用招标采购方式。
A. 重大的建设工程项目　　　　　　B. 政府采购
C. 新企业寻找长期物资供应商　　　D. 垄断产品
2. 通常情况下，评标委员会成员人数须为_____人以上单数。
A. 3　　　　　　B. 4　　　　　　C. 5　　　　　　D. 6
3. 参加评标委员会的专家应当从事相关领域工作至少_____年。
A. 5　　　　　　B. 6　　　　　　C. 7　　　　　　D. 8
4. 世界银行规定在_____美元以下的项目可以采用国内公开招标。
A. 5000　　　　　B. 50000　　　　C. 500000　　　　D. 5000000

5. 邀请招标时，投标人数量应不少于_____个。

A. 3　　　　　　　B. 4　　　　　　　C. 5　　　　　　　D. 6

（二）填空题

1. 招标采购体现了公平、公开、_____的原则。

2. 按照竞争开放程度分类，招标方式分为公开招标、邀请招标和_____三种。

3. 评标委员会中，技术、经济等方面的专家的人数不得少于成员总数的_____。

4. 电子招标与纸质招标相比，具有高效、低碳、节约、_____的特点。

5. 资格审查包括资格预审和_____两种。

（三）名词解释

1. 招标采购

2. 国内招标

3. 电子招标

4. 资格预审

5. 评标

（四）简答题

1. 招标采购的主要特点有哪些？

2. 编制招标文件时要注意哪些问题？

3. 评标委员会有由哪些人组成？

（五）论述题

进行招标采购应注意哪些方面？

◇　技能实训

**实训目的：**

1. 加深学生对招标采购的掌握。

2. 掌握招标采购的基本流程。

3. 掌握招标文件和投标文件的编制。

**实训项目：**

模拟招标采购。利用实验室的电子招标平台，以小组为单位，分组进行，分为招标代理人、采购人、投标人和评标小组 4 个角色，投标人小组至少为 3 个，完成招标采购的全部流程。每个小组轮流担任每个角色。

**实训要求：**

1. 掌握招标采购的流程，学会策划招标采购项目。

2. 小组内讨论，学会编制招标文件，撰写投标文件。

◇　**本章参考文献**

［1］北京建筑大学招标采购专业建设委员会．招标采购理论基础［M］．北京：中国建筑工业出版社，2013.

［2］北京建筑大学招标采购专业建设委员会．招标采购法律基础［M］．北京：中国建筑工业出版社，2013.

［3］全国招标师职业资格考试辅导教材指导委员会．招标采购专业实务［M］．北京：中国计划出版社，2015.

［4］全国招标师职业资格考试辅导教材指导委员会．招标采购项目管理［M］．北京：中国计划出版社，2015.

［5］徐杰，鞠颂东．采购管理（第3版）［M］．北京：机械工业出版社，2014.

［6］傅莉萍，姜斌远．采购管理［M］．北京：北京大学出版社，2015.

［7］赵道致，王振强．采购与供应管理［M］．北京：清华大学出版社，2013.

［8］孙孟玉．"互联网+招标采购"促进招标投标规范发展分析［J］．招标与投标，2018，6（4）：9－12.

［9］李小林．"互联网+"招标采购的回顾与展望［J］．中国招标，2019（13）：4－7.

［10］于婧．"互联网+"时代招标采购业的创新与发展［J］．中国招标，2018（34）：25－27.

［11］刘玉霞．"互联网+"下对电子招投标的思考［J］．中国招标，2018（33）：33－34.

# 第十一章　项目采购

◇　引导案例

## 工程项目分包失误致项目损失

　　某省亚洲开发银行贷款高速公路项目的官员是一位来自南亚某国曾经从事铁道建设工作十余年的资深工程师。项目执行机构原订的分包打捆计划书包括2个特大桥、3个特长隧洞、12个路段施工合同。但亚洲开发银行官员对此做了否定，提出新的分包打捆计划，即将2座位置相邻的特大桥合为1个合同，3个特长隧洞合为2个合同（其中，相近的隧洞合为1个合同），而全部路段的路基分为5个合同，路面分为2个合同。这样，整个项目分为10个合同，比原先少了7个。

　　亚洲开发银行官员更改计划的理由是可以让更多的专业化筑路队伍参加竞标，降低工程造价。然而，招标以及项目执行的结果并不理想。一是许多中小企业没有投标资格。大公司中标后，因其无施工实体，层层分包，导致施工管理难度加大。二是路基、路面由不同承包人施工，造成路面承包人与路基承包人对路段质量等问题相互推诿，给监理带来很大困难，最后项目无法在规定的工期内完成，此外还带来其他问题，使业主蒙受较大损失。

　　资料来源：吴守荣，王扬等. 项目采购管理（第2版）［M］. 北京：机械工业出版社，2018.

◇　案例解析

　　项目采购是从外部购买项目所需的产品和服务的过程。采购过程涉及具有不同目标的双方或多方，各方在一定市场条件下相互影响和制约。通过流程化和标准化的采购管理和运作可以达到降低成本、增加利润的作用。项目采购管理过程包括采购计划、合同编制、招标、供方选择、合同管理和合同收尾等。

◇　**案例涉及主要知识点**

项目采购、项目采购方式

◇　**学习导航**

- 掌握项目采购管理的基本概念和特点

◇　**教学建议**

- 备课要点：项目采购的定义、项目采购的内容、项目采购的特点、项目采购的流程
- 教授方法：案例、讲授、实证、专题讨论
- 扩展知识领域："互联网＋"项目采购

## 第一节　项目采购概述

### 一、项目与项目采购

**（一）项目**

项目是指一系列独特的、复杂的并相互关联的活动，这些活动有着一个明确的目标或目的，必须在特定的时间、预算、资源限定内，依据规范完成。

项目通常有以下一些基本特征：①项目开发是为了实现一个或一组特定目标；②项目受到预算、时间和资源的限制；③项目的复杂性和一次性；④项目是以客户为中心的。

**（二）项目采购**

项目采购是指从项目组织外部获得货物和服务（合称产品）的过程。它包含的买卖双方各有自己的目的，并在既定的市场中相互作用。卖方在这里称为承包商、承约商，常常又叫作供应商。承包商/卖方一般把他们所承担的提供货物或服务的工作当成一个项目来管理。

## 二、项目采购管理的内容

项目采购管理包括从执行组织之外获取货物和服务的过程。这些过程之间以及与其他领域的过程之间相互作用。如果项目需要，每一过程可以由个人、多人或团体来完成。

良好的采购将直接增加项目运作的利润和价值，有利于项目在市场运作竞争中赢得优势。采购管理涉及的内容繁杂，主要包括制订采购计划、采购过程管理、采购成本分析等方面。

### （一）制订项目采购计划

制订采购计划就是对采购进行分析，以决定怎样采购、采购什么、采购多少以及何时采购等。主要对采购可能发生的直接成本、间接成本、采购评标能力等进行分析比较，并决定是否从单一的供应商或从多个供应商采购所需的全部或部分货物和服务。

### （二）项目采购过程管理

1. 询价

询价是从可能的卖方那里获得谁有资格完成工作的信息，该过程的专业术语叫供方资格确认。获取信息的渠道有招标公告、行业刊物、互联网等媒体、供应商目录、约定专家拟定可能的供应商名单等。

2. 供方选择（Source Selection）

这个阶段根据既定的评价标准选择一个承包商。评价方法有以下几种：

（1）合同谈判：双方澄清见解，达成协议。这种方式也叫议标。

（2）加权方法：把定性数据量化，将人的偏见影响降至最低程度。这种方式也叫综合评标法。

（3）筛选方法：为一个或多个评价标准确定最低限度履行要求。如最低价格法。

（4）独立估算：采购组织自己编制"标底"，作为与卖方的建议比较的参考点。

3. 采购成本的分析

采购成本包括采购人成本、集中采购机构成本，二者从不同的层面涉及财政性资金的使用走向，以不同的方式决定着财政性资金使用效率，从而共同组成了采购成本体系。

（1）采购人付出的采购成本。主要包括采购项目预算成本、技术参数确定成本、租用开标场地成本，由于采购单位专业技术人员的缺乏，必须花费一定时间与精力去查询相关信息，聘请专业人士参谋提供初步方案甚至要与潜在供应商进行接触。在不能确定具体要求时，采购人还会组织相关人员外出考察，考察成本也是总成本的一项重要内容。

（2）集中采购机构采购成本。主要是指从事政府采购活动所花费的资金与劳动付出。一般来说集中采购机构的资金来源有两个渠道：财政性拨款及集中采购机构自身收入，即标书工本费和按一定比例收取的中标服务费。

### 三、项目采购管理的特点

从企业的角度来说，任何一家制造型企业，都必须从外界获取原材料，及时满足生产的需要。从企业整体来看，采购是企业产品增值过程的起点，是企业核心业务流程的始端。更深一步理解，采购不仅仅是简单去市场购买所需的原材料，而是把一个组织的制造能力扩展到外部资源，即供应商上。因此，可以将采购理解为"外部制造的管理"。从供应链的角度来说，采购处于企业与供应商的连接界面，它在供应链上的企业之间为原材料、半成品和产成品的生产合作交流架起一座桥梁，沟通生产需求和物资供应的联系，是实现供应链系统的无缝连接，提高供应链上企业同步化运作效率的关键环节。

供应链条件下采购管理的特点有：以外部资源管理为工作重心、面向过程的采购管理、企业与供应商的双赢伙伴关系、信息化的采购。

### （一）以外部资源管理为工作重心

在传统的采购管理中，工作的重心是与供应商的商业交易活动，交易过程的重点放在价格谈判上，通过多个供应商的多头竞争，从中选择价格最低的作为合作者。供应链管理思想的出现对传统的采购管理提出了挑战。供应链管理的思想是协调性、集成性、同步性，要求提高采购的柔性和市场响应能力，增加和供应商的信息联系和相互之间的合作，建立新的供需模式。由此，采购工作的重点转向实现有效的外部资源管理。包括：①形成相对稳定的、多层次的供应商网络，建立供应商数据库系统；②提供供应商的教育培训支持，参与供应商的产品设计和质量控制；③制定供应商评价与激励制度。

### （二）面向过程的采购管理

传统的采购过程要经历供应商认证、制订生产计划、制订采购计划、发送采购订单、收货、验收入库、入账付款等一系列活动，跨越了科研部、计划部、采购部、财务部、仓库等部门。由于分工过细，传统的采购管理在信息沟通上存在明显的问题。供应链管理贯穿的是一种过程管理思想，这种思想要求将企业内部以及节点企业之间的各种业务看作一个整体功能过程，形成集成化供应链管理体系。过程最优为管理的目标。供应链条件下的采购管理以采购的过程为管理对象，通过对过程中的资金流、物流和信息流的统一控制，以达到采购过程总成本和总效率的最优匹配。

### （三）企业与供应商的双赢伙伴关系

在传统条件下，企业与供应商之间是简单的买卖关系。而在供应链条件下，双赢伙伴关系是一种合作关系，它强调在合作的供应商和生产商之间共同分享信息，表现为：①制造商对供应商给予协助，帮助供应商降低成本、改进质量、加快产品开发进度；②通过建立相互信任的关系提高效率，降低交易费用；③长期的信任合同取代短期的合同；④比较多的信息交流。

### （四）信息化的采购

供应链管理之所以区别于传统意义的管理而成为电子商务时代全新的概念，其中一个重要的原因是它以信息技术为手段，以信息资源的集成为前提，实现了采购内部业务信息化和外部运作信息化。采购内部业务信息化较容易实现，主要通过建立采购管理信息系统以及与财务会计信息系统的接口。信息化操作实现了采购管理的无纸化，减少了信息传递的中间环节，加快了信息流动的速度，极大地提高了企业对市场的反应速度。

采购外部运作信息化包括互联网采购和供应商信息系统两部分。互联网采购是近年来出现的一种新的采购方式，它的特点是资源丰富、信息传递快速、交易费用低、采购效率高。供应商管理信息化是指企业通过网络将供应商信息系统与采购信息系统联结起来，使主要供应商成为整个生产体系的一部分，以便供应商能及时地得到供应和生产需求信息，加强与供应商的长期合作，建立战略伙伴关系。

## 四、项目采购原理与原则

项目采购管理是项目管理的一个重要部分，有效的项目采购管理是保证项目成功实施的关键环节。

### （一）项目采购原理

从供应链管理的角度来看，项目采购实质上是由订单驱动的，用户需求就是项目的目标，由用户需求生成采购订单，由采购订单驱动供应商生产或服务。

基于订单驱动的项目采购重点包括以下三项：

1. 采购人员与设计人员早期参与

由于项目通常是先设计再生产，因此，采购人员的早期参与就显得极为重要，采购人员对材料市场与咨询服务市场比设计人员更了解，在项目的设计建造中可以帮助设计人员，实现为采购的可行性而设计。

2. 采购计划要适应项目过程

项目在不断的实施过程中可能会经常变更其原始设计和发生进度延迟等现象，相应的，采购计划也需要不断地更新，此时传统的集中采购和招标采购由于采购周期长的原因无法及时响应，因此需要更为灵活的采购过程。

3. 建立与供应商的战略合作关系

由于项目实施过程中可能存在的变更原因，对采购过程有着更高的要求，有可能采购计划刚制订好下发给供应商，设计部门就要求更改采购内容，如果没有与供应商的战略合作关系，采购工作将会变得非常困难，对企业的采购效率也有着明显的降低。

### （二）项目采购的一般原则

1. 成本效益原则

采购时要注意节约和效率。

2. 质量原则

采购过程要保证采购产品质量。

3. 时间原则

项目都有明确的时间限制，要求采购过程的时间控制与项目的时间紧密关联。图 11－1 是项目采购时间跨度示意。

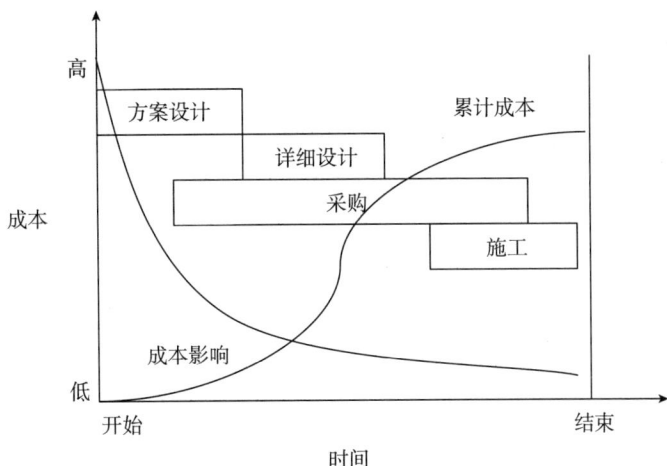

**图 11－1 项目采购时间跨度示意**

4. 公平原则

采购时要保证所有供应商都是平等的。

## 第二节 项目采购管理的实施过程

### 一、制订包括采购预算和成本估计的采购计划

编制采购计划属于采购的初始工作，所耗时间虽短，却是项目执行的纲领性文件。编制可操作性强的采购计划既搭建了项目执行的整体构架，又清晰地分解了项目任务和目标。采购计划一定要符合项目的特点，反映出后续工作的操作要领和管理方法，以实现质量、进度、费用三大控制目标。项目采购计划一般依项目进度时程表而制定，决定在何时何地采购何物。采购计划包括制定预算和成本估计、询价计划、渠道选择、合同管理。制定预算和成本估计就是对组织内各种工作进行稀缺资源的预配置，是在具体实施项目采购行为之前对项目采购成本的一种估计和预测，也是对整个项目资金的一种理性的规划。它不单对项目采购资金进行合理的配置和分发，还同时建立了一个资金的使用标准，以便对

采购实施过程中的资金使用进行随时的检测与控制，确保项目资金的使用在一定的合理范围内浮动。询价计划是以文件记录所需要的产品以及确认潜在的采购渠道。询价是取得报价单、标书、要约或订约提议的过程。渠道选择是指从潜在的供应商（或卖主）中做出评估及判断。合同管理是管理与协调利益相关者契约关系的过程。

制定项目采购预算成本的方法有以下三种：

1. 自制/外购分析法

自制/外购分析法利用针对成本的选择决策分析或平衡点分析来确定某分项所需的资源是依靠自己生产还是依靠外购获得的一种具体管理技术方法。自制/外购分析法要充分考虑组织未来发展和目前需要之间的利益关系。

2. 短期租赁或长期租赁分析法

短期租赁或长期租赁分析法根据租金的大小决定项目对外部资源进行租赁的时限选择。

3. 专家意见法

项目组织可以向具有专门知识经验或资格的单位个人进行专业采购咨询。

## 二、树立采购总成本意识

采购总成本包括直接成本（即与供应商订购成本和物流成本）和间接成本（即采购管理成本）。采购总成本意识是指不能片面追求降低直接成本，忽略间接成本，而应该从项目的全生命周期来评估何种采购方式总成本最低。直接成本与间接成本，两者相互制约、此消彼长。

### （一）坚持性价比优的采购原则

若各类产品均按最低价原则选择，初期直接采购成本较低，但是后期维护、维修工作量无法预测，现场服务直接影响项目的整体形象。可靠的产品、及时快速的供货、优质的服务、较少的现场修配改工作、顺畅的管理环境、良好的口碑等无疑赢得了成本上的利益，更能获得项目业主的认可，增强项目开拓的竞争力。

### （二）值得花费的采购管理成市

为弥补采购人力的不足，借助专业的现场设备管理公司、设备监理公司的人力优势，项目采购部门进行指导监督和定期目标考核，获得完整的信息并适时任务更新，能把握住工程真实动态、及时预警，取得良好的实施效果。

### （三）着眼于公司总成市

各项目采购成本构成了公司采购总成本。采购部门形成团队意识、避免单兵作战，在多个项目间进行团队合作、融合沟通，共享人力资源和各类经济数据，选择合适的采购时间、采购对象、采购标准、采购方法，采用大批量集中采购、分期交货、统一调度各区域监制检验等方式，可加强对供应商的控制力度，并降低产品直接成本和采购管理成本。

## （四）着眼于项目总成本

在项目规划设计初期，采购部门参与提供价格信息资料供设计部门规划选型，从源头上开始节省成本。

## 三、选择适合项目管理特点的供应商群体并加以管理

供应商是项目采购管理中最重要的合作伙伴，直接关系到项目执行效果和成败。供应商是企业的重要外在资源，应该利益共享、风险共担。采购方对供应商的要求要明确、指标化、数据化，不能简单地以包代管，双方要共同探讨、预测、查找和排除障碍、问题、风险，管理流程、管理人员接口要匹配，让供应商充分理解采购方的意图和要求，从被动地接单执行到主动地加强质量、工期和服务意识，展现出符合项目要求的过程控制管理能力。最终提供的产品和服务是采购方和供应商共同管理、共同进步、融和沟通的成果，已由单纯的厂商品牌转化为联合品牌。

## 四、精细的物流管理

采购物流管理工作主要包括：
（1）采购过程监督：履行巡检、监制、催交、检验、监装、监运等任务。
（2）现场管理：编制到货计划，现场催交、引领、开箱、接收、出入库管理，现场管理和协调，组织服务，保产保修，资料管理，紧急采购、修配改等工作。
（3）穿插于各阶段的合同管理、支付管理、文档管理、信息沟通及回馈、计划检查及调整、综合服务等。

采购物流包含着实物转化、人员流通、信息流通、资金流出，实物逐步从设计模型—原材料—粗加工产品—可用半成品—装配成品—出厂产品—产品辅助服务方向转化，产品特征和功能日渐突出。精细化要求产品精、管理细，管理有预见性，实时监控，有快捷的应对措施，避免重复工作，节省资金、人力和时间。

采购物流管理中常用的控制措施包括：①在货物不能依现场进度进程时，采用从其他项目调货或租赁；②吃透设备特性，分析出影响质量、工期、费用的各类动态因素，找出应对措施；③帮助配合协调供应商不易受控的上下游资源；④勤于监督，主动防范并纠偏；⑤计划周全，考虑到供应商可能遗漏的事项；⑥采用定期追踪的方式，及时了解货物状态。

## 五、充分利用采购环境

项目的外部环境对采购策略的制定、采购计划的实施会产生重要的影响，外部环境包括宏观环境和微观环境。宏观环境是指能对项目组织怎样及如何采购产生影响的外部变化，包括市场季节性的变化、国家宏观经济政策的变化、国家财政金融政策的调整、市场

利率及汇率的波动、通货膨胀的存在及战争罢工等各种因素。而微观环境则是指项目组织的内部环境，包括项目组织在采购中可能采取的组织政策、方式和程序，即实施采购的过程和程序。在符合微观环境原则的前提下，一个好的项目采购策略应当充分利用外部市场环境为项目整体带来利益。

### 六、采购异常复核机制

异常是指在采购过程中实际采购数量超出采购计划数量或实际采购金额超出采购计划金额的现象。采购异常复核机制采用追根溯源的方法，挖掘异常根结所在，分析异常产生原因，从而进行纠偏。异常原因可分为这样几类：①设计异常：原设计不符合业主的要求或国家标准、行业标准；②漏估：制作预算时因点量或文件遗漏而未将此部分金额列入预算；③服务：因业主强烈要求配合，项目负责人基于一定因素考虑同意免费为业主服务；④采购异常：原预算产品等级较低，而负责人选型较高，产生成本超出预算。

采购异常复核机制是一种监督、控制实时采购成本的手段。分析异常原因、总结经验，减少在后期项目中成本超出预算的情况，能更好地为项目节省成本。

## 第三节 "互联网+"项目采购

### 一、"互联网+"项目管理模式

"互联网+"为项目管理提供了更多的管理工具和监测项目的视角，极大地改变着不同项目的管理方法和行业的发展格局。项目管理由传统的项目进度控制到如今的整合、管理项目各个参与方，经历了很大的转变。在传统的项目管理中，项目被分割为不同的部分，参与项目的各方都以完成自己负责的任务为目标，使得项目的不同部位的参与方不能及时反馈其任务完成程度和对下一部分的影响。"互联网+"可以将在传统项目中被划分的且没有信息联络的单元有机协同起来，使得项目参与方可以灵活调整自己负责的部分的进度安排，以适应整体的项目计划推进，从而发挥整体协调的巨大利益。利用互联网协同技术调和项目中的各个参与方可以使得项目信息共享、相互协同，从而达到资源的优化配置，有效解决项目实施中的问题。

### 二、"互联网+"项目采购管理的变化

#### （一）互联网改变项目采购管理的信息流通环境

项目管理有五大过程，即项目启动、项目计划、项目执行、项目控制和项目收尾。在

这五大过程中，相比于传统项目采购管理过程，在计算机上应用相应的互联网决策程序和人工智能可以解决决策项目中的标准化问题，减轻了决策人员的负担。基于互联网技术的企业项目管理协同工作平台可以用于存储项目实施信息和项目控制进度，从而减少了项目运行过程中出现的信息传递过载和失误，在优化项目过程管理的过程中提高了项目信息的利用率，降低了项目信息的迟滞性，使得项目管理各方可高效利用彼此的信息，有利于项目采购信息的汇总和处理，确保项目采购信息的真实性，保证了项目开发、管理以及运营中采购工作的可控性和有序性。

### （二）"互联网＋"影响改变项目采购管理模式

传统项目管理的侧重点是项目周期控制、项目成本控制和项目质量控制，现代项目管理在传统项目管理的基础上更加注重向技术化、信息化和现代化的管理模式转变。引入互联网模式的项目采购管理增加了风险管理、优化管理和创新管理等模式，从多方面、高层次保障了项目采购的顺利完成。

"互联网＋"项目采购管理优势在于项目信息管理的及时反馈性和综合运筹管理整个项目能力的增强。在项目采购管理中引入互联网平台后，在实际效益产出比方面明显优于传统的基于周期控制、成本控制和质量控制的管理模式。最根本的原因是"互联网＋"项目采购管理平台在底层数据设计时就抽象化整个系统层面，以便程序化不同的项目采购管理理念和方法；同时也将该管理理念和程序算法化、精确化，从而形成自动化、智能化的采购辅助决策。

### （三）"互联网＋"影响改变项目采购结构

通过研究项目管理组织结构不同发展阶段，会发现随着项目的复杂程度加剧、管理技术的成熟以及互联网的介入，传统的项目管理组织结构由最初的直线型发展到如今的组合型。将互联网管理平台引入项目采购管理后，互联网平台可以汇聚项目参与方的各个信息，从而使得管理层级关系垂直化、透明化，高层采购管理人员可以直接获得项目实施一线现场实时情况。同时执行人员可以整合高层管理人员的指令和现场具体情况进行合理决策。应用互联网管理平台的优势是打通了上下级的沟通壁垒，从而增加了项目采购管理的实时反馈性，提高了采购管理的效率。

### （四）互联网影响改变项目采购管理沟通方式

现代化项目管理参与方众多，项目投资方、业主方、设计方、执行方以及监察部门等共同组成了一个项目的管理要素，且管理内容繁杂丰富，这就导致了在项目进行时的各个管理方沟通协调频率大、难度随工程项目的复杂程度逐渐增大。应用大数据和云计算等大数据处理工具，可以使互联网平台项目采购管理系统在短时间内高质量完成大量复杂信息的分类处理，且不同工作人员可以通过该平台精准查找所需的项目信息。通过互联网平台项目采购管理系统的应用，使得项目信息可以有序地被存储为电子资料，有效降低人工操作中人为原因造成的错误。在互联网平台的工程项目采购管理上，项目各参与方的信息沟通交流方式得到了改善，从以往的点对点信息交流机制转化为信息使用人可以在云存储中自觉查询信息，实现了项目信息的集中存储和共享。

## 三、"互联网＋"项目采购管理的内容

### （一）基于大数据分析的采购需求预测

项目越庞大，项目采购管理越复杂，不同的项目，采购需求也不一样。在快速变化的市场面前，如何科学准确地预测未来可能的采购需求成为项目型企业的关注重点。优秀的采购需求预测可以帮助项目管理企业合理、准确地预测企业在未来短时间内获得的项目可能需要的采购物料数量和需求时间，以此来帮助企业在项目管理中更好地控制项目采购成本。

基于大数据分析的需求预测应当建立在以往的项目库上，根据过往项目的具体属性进行分类，将新项目与项目库进行对比，选择相同或类似的过往项目作为参考对象，来预测可能的需求量和需求时间。

### （二）智能化的供应商选择

"互联网＋"项目采购管理应当具有完善的供应商数据库，并依据一定准则对供应商进行分类分级管理，以便能对新项目的供应商进行智能化选择。选择算法不是一个单纯的参数，而是一个复杂的多参数综合，如供应商需求地的距离、供应商的供应能力、供应商的价格等。如果企业在新项目地区没有成熟的供应商，那么还将自动地获取所在地区的潜在供应商名单，根据这些潜在供应商的市场反馈来确定新供应商。

### （三）自动化的采购订单和资源调度

与供应商签订合约后，采购管理的内容转向以供应为重点，采购系统何时向供应商下达采购订单、采购多少、何时需要送达物料使用地，这些细节都将决定项目采购管理的成败。"互联网＋"项目采购管理应当能根据实际生产（工程）项目进度进行采购订单的管理，在保证生产（施工）顺利进行的同时，为未来项目的采购预测需求提供数据。

采购系统应当根据供应商的每一次供应情况提供精准的资源调度，确保能在最短时间内将供应商的供应物料准确提供到生产（施工）单位，并节约每一个企业资源（人力、设备、时间等）。

### （四）准确而公正的供应商评价

对于本次项目的供应商进行全面而公正的评价，以预先设定的评价标准针对供应商每一次具体的供应过程进行评价，既完成对项目的供应评价考核，又为未来项目的供应商选择提供参考数据。

## 第四节 案例与习题

### 一、案例

#### N 市 NV 公司多项目采购管理[1]

V 公司是国内大型房地产企业之一，2018 年完成销售金额超 3000 亿元，公司在国内 70 多个城市都经营着多个项目，企业规模非常庞大。

NV 公司是 V 集团的子公司，其在 N 市开发的商品房项目有 16 个，分布市区的多个区域，项目层次涵盖高中低档，有多种户型，包括精装修房和毛坯房。

##### （一）NV 公司现行采购方式

NV 公司采购部拥有员工 6 人，采购部与设计部、成本部都隶属于工程建设部，采购主要采用招标采购方式，招标采购一般按项目进行，另有少部分产品通过公司集中采购获得，采购计划的制订也按项目进行，并由专人负责，即每一项目的采购计划由一名采购人员负责，采购计划的具体执行过程落实到不同的采购人员。在此情况下，采购部工作人员始终忙于处理繁忙的采购业务，不停地与供应商交流沟通，不停地忙于和供应商签订各项采购合同，不停地追踪采购合同的执行过程，采购效率不高，即使有部分产品通过集中采购获得，但由于人员少工作任务重，使得采购效率依然低下。

由于对分散或集中采购的范围不明确，公司现行的采购计划也很简单，集中采购和分散采购计划由各项目部分别上报，汇总到公司采购部，公司采购部进行汇总整理后所有采购计划都由公司采购部实施，这种情况下公司采购部的工作压力非常大，采购效率明显无法得到提高，分散采购的优势也无法得到体现。图 11 - 2 是公司现行采购计划制订过程。

##### （二）NV 公司采购流程

NV 公司现行采购采取招标采购的方法进行，图 11 - 3 为 NV 公司招标采购流程。

从图 11 - 3 可以看出，NV 公司的招标采购与传统的招标采购模式没有区别，依然是以单个项目为背景进行的，如果在一个周期内有几个地产项目先后开工，则需要进行多次招标采购，且采购产品（物料或服务）大致相同。

---

① 资料来源：刘志华. 房地产企业多项目采购管理优化 [J]. 科技广场，2015（8）：225 - 231.

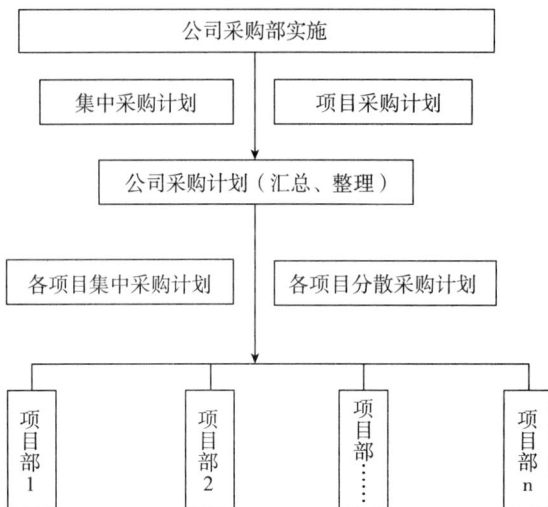

**图 11 - 2　公司现行采购计划制订过程**

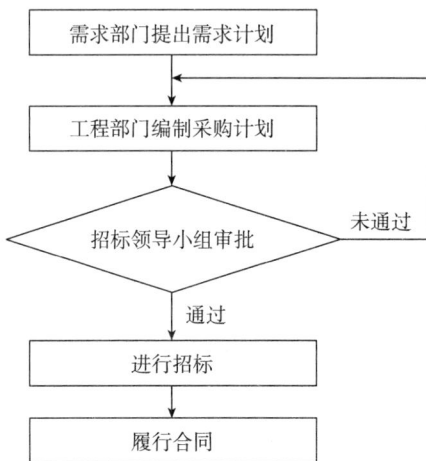

**图 11 - 3　NV 公司招标采购流程**

## （三）NV 公司现行供应商管理现状

NV 公司现行的供应商管理手段主要是为所有供应商建立资源库，并进行分类，项目结束后对供应商进行评价。

**1. 供应商渠道来源**

（1）其他分公司的供应商。NV 公司相当一部分供应商来源于 V 集团其他分公司的合作过程，对于这些供应商 NV 公司基本不进行审批，直接纳入 NV 公司的采购供应商范围内。

（2）公司以前的合作伙伴。NV 公司的另一个供应商主要来源是曾经合作过的供应商，对于这些供应商由于已经有过或长或短的合作过程，公司将其视为重要供应商。

（3）市场信息。对于一些采购产品，以前 NV 公司没有采购过，此时，NV 公司会采取询价的方式向市场的潜在供应商发出询价函，邀请其成为公司的投标人。

（4）其他途径。包括各种人脉关系带来的供应商。

**2. 供应商分类方法**

NV 公司的供应商分类并没有完全按照供应商的绩效评价结果分为不同等级，而是根据供应商供应产品的不同进行分类，这与 NV 公司所需采购的产品服务品种多有着直接的关系。在进行供应商分类时，更多地关注供应商能供应什么，对于供应商的供应能力级别并不关注。

**3. 供应商评价方法**

NV 公司对供应商进行的评价主要集中在项目或供应过程完成后，即结果评价。这种评价方法程序简单，只注重供应结果，类似工程管理中的黑盒方法，即不关注过程，只注重结果的方式。但采购供应是一个长期的过程，并不是一个一次性的行为，这种以结果为主的评价方法无法对供应过程进行动态监控，只有事后控制，没有事中控制，不完全适应项目采购的特点。

**（四）案例分析**

从现状中可以看出，NV 公司在项目采购中存在的问题主要包括采购方式相对单一、供应商管理不够合理、采购流程设计存在不足三个方面。

**1. 采购方式相对单一**

NV 公司的采购方式相对比较单一，公司有一部分采购产品通过集中采购的方式进行采购，另一部分产品则通过分散采购的方式进行，分散与集中采购都通过招标方式进行，在一定程度上对采购效率有所帮助，但在统一采购与分散采购的范围划分上不够明确，在确定集中采购的产品时往往不够科学，使实际的采购效率并没有理论上那么高。

**2. 供应商管理方式不够合理**

按照供应商的供应产品进行分类，可以在寻找供应商时比较快地找到供应商，但作为一个大型房地产企业，采购产品无论是种类还是数量都非常大，许多供应商企业又往往生产着不止一种产品，容易产生供应商定位不准确的问题。

没有对供应商进行有效的评价和评级，分级效果不明显，也是 NV 公司供应商管理中的问题。

**3. 采购流程设计存在不足**

NV 公司现有的采购流程中存在不足，按项目的招标采购在一定程度上可以满足项目本身的需要，但公司面对的是多项目并行开发的情况，频繁的招标采购会降低招标的效率，同时也使采购人员疲于奔命，集中采购时采购物料的项目部间内部调度也由于流程不足而问题多多，需要对采购流程进行优化设计。

**（五）解决策略**

经过对 NV 公司项目采购管理现状的分析，对公司采购问题的产生原因有了较清晰的认识，分别从采购方式、供应商管理和采购流程三个方面进行改进。

### 1. 优化采购方式

作为采购手段,具有"公平、公正、公开"特点的招标采购在公司的采购活动中无疑是合适的。NV公司在分散采购和集中采购的混合采购方式中需要优化。

(1) 公司集中采购与项目分散采购范围的重新划分。集中采购的产品以重要产品和战略物资为主;分散采购的产品则主要以地方性产品和短时产品为主。公司可以先将所有需要采购的产品采用 ABC 分类法进行分类,将需求量大且价值较高的 A 类和 B 类产品作为集中采购的对象,如电梯、板材、水暖管材和内外墙(地)砖等,这些产品对房屋质量有着明显的影响,因此将它们作为重要的战略物资,以保证采购质量和建设质量。对于砂石、水泥和砼这些材料,要么是属于价值不高的 C 类产品,要么是属于时间很短的产品,因此可以作为项目部分散采购的内容,对于设计咨询类的产品,由于其本身与项目存在非常密切的联系,因此也可以作为项目部分散采购的对象。

(2) 公司采购计划的完善。在确定了集中采购与项目分散采购对象的范围后可以制订出公司的采购计划。公司的集中采购计划由采购部汇总整理各项目部采购计划后由采购部统一实施,项目分散采购计划则根据公司确定的项目开发计划,由公司采购部组织项目经理部、成本管理部、设计管理部等相关部门编制,保证计划切实可行,由项目部自行组织采购,公司采购部负责对项目采购计划的实施进行监督。项目采购计划内容包括不同采购内容的设计定样及出图时间、目标成本、进场时间、采购方式、采购时间、签约时间、合作范围(标段)、供货周期等。采购计划应为采购过程安排合理的时间以保证采购工作质量;采购计划中确定的时间应在执行中得到保障。完善后的采购计划制订过程如图11-4所示。

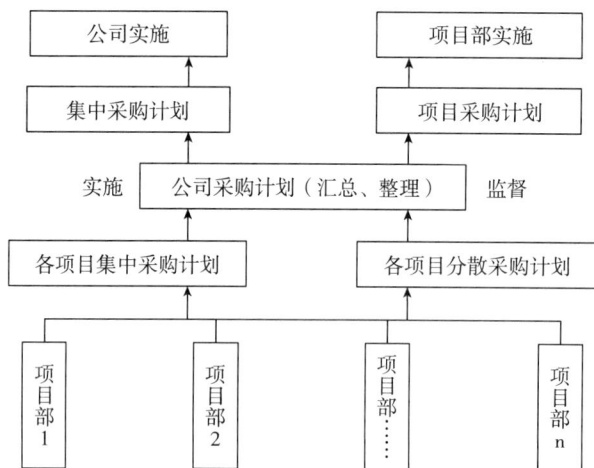

**图11-4 完善后的采购计划制订过程**

### 2. 改进供应商管理

供应商管理作为采购管理中的重要环节,影响着公司的采购效率和采购质量,对供应商管理的改进从细化供应商分类、完善供应商认证和优化供应商评价进行。

(1) 细化供应商分类。在供应商分类中改变单一分类方法,以建立资源库为主,为每一个供应商增加相应的标签或关键字，标签或关键字可以设置多个，着重突出供应商的主营和兼营业务。在分类过程中可以参考会计科目的设置，先建立大类，再建立二级分类，尽可能将供应商的主营项目和兼营项目都表现出来，通过关键字或标签搜索即可以找到更多供应商。

（2）完善供应商认证。供应商认证是指对未合作过的（潜在）供应商相关条件进行评审，确定其是否达到 NV 公司要求的标准，作为开展采购业务往来的前提条件。供应商认证主要考察供应商的基本经营情况、企业管理情况、质量体系、设计生产工艺、物流管理、环境管理、顾客服务和法律环境等内容。

供应商认证分为资料评审和现场评审两个阶段，公司采购部对供应商进行资料评审；资料评审通过后，公司采购部组织相关部门（成本、项目、设计中的一个或多个部门）对供应商进行现场评审，供应商考察资料需上传至公司信息平台。评审小组根据现场评审情况对评估指标集体逐项评分，评审结果报采购负责部门负责人审批。现场评审得分大于等于 60 分的供应商通过认证，并在信息平台上完成认证；小于 60 分的未通过认证。分散采购的供应商也应当由公司采购部进行认证。

（3）优化供应商评价。对供应商的评价包括供应商的动态评估和供应商评级。

1）供应商动态评估。指对当期正在合作的供应商，项目经理部负责每季度完成一次过程评估，具有垄断性质的直接委托（如电力、燃气、供水以及电信服务等）及零星采购供应商可不参评。过程评估由项目经理部负责人组织项目部、采购部、成本部相关同事共同完成，评估结果须通过项目经理部负责人审批。公司采购部需根据所有参评供应商评分结果进行总结评价。对履约完成的供应商在办理竣工结算后或在集中交付 3 个月之内完成评估。

2）供应商分级。依据供应商评估的结果进行。供应商级别可分为战略使用、首选、可接受、有限使用和不满足使用 5 个级别。

供应商分级管理重点关注总包工程及部分重要的分包工程，材料设备类供应商按动态评估得分进行分级，并参考供应商在市场及品牌的定位综合确定分级。

在新的采购业务中，公司采购部对评级为"战略使用"、"首选"的供应商可考虑增加对其采购量；对评级为"有限使用"的供应商应考虑减少对其采购量；对评级为"不满足使用"的供应商，原则上不得与其开展新的业务往来。

供应商分级与采购规划、采购计划挂钩，针对不同分级供应商，在采购规划中应制定不同的合作关系发展策略，决定是否调整对其合作份额。供应商在年度内出现一般及以上等级质量事故或重大及以上等级安全事故的应予以降级。

3. 优化采购流程

（1）内部物资调度流程的改进。内部物资的调度在多项目管理中经常出现，产生的主要原因是在多个项目部中，由于某项目部因为某种原因导致原计划改变，使已经采购的物资出现了闲置现象，通过公司内部在项目部之间的调度可以有效地降低公司的库存持有量，有助于提高公司的资金周转速度和利用效率。

（2）战略采购流程的改进。战略采购对于公司来说是至关重要的采购活动，其涉及的物资或服务都十分关键，与供应商的关系也属于战略合作关系，因此，特别需要加强战略采购的流程设计。

根据战略采购的基本内容，设计战略采购的基本流程。

1）对于被归属于战略采购的采购活动，查看 V 公司总部或 NV 公司的战略协议清单，并根据协议编制采购计划。

2）与战略供应商沟通，确认其能否满足要求。

3）若能满足，根据战略供应商的回复，签订采购合同；若不能满足，则转向一般采购。

4）履行合同，同时将有关合同的电子档上传至公司平台，并在合同台账中进行登记。

5）合同履行完毕后，组织评价。

## 二、专题讨论

1. 工程项目采购与生产企业采购有什么不同？
2. 做好工程项目采购应当注意哪些细节？

## ◇ 本章参考文献

［1］吴守荣，王扬等．项目采购管理（第 2 版）［M］．北京：机械工业出版社，2018.

［2］李启明，邓小鹏．建筑项目采购模式与管理［M］．北京：中国建筑工业出版社，2011.

［3］谢坤，唐文哲，漆大山等．基于供应链一体化的国际工程 EPC 项目采购管理研究［J］．项目管理技术，2013（8）：17－23.

［4］［美］科兹纳．项目管理：计划、进度和控制的系统方法（第 11 版）［M］．杨爱华译．北京：电子工业出版社，2014.

［5］ ［美］项目管理协会．项目管理知识体系指南（PMBOK 指南）（第 5 版）［M］．许江林译．北京：电子工业出版社，2013.

［6］李志超．建筑工程的项目采购管理［J］．项目管理技术，2009（1）：263－266.

［7］王宗达．对项目采购成本控制的几点思考［J］．企业经济，2012（12）：70－72.

［8］余满峰．论互联网思维对现代企业项目管理的影响［J］．现代商贸工业，2018，39（33）：50－51.

# 第十二章 "互联网 +"政府采购

◇ 引导案例

## "互联网 +" 政府采购破解政府采购难题

数据显示，2016 年全国政府采购规模超过 3 万亿元，并稳步上升。由于政府采购涉及面广、金额大、对象多、专业性强，受专业水平、采购手段、市场环境、供应商质量等多种因素限制，不少采购单位仍面临采购服务"贵慢差"等问题。因此，政府采购行业正致力于加快实施"互联网 +"政府采购行动，助力全流程电子化改革。

中国人民大学国家发展与战略研究院研究员、公共资源交易研究中心执行主任王丛虎接受经济日报记者采访时表示，随着互联网、大数据、云计算等信息技术快速发展以及应用日趋成熟，政府采购全流程电子化已成为必然趋势。

中国财政科学研究院副院长白景明认为，智慧政府采购将履约环节信息纳入政府采购的全流程电子化体系中，除了实现政府采购全流程信息流的实时互通外，符合政府采购改革的要求，能有效解决政府采购改革中面临的多个难题。

智慧政府采购平台在采购预算环节可以通过大数据辅助预算编制；在采购计划环节能实现采购清单与采购计划自动匹配；在商品选购环节能实现商品智能搜索与在线比价；在订单配送环节能完成出库信息、配送信息、签收信息的实时同步；在合同签收环节可以通过电子合同、电子签章等方式实现在线验收；在对账支付环节能自动申请支付、自动对账、自动开具电子发票；在资产入库环节能自动申请入库；在售后服务环节，能实现在线售后与智能客服共同服务。

资料来源：http://www.gov.cn/zhengce/2018－05/22/content_5292534.htm。

◇ 案例解析

互联网与政府采购的深度融合将对通用类货物、服务类采购活动带来深刻影响，推动采购规则和流程的完善，与时俱进促进代理机构和评审专家的作用转变，也将进一步促进政府采购创新，推动政府采购更好地服务于社会经济发展。

◇ **案例涉及主要知识点**

政府采购、政府采购方式、政府采购流程、"互联网＋"政府采购

◇ **学习导航**

- 掌握政府采购的基本概念、方式和流程
- 思考中小企业参与政府采购的策略

◇ **教学建议**

- 备课要点：政府采购的定义、政府采购的特点、政府采购的方法、政府采购的流程、"互联网＋"政府采购
- 教授方法：案例、讲授、实证、启发式
- 扩展知识领域：中小企业如何参与政府采购

# 第一节　"互联网＋"政府采购概述

## 一、政府采购定义及特点

### （一）政府采购定义

政府采购（Government Procurement），也称为公共采购，是指一国政府部门、机构、机关直接或间接接受政府控制的企事业单位，为实现政府职能或公共利益，利用公共资金（国家财政性资金和政府借款）购买货物、工程和服务的交易行为。政府采购不仅是指具体的采购过程，而且是采购政策、采购程序、采购过程及采购管理的总称，是一种对公共采购管理的制度。

我国《政府采购法》第2条对政府采购的定义为政府采购是指各级国家机关、事业单位和团体组织，使用财政性资金采购依法制定的集中采购目录以内的或者采购限额标准以上的货物、工程和服务的行为。

结合我国实际国情，对政府采购定义的理解可以从以下几个方面进行：①实行政府采购制度的不仅仅是政府部门，还应包括其他各级各类国家机关和实行预算管理的所有单

位。②政府采购资金不仅包括预算内资金，同时把使用预算外资金进行政府采购的活动也纳入政府采购统一管理的范围。③强调购买方式的转变。将过去由财政部门供应经费由各个单位分散购买所需货物、工程和服务的方式，转变为在政府的管理和监督下，按照规定的方法和程序，集中购买和分散购买相结合统一的管理模式。

### （二）政府采购特点

**1. 政府采购主体的特定性**

大多数国家的政府采购主体不仅包括中央政府、地方政府部门、机构或机关，还包括受政府控制的公共机构以及国有企业。我国的《政府采购法》将政府采购的主体限定在国家机关、事业单位和团体组织，不包括国有企业。

**2. 政府采购资金来源的公共性**

一是政府采购的资金来源于政府财政收入，或需要由财政资金进行偿还的公共借款，这些资金最终来源于公众的纳税、公共事业服务和其他公共收入；二是政府采购的目标具有公共性，即政府采购的产品或服务是为了向社会提供公共服务。

**3. 政府采购的强制性**

为了规范政府采购行为，提高资金使用效益，维护国家利益和社会公共利益，我国颁布了《政府采购法》以及一系列相关法律法规。属于政府采购范围的项目采购计划方案、程序、方式及其资金使用等，必须严格按照有关法律、法规组织实施和规范管理。

**4. 政府采购的公开性**

"政府采购应当遵循公开透明原则、公平竞争原则、公正原则和诚实信用原则。"政府采购的有关法律和程序都是公开的，采购过程也是在完全公开的情况下进行的，一切采购活动都要做出公共记录，所有的采购信息都是公开的，没有秘密可言。而在私营领域，管理当局则没有这个义务。

**5. 政府采购的政策性**

政府采购有责任维护国家和社会公共利益，促进社会经济协调平衡发展，体现社会责任感。政府采购对于平衡社会有效需求和供给、推动经济产业结构调整升级、保护和扶持民族产业、促进地区经济发展、扶植中小企业发展、支持科技创新、支持环境生态保护和节约能源等社会经济、公益事业都能发挥显著的促进作用。

**6. 政府采购的经济性和非营利性**

政府采购活动必须遵循市场经济规律，追求财政资金使用效益的最大化。同时，政府采购活动不以盈利为目标，而是以追求社会公共利益为最终目标。

**7. 政府采购的影响性**

政府采购不同于个人采购、家庭采购、企业采购或团体采购，它是一个整体，这个整体是一个国家内最大的单一消费者，其购买力大。在很多国家，政府采购金额占一个国家国内生产总值的10%以上，因此，政府采购对社会经济有着非常大的影响力，采购规模的扩大或缩小、采购结构的变化对社会经济发展状况、产业结构以及公众的生活环境有着十分明显的影响。正是由于政府采购对社会经济有着其他采购不可替代的巨大影响，它已成为各国政府普遍使用的一种宏观经济调控手段。

## （三）政府采购方法

《政府采购法》中规定了六种政府采购方式：公开招标、邀请招标、竞争性谈判、单一来源采购、询价采购和国务院政府采购监督管理部门认定的其他采购方式。其中公开招标是最主要的方式，而且大部分公开招标的项目均属于工程项目。《政府采购法》中也明确规定了其他采购方式的适用条件。不同的采购方式选择，为提高了政府采购效率和资金使用效率奠定了良好的基础。

### 1. 公开招标

公开招标是指通过公开程序，邀请所有有兴趣的供应商参加投标。

### 2. 邀请招标

邀请招标属于有限竞争性招标，也称为选择性招标。招标人以投标邀请书的方式直接邀请特定的潜在投标人参加投标，按照法律程序和招标文件规定的评标标准方法选择中标人的招标方式。

### 3. 竞争性谈判

竞争性谈判是指采购实体通过与多家供应商进行谈判，从中确定中标供应商的一种采购方式。通常这种方法适用于紧急情况下的采购或某些涉及高科技应用产品和服务的采购。

### 4. 单一来源采购

单一来源采购即没有竞争的采购，它是指达到了竞争性招标采购的金额标准，但所购商品的来源渠道单一，或属专利、首次制造、合同追加、原有项目的后续扩充等特殊情况，在此情况下，只能由一家供应商供货。单一来源采购也称直接采购。

### 5. 询价采购

询价采购是指对几个供货商（通常至少 3 家）的报价进行比较以确保价格具有竞争性的一种采购方式。询价采购的适用条件是采购现成的并非按采购实体的特定规格特别制造或提供的货物或服务；采购合同的估计价值低于采购条例规定的数额。

### 6. 国务院政府采购监督管理部门认定的其他采购方式[①]

除了法律法规明确规定的上述五种采购方式外，在我国政府采购实际工作中还存在定点采购、协议供货等其他采购方式。

定点采购是指采购人或采购代理机构采用招标或竞争性谈判等方式，通过规范的程序，在综合考虑供应商各项指标的情况下，择优确定一家或者几家定点供应商，各采购单位有采购需求时，必须在定点供应商范围内进行采购，不得擅自到非定点单位办理定点采购业务。

协议采购是一种集中采购、协议供货的方式，对一些价格较为透明、采购频繁的通用物资，采购人或采购代理机构不再逐次逐批的采购，而是集中通过规范程序确定采购品牌，通过采购协议确定价格、数量、供应期限等合同条款，这样不仅解决了时效性问题，提高了政府采购的效率，也降低了采购成本。

---

① 资料来源：楚天浩. 简析我国政府采购方式［J］. 中国政府采购，2008（11）：80.

## 二、"互联网＋"政府采购定义

"互联网＋"政府采购是利用信息通信技术以及互联网平台，将互联网与传统行业进行深度融合，充分发挥互联网在资源配置中的优化和集成作用，将互联网的创新成果深度融合于政府采购之中，以提升政府采购的效率和政府资金的利用水平。

## 三、"互联网＋"政府采购发展

我国政府采购历经近20年的改革与变迁，实现了"跨越式"发展，建立了以《政府采购法》为基本法的政府采购法律制度框架体系，形成了"管采分离"的管理体制和运行机制。但是，由于我国的政府采购起步较晚，与国外比较成熟的政府采购法律制度体系相比，我国的政府采购法律制度体系还不够健全，政府采购常因信息不对称、和人为因素干扰造成的"天价采购"而为业界所诟病。2017年10月，习近平总书记在中共十九大报告"深化供给侧结构性改革"中提出"推动互联网、大数据、人工智能和实体经济深度融合"，"为建设网络强国、数字中国、智慧社会提供有力支撑"。这无疑给正在实施电子化采购变革中的政府采购提出了新使命、新任务和新要求。在此背景下，我国多数省份和国家部门在政府采购领域先后启动了"互联网＋"政府采购系统建设。相对传统政府采购，"互联网＋"政府采购通过建立网上采购交易平台，打破了传统政府采购的时空观，营造出了更为公开、公平、公正的政府采购服务环境，不仅降低了采购成本，而且还可为采购人、供应商提供更多便利，实现了采购工作电子化、流程化和统计工作自动化，既显著提高了政府采购效率，又能对政府采购予以有效的全程信息化监管。

## 四、"互联网＋"政府采购优势

（一）采购渠道多样化、商品品种更完备

现有的众多大型网络平台均具有丰富的商品种类与库存，来源渠道也多种多样，物流配送速度与质量更是趋于成熟，给政府采购工作人员提供了更多选择空间，并能满足各种个性化需求。相对于传统采购模式下采购需求单一，尤其在采购量较小的情况下，将限制大量的供应商参与进来，采购人员选择的余地就更小了。

（二）有效削减了人、财、物的投放

网络虚拟的采购环境也给采购过程带来更加简便的变革，一改以往实体环境下，辗转多处询价、分析及比较的工作方式，通过在线方式浏览商品。在节约时间提高效率的同时，也精简了人力的消耗。另外，网络平台供应商在降低了实体运营成本后，将以更加优惠的产品价格以及高效高质的物流服务来提高自身市场竞争力，这一行为更加有利于政府采购成本的控制。通过"互联网＋"方式的政府采购在促进我国电子商务行业积极发展的同时，也达到了双方利益最大化的目标，实现共赢局面。

### （三）采购信息公开透明

#### 1. 采购过程透明化

互联网中的产品来自不同区域，打破了传统采购模式下对地域及时间的限制，有效地规避了以往信息不对等而滋生腐败的现象。通过实时掌控供应商资源信息，产品价格、库存量、历史交易等数据，拥有了更多主动权，减少了人为因素的干扰，最大限度地降低了暗箱操作的可能性。

#### 2. 采购物品信息公开化

互联网环境下的每种商品的具体价格及历史浮动、性能参数，供应商及生产商等信息均全面披露，切实有效地遏制了过往因产品信息不全而导致的腐败现象。在"互联网＋"环境下的政府采购工作人员可充分利用网上公开的商品信息，依据性价比的对照，更加客观公正地采购满足实际需求的产品，在便捷地控制采购成本的同时更满足了对质量的要求。

## 五、"互联网＋"政府采购的功能

政府作为市场中博弈各方中的一极，其发挥作用的方式和手段也考虑到市场中其他各方，以期达到一种均衡。而政府采购正是更多地以市场的手段来发挥政府的作用。因此，得到了世界各国的普遍重视。

### （一）完善的政府采购制度，有利于强化市场意识，促进观念的转变

#### 1. 政府采购制度强调政府与纳税人之间的一种契约关系

纳税人是委托方，委托政府在管理公共事务用其缴纳的税收采购公共产品；政府是受托方，政府在市场上采购货物、工程和服务的行为是代纳税人采购。

#### 2. 有助于树立政府作为市场博弈的一方也是一个消费者的观点

在市场经济活动中，政府不仅要消费，而且是一个国家最大的消费者。政府对企业和生产者的支持不一定非要采取减税等消极方式，而是可以提出消费要求，通过对生产适销对路的产品的政府采购来增加企业和生产者的收入，这种利用经济手段促进生产结构调整、提高产品产量、改善服务质量的行为，能够减少替代效应对经济生活的影响。

### （二）政府采购制度是加强宏观调控的有效手段

政府采购制度是宏观经济的调节手段，也是重要的财政支出管理制度。在市场经济条件下，政府与支出的最好连结点就是市场，政府可以通过采购的数量、品种和频率对整个国民经济有着直接的影响。实行政府采购制度既可有力地将各政府部门和公共单位的消费行为组织起来，又能有效地将国家确定的财政政策、产业政策、货币政策以及社会发展的总体要求落到实处。在经济过热的时期，可以适当压缩政府采购的规模或推迟政府采购的时间，减少社会的总需求；在经济偏冷的时期，可以适当地增加政府采购的规模和提前实

施政府采购刺激总需求的增长。需要扶持的产业和技术项目有所侧重，需要压缩和限制的产品采取限制购买，就可以起到调整产业结构和产品结构的作用。

（三）建立完善的政府采购制度，有利于加强支出管理，提高财政资金的使用效率

我国由计划经济向市场经济转轨，契入了市场机理和价值规律，因此，追求支出效益最大化是支出管理的根本目标。同时，市场经济是法制经济，其管理的方式必须符合法制化和规范化的要求。政府采购制度以一系列的制度规定，加强了政府对财政资金由价值形态向实物形态转变过程的影响、监督和管理，有效地制约和规范了政府购买行为；对于节约财政资金、提高资金的使用效率和加强国有资产管理有重要意义，是健全和完善我国财政政策的重要举措；客观上有利于构建适合中国国情的政府资金分配与使用效率机制，从而达到经济的规模效益和追求政府支出的边际效益最大化。

（四）完善的政府采购制度可以推动政府消费行为的市场化

与西方发达国家相比，我国政府部门的消费行为和消费倾向由部门内部提供，因此几乎每个政府部门或每一个系统内部都设有各种各样的服务机构。而在西方发达国家中，政府部门的消费不是由政府内部提供的，而是由市场提供的，即向市场购买各种所需的服务和产品。这样避免了诸如重复建设、人员和设施的闲置和浪费、机构臃肿等内部提供所带来的弊端。近年来，我国努力推行机关服务实体与机关脱钩的改革，但效果并不明显，这与缺乏相应的机制是密切相关的。建立政府采购制度恰恰提供了这一契机，可以将机关服务实体推向社会，建立起机关与服务实体之间的一种商业化关系，从根本上解决依靠政府部门提供服务的方式和由此产生的各种问题。

（五）建立完善的政府采购制度是我国开拓国内外市场，壮大民族经济的必然选择

我国加入 WTO 后，建立完善的政府采购制度有助于我国从国际市场中获得物美价廉的产品和服务，实现国际贸易中的比较优势。同时，政府采购制度可以作为一种非关税贸易壁垒，一直是各国保护本国产业的有效手段。我们要充分利用开放政府采购市场的时间差，锻炼和培养国内企业，逐步适应国际惯例，以开放的姿态迎接国际的挑战。

（六）推行政府采购制度是反腐倡廉、整顿市场经济秩序的重要配套措施

完善的政府采购制度要求公开透明、公平竞争、公正和诚实信用的原则，提高采购过程的透明度。按照国际经验，政府采购将会在采购过程中形成直接的监督、行政监督和司法监督机制，即供应商以向招标人质疑的方式、向采购管理机关投诉的方式和向法院诉讼的方式对其他供应商、采购机关及管理机关形成监督，从而全方位形成政府采购行为的监督机制，消除了"暗箱操作"，能够有效抑制公共采购当中的各种腐败现象，有利于维护政府信誉，维护政府官员廉洁奉公的良好形象。

## 六、"互联网＋"政府采购原则

我国《政府采购法》中规定，政府采购应当遵循公开透明原则、公平竞争原则、公

正原则和诚实信用原则。这些原则是实现政府采购目标的重要保障。

### (一) 公开透明原则

政府采购的公开性原则是指有关采购的法律、政策、程序和采购活动都要公开。透明度或公开性也是公共支出管理的一个重要特征。由于采购机关是在使用公共资金进行采购，因此就对公众产生了一种管理的责任，也即谨慎地执行采购政策并使采购具有透明度。透明度高的采购法和采购程序具有可预测性，使投标商可以计算出他们参加采购活动的代价和风险，从而提出最有竞争力的价格。公开性原则还有助于防止采购机构及其上级主管做出随意的或不正当的行为或决定，从而增强潜在的投标商参与采购并中标的信心。

在政府采购制度中，公开性原则贯穿在整个采购程序中。首先，有关采购的法律和程序要公布于众，并严格按照法律和程序办事。这些法律文件也要便于公众及时获得。采购项目和合同的条件要公开刊登广告；资格预审和评价投标的标准要事先公布并且只能按此标准进行评价；公开开标；采购活动要做好采购记录，以备公众和监督机构的审查和监督；为保证采购透明度原则的实现，要接受投标方的质疑和申诉。总之，在政府采购中，采购双方如同是"擂台上的拳击选手"，时刻在公众的众目监督之下。当然，对一些采购，由于采购物品的性质使得采购过程不能公开，但即使如此，采购机构也必须对此做出说明和记录，并需经严格审批和授权。

### (二) 公平竞争原则

政府采购中的一个重要假设是竞争价格是一种合理价格。政府采购目标主要是通过促进供应商、承包商或服务提供者之间最大程度的竞争来实现的。通过竞争，政府采购机构可以形成一种买方市场，从而形成一种对买方有利的竞争局面。竞争也可以促使投标人提供更好的商品和技术，并且设法降低产品成本和投标报价，从而使用户可以较低的价格采购到优质的商品，实现政府采购的目标。因此，竞争性原则是政府采购的一条重要原则。

招标采购方法充分体现了平等、信誉、正当合法的现代竞争规范，是一种有组织的、公开的、规范性的竞争，是竞争的一种高级形式。因此在政府采购中，招标采购方法通常被用作首选的采购方法。

政府采购中竞争原则的实现主要是通过招标公告或竞争邀请来实现的。公告吸引了投标商参与竞争，公告的有效性对竞争程度有直接的影响，因此在各国政府采购制度及国际政府采购规则中都对公告的发布形式做出规定；同时为了确保投标商有足够的时间决定是否参与竞争和为参与投标竞争做好准备，又对从发出招标公告到投标的时间限制做出规定，以避免因投标商来不及准备而失去竞争机会，从而保证最大程度的竞争。另外还有其他一些程序安排也都是为了保证竞争和防止限制竞争的情况出现，如对招标文件收取的费用应只限于制作成本等。即使在采用招标以外的采购方法时也要求有一定程度（充分）的竞争，除非采购情势不允许竞争，并经过详细的说明和审批。

政府采购中的公平原则首先是指所有参加竞争的投标机会均等，并受到同等待遇。允许所有有兴趣参加投标的供应商、承包商、服务提供者参加竞争；资格预审和投标评价对所有的投标人都使用同一标准；采购机构向所有投标人提供的信息都应一致；不应对国内或国外投标商进行歧视等。

同时，竞争只有建立在公平的基础上才能发挥其巨大的作用。因为只有在公平的基础上进行竞争才能促进最大程度的竞争，有实力和能力提供质优价廉的产品或服务的投标商才能赢得投标的成功，从而促进政府采购经济有效目标的实现。

### （三）公正原则

公正性主要表现在，合同的授予要兼顾政府采购社会目标的实现。由于在政府采购的竞争中，小企业、少数民族企业、困难企业等处于不利的地位，如果按其实力，他们很难能赢得政府采购合同。因此在政府采购制度中，制定出一些规则和采取一些措施使小企业等也能分得政府采购合同的一部分，从而促使社会经济的协调发展。

### （四）诚实信用原则

在政府采购中坚持诚信原则，从政府的角度来讲可以减少交易费用，减少腐败行为的发生，提高政府采购的运作效率。而对于政府采购的物品或服务的提供商来说，诚信原则可以给企业以必要的约束。

## 第二节 "互联网＋" 政府采购制度和程序

### 一、政府采购制度

#### （一）政府采购制度内涵

政府采购与政府采购制度不能混为一谈。政府采购是一种采购行为，一种采购方式或一个采购过程；而政府采购制度是指有关政府采购的一系列法规、政策和制度的总称。政府采购制度有一定的目标，具有较强的政策性，其表现形式是国家政府采购活动的规则和惯例。各国大都通过管理政府采购活动的立法确立其政府采购制度。

政府采购制度因各国法律制度、政治制度的不同而有所差异。主要有以下四个方面：一是政府采购管理制度，指政府采购管理机构依据有关法律法规对政府采购业务进行行业监管的制度；二是政府采购运行制度，指政府采购执行机构依据有关法律法规和惯例，对货物、工程和服务实施采购的运行制度；三是政府采购法律制度，指立法部门制定的、政府采购必须遵循的有关法律法规及依法管理制度；四是政府采购监督制度，指由纪检监察、审计和其他监督管理部门以及社会等各方面构成的对政府采购的监督制度。政府采购制度主要包括采购计划的制订、采购资金预算和划拨、采购方法的选择、采购程序的控制和管理、采购合同的管理等。

### （二）建立政府采购制度的原则

政府采购原则贯穿政府采购规则中，这些原则是实现政府采购目标的重要保障。

#### 1. 竞争性原则

政府采购规则都将竞争性原则作为政府采购的一条重要原则，它主要是通过公开招标或竞争性谈判来实现的。如欧盟的《政府采购公共指令》将改善公共供应和服务合同有效竞争的条件作为其目标之一，并通过在欧盟范围内授予合同的真正竞争来实现政府采购的经济有效目标。世界银行认为，为了实现其目标，最好的办法是实行国际竞争性招标，世界银行愿为所有成员国的投标商提供竞争合同的机会。

#### 2. 透明度原则

透明度原则亦即公开性原则，是指有关采购的法律、政策、程序和采购活动都要公开透明，这是国际政府采购规则中的一项重要原则。在政府采购制度中，透明度原则贯穿在整个采购程序中。世界贸易组织的《政府采购协议》除规定了透明度原则之外，还在其有限的条款中专门规定透明度问题。世界银行的《采购指南》也规定，采购过程要有高度的透明度。透明度高的采购法和采购程序具有可预测性，使投标商可以计算出他们参加采购活动的代价和风险，从而提出最有竞争力的价格。透明度原则还有助于防止采购机构及其监管部门做出随意性或有倾向性的不当决定，从而促进投标人积极参与采购活动并增强其中标的信心。

#### 3. 公平性原则

公平性原则是国际政府采购规则中的另一个重要原则。政府采购中的公平性原则是指所有参加竞争的投标商机会均等，并受到同等待遇。允许所有有兴趣参加投标的供应商、承包商、服务提供者参加竞争；资格预审和投标评价对所有的投标人都使用同一标准；采购机构向所有投标人提供的信息都应一律平等。公平性原则有助于采购目标的实现，竞争只有建立在公平的基础上才能发挥其巨大的作用；只有在公平的基础上进行竞争才能促进最大程度的竞争；公平性原则使得有实力和能力提供质优价廉的产品或服务的供应商能够中标，从而促进政府采购经济有效目标的实现。

## 二、"互联网＋"政府采购程序

我国《政府采购法》和《政府采购法实施条例》对政府采购程序做出了明确的规定。政府采购的每一种采购方式都有严格的采购程序。"互联网＋"政府采购中最主要的采购方式是招标采购，采购程序与本书第十章"招标采购"中的内容基本一致。这里主要介绍竞争性谈判、单一来源采购和询价采购的程序。

### （一）竞争性谈判采购程序

#### 1. 成立谈判小组

采购人在谈判当天或前一天（特殊情况不得超过两天），在政府采购监督管理部门监督下通过随机方式从政府采购评审专家库中抽取专家，依法组建谈判小组。

谈判小组由采购人代表和有关经济、技术等方面的专家组成，成员人数应当为 3 人以上单数，其中，经济、技术等方面的专家不得少于成员总数的2/3。遇有行业和产品特殊要求，专家库不能满足需求时，可以由招标采购单位、采购人从专家库外按3∶1的比例提出推荐人选，经政府采购监督管理部门审核后，从被推荐人选中随机抽取谈判专家。

采购数额在300万元以上、技术复杂的项目，谈判小组中技术、经济方面的专家人数应当为5人以上单数。

2. 编制竞争性谈判文件

根据采购项目需求、详细的技术参数等相关资料以及有关政策规定要求的内容编制竞争性谈判文件，与招标采购中的招标文件类似。

3. 确定邀请参加谈判的供应商名单

谈判小组从符合相应资格条件的供应商名单中确定不少于3家的供应商参加谈判，并向其提供谈判文件。

4. 供应商递交响应文件

响应供应商按照竞争性谈判文件要求编制响应文件，在竞争性谈判文件规定的时间、地点将响应文件密封送达。招标采购单位收到响应文件后应签收并妥善保存。

5. 组织谈判

谈判小组应当采用集中、封闭谈判的方式进行谈判。

截至递交响应文件规定时间，递交响应文件的供应商不足3家的，或经审查实质性响应竞争性谈判文件供应商不足3家的，或经谈判满足政府采购预算不足3家的，经政府采购监督管理部门批准，只有2家的可以继续进行竞争性谈判，只有1家的可继续按照单一来源采购方式采购。

采购单位按照以下基本程序组织谈判：

（1）采购单位组织所有递交响应文件供应商，公布递交响应文件供应商的名称及报价。监督人员或递交响应文件供应商推选的代表在谈判现场检查响应文件的密封情况，响应文件的密封情况经确认无误后，工作人员当众拆封，并公布递交响应文件供应商的名称及价格，工作人员做好记录存档备查。未公布的供应商不予进行谈判。

（2）谈判小组对所有响应文件进行资格性和符合性审查。谈判小组从供应商递交的响应性文件的有效性、完整性和对竞争性谈判文件的响应程度进行审查。

（3）谈判。

1）确定谈判顺序。谈判小组应当通过随机方式确定参加谈判的供应商的谈判顺序，要求各供应商进行不超过三轮的报价。

2）比较与评价。谈判小组对实质性响应文件从商务、技术参数与规格型号、性能与质量、功能或整体方案、售后服务、供应商和制造商资信、相关业绩、执行合同能力等方面进行全面比较与评价。

谈判小组应当通过随机方式确定参加谈判供应商的谈判顺序，所有谈判小组成员集体与每位实质性响应供应商分别进行单独谈判，在谈判中，谈判的任何一方不得透露与谈判有关的其他供应商的技术资料、价格和其他信息。

3）最终报价。以书面形式须由法定代表人或其授权人签字确认后，在规定的时间内密封送达谈判小组，由谈判小组统一拆封，公布响应供应商的最终价格。供应商最终报价逾时不交的，可视为自动放弃评审资格。

6. 确定成交候选供应商

竞争性谈判以供应商最后一轮谈判的报价及承诺作为谈判小组向采购人推荐成交候选供应商的依据，谈判小组应当根据符合采购需求、质量和服务相等且报价最低的原则按顺序排列推荐成交候选供应商。

谈判小组推荐非报价最低的谈判供应商为成交供应商的，须附书面报告说明理由且由谈判小组全体成员签字确认。

最终报价均超过了政府采购预算，采购人不能支付的，谈判活动终止；终止后，采购人需要采取调整采购预算或项目配置标准等，或者采取其他采购方式的，应当在采购活动开始前获得政府采购监督管理部门批准。

在推荐确定成交候选供应商之前，谈判小组认为，排在前面的成交候选供应商的最终报价或者某些分项报价明显不合理或者低于成本，有可能影响商品质量和不能诚信履约的，应当要求其在规定的期限内提供书面文件予以说明理由，并提交相关证明材料。否则，谈判小组可以取消该供应商的成交候选资格，按顺序由排在其次的成交候选供应商递补，依此类推。

7. 确定成交供应商

采购人在收到谈判报告后 3 个工作日内，按照谈判报告推荐的成交候选人顺序确定成交供应商，采购人也可以事先授权谈判小组直接确定成交供应商。5 个工作日内，采购人没有书面回复的，视同确定排序第一的供应商为成交供应商。

8. 公告谈判结果

成交供应商确定后，采购人将采购项目名称、成交供应商名称和成交价格、谈判小组成员名单等规定内容在政府采购信息发布指定媒体上进行公告。

9. 发出成交通知书，签订合同

在谈判结果公告的同时，招标采购单位向成交供应商发出成交通知书。

采购人应当自成交通知书发出之日起 30 日内，按照竞争性谈判文件确定的事项，与成交供应商签订政府采购合同，所签订的合同不得对竞争性谈判文件和成交供应商的响应文件作实质性修改。

采购合同自签订之日起 7 个工作日内，采购人应当按照规定将合同副本报同级政府采购监督管理部门和有关部门备案。

成交供应商因不可抗力或者自身原因不能履行政府采购合同的，经政府采购监督管理部门审核，采购人可以与排位在成交供应商之后第一位的成交候选供应商签订政府采购合同，依此类推。

10. 组织履约验收

在供应商供货、工程竣工或服务结束后，按照政府采购合同中验收有关事项和标准由采购人组织验收。

大型或者复杂的政府采购项目应当邀请国家认可的质量检测机构参加验收工作。验收方成员应当在验收书上签字，并承担相应的法律责任。

11. 支付采购资金

验收合格后，采购人应按照合同约定及时支付采购资金。采购资金属预算内资金的实行国库集中支付；采购资金属自筹资金的由单位自行支付。

### （二）单一来源采购程序

**1. 组建单一来源采购小组**

单一来源采购小组由采购人、政府采购评审专家 3 人以上单数组成，专家人数不得少于成员总数的 2/3。

**2. 编制单一来源采购文件**

根据采购项目需求、详细的技术参数等相关资料以及有关政策规定要求的内容编制单一来源采购文件。同时，拟订洽谈方案，洽谈方案应当包括洽谈主要内容、价格承受上限、质量最低保证、服务要求、应变措施等。洽谈方案在洽谈前保密。

**3. 发出洽谈邀请**

向洽谈供应商发出洽谈邀请，并提供单一来源采购文件。

**4. 组织洽谈**

单一来源采购小组应当采用集中、封闭洽谈的方式进行洽谈。

**5. 确定成交供应商**

通过洽谈，在满足单一来源采购文件全部条款的基础上，单一来源采购小组遵循物有所值和价格合理的原则，推荐成交供应商，并编写洽谈报告。

若洽谈双方不能达成一致，采购人需要调整政府采购项目预算额或采购项目配置标准的，报政府采购监督管理部门审批同意后可以继续洽谈；采购人不能调整政府采购项目预算额或采购项目配置标准的，采购项目取消。

**6. 发出成交通知书**

洽谈结果公告无异议后，向成交供应商发出成交通知书，并在政府采购指定媒体上进行公告。

**7. 签订合同**

采购人应当自成交通知书发出之日起 30 日内，按照单一来源采购文件确定的事项，与成交供应商签订政府采购合同，所签订的合同不得对单一来源采购文件和成交供应商的响应文件作实质性修改。

采购合同自签订之日起 7 个工作日内，采购人应当按照规定将合同副本报同级政府采购监督管理部门和有关部门备案。

**8. 组织履约验收**

在供应商供货、工程竣工或服务结束后，按照政府采购合同中验收有关事项和标准由采购人组织验收。大型或者复杂的政府采购项目应当邀请国家认可的质量检测机构参加验收工作。验收方成员应当在验收书上签字，并承担相应的法律责任。

**9. 支付采购资金**

验收合格后，采购人应按照合同约定及时支付采购资金。采购资金属预算内资金的实行国库集中支付；采购资金属自筹资金的由单位自行支付。

（三）询价采购程序

1. 组建询价小组

采购人在询价当天或前一天（特殊情况不得超过两天），在政府采购监督管理部门监督下通过随机方式从政府采购评审专家库中抽取专家，组建询价小组。询价小组由采购人代表和有关经济、技术等方面的专家组成，成员人数应当为 3 人以上单数，其中，经济、技术等方面的专家不得少于成员总数的 2/3。遇有行业和产品特殊要求，专家库不能满足需求时可以从专家库外按 3：1 的比例提出推荐人选，推荐人选经政府采购监督管理部门审核后从中随机抽取询价专家。采购数额在 300 万元以上、技术复杂的项目，谈判小组中技术、经济方面的专家人数应当为 5 人以上单数。

2. 制定询价文件

根据采购项目需求、详细的技术参数等相关资料以及有关政策规定要求的内容编制询价文件。

3. 发出询价邀请

向供应商发出询价邀请，并提供询价文件。

4. 递交响应文件

响应供应商按照询价文件要求编制响应文件，在询价文件规定的时间、地点将响应文件密封送达。

5. 询价评议

询价小组应当采用集体询价的方式进行询价评议。

在满足询价文件全部条款的基础上，实质性响应供应商只能一次报出不得更改的价格。询价采购的评定一般采取最低评标价法，即在全部满足采购文件实质性要求的前提下，依据同一价格要求评定最低报价，询价小组按照报价由低到高排列供应商顺序，推荐最低报价的供应商作为成交候选供应商。

6. 确定成交供应商

采购人在收到询价报告后 5 个工作日内，按照询价报告推荐的成交候选人顺序确定成交供应商，采购人也可以事先授权询价小组直接确定成交供应商。5 个工作日内，采购人没有书面回复的视同确定排序第一的供应商为成交供应商。

7. 公告询价结果

成交供应商确定后，采购人将采购项目名称、成交供应商名称和成交价格等规定内容在政府采购信息发布指定媒体上进行公告。

8. 发出成交通知书，签订合同

在询价结果公告的同时，招标采购单位向成交供应商发出成交通知书。

采购人、招标采购单位应当自成交通知书发出之日起 30 日内，按照询价文件确定的事项与成交供应商签订政府采购合同，所签订的合同不得对询价文件和成交供应商的响应文件作实质性修改。

采购合同自签订之日起 7 个工作日内，采购人应当按照规定将合同副本报同级政府采购监督管理部门和有关部门备案。

9. 组织履约验收

在供应商供货、工程竣工或服务结束后，按照政府采购合同中验收有关事项和标准由采购人组织验收。大型或者复杂的政府采购项目应当邀请国家认可的质量检测机构参加验收工作。验收方成员应当在验收书上签字，并承担相应的法律责任。

10. 支付采购资金

验收合格后，采购人应按照合同约定及时支付采购资金。采购资金属预算内资金的实行国库集中支付；采购资金属自筹资金的由单位自行支付。

### 三、"互联网＋"政府采购的管理机制

为解决我国"互联网＋"政府采购的现存问题，陈维峰（2018）等学者提出需要建立起如下四种管理机制。

#### （一）产品价格与产品技术标准动态更新机制

政府采购的产品价格与产品技术标准动态更新，是有效解决规范流程与提高效率、遏制高价采购与低价抢标问题的根本保证。首先，电子交易平台通过引入价格监测机制，对采购商品进行实时价格监测、同步更新与比较，可以通过充分竞争进一步挤出虚高价格的水分。其次，"互联网＋"政府采购坚持以市场为导向，基于市场规则实行产品技术跟踪监控，对入围产品不定配置标准，根据产品升级换代情况适时对平台产品进行更新，能够及时驱除滥竽充数、以次充好以及型号匹配性差、性能与系统稳定性差技术落伍产品，最终使供应商主动投报市场畅销、技术水平和性价比高的产品，使采购人摆脱供应商低价抢标的苦恼。最后，通过价格监测实时对比价格，能够实现"电商倒逼厂商"，迫使供货商回归市场价格，降低政府采购成本，把天价采购与低价抢标关进制度的笼子，彻底解决政府采购价格、货物技术水平与市场脱节问题。

#### （二）比价与竞价互动匹配机制

比价采购从方式上讲属于询价采购，其适用对象为规格标准统一、货源充足且价格变化幅度小的货物；而竞价采购的适用对象为符合公开招标标准的货物。比价与竞价互动匹配是指，若在比价采购过程中发现所有供应商的报价均高于同期市场平均价，则比价采购活动即应中止。由于"互联网＋"政府采购要求产品标配、市场可比，因而能够保证多家厂商形成价格竞争，入围产品价格公开、透明。采取比价和竞价互动匹配管理机制，可以在货比三家、技术水平和服务水平满足采购需求的前提下以最低价成交，有效管控货物采购价格，从而提高财政资金的使用效益。据统计，国家税务总局集中采购中心电子平台入围产品价格与市场平均价、其他政府采购价、国税系统曾经采购价相比，分别平均降低了19.2%、15.7%、7.7%。此外，通过招标将知名电商引入"互联网＋政府采购"平台，可以实现全网推送产品和全网比价，打破了传统协议供货方式中广泛存在的信息壁垒，供应商相应地将难以形成价格联盟，破解了政府"天价采购"的难题。

（三）价格—采购期—质量—售后服务集成监控采购合同执行机制

项目管理理论指出，成功的项目管理需要项目利益相关者之间彼此协作，围绕项目成本、工期、项目质量和售后服务进行及时沟通与协调，以实现有效的项目集成管理。

"互联网＋"政府采购为用户、供应商、采购代理人等政府采购订单项目的利益相关者提供了实时信息沟通平台，不仅用户要利用该平台完成采购申报、商品选择、商品收货和退换货等活动，供货商也要在该平台上完成商品分配、商品配送、结算等活动；采购代理人不仅可以及时组织专家对采购合同执行情况进行监督审核，也可以对供应商履约情况进行实时跟踪监督，对产品性能、用户使用反馈及供应商售后服务质量进行评估。由此可见，价格—采购期—质量—售后服务实时集成监控机制，能有效解决服务不到位、供货不及时、价格虚高等问题，确保规范流程，提高效率的重要机制保证。

（四）多主体、多层面评价供应商机制

首先，只有通过信息化技术才能实现信息公开的彻底化、透明化。电子交易平台系统通过大数据和云计算技术，更容易实现政府采购交易流程和采购信息等全过程公开，从而为采购人、代理机构评价供应商行为，也为行政司法部门和社会力量间接监督供应商行为提供了保证条件。其次，交易平台系统更容易建立供应商诚信信息库，供应商上传的信息要在网上公开接受公众监督，为实行严格的供应商市场准入制度提供了信息保证。再次，电子交易平台系统为构建招标前、招标中、招标后关于供应商诚信状况、业绩状况等全链条信息评价体系提供了基础实施条件，进而能明显促使生产企业和代理商强化诚信意识，规范自身经营行为，促进供应商走上通过提高产品质量和服务水平获取竞争力的健康发展轨道。又次，根据供应商履约情况建立供应商信用评价体系，由采购人对供应商进行客观评价，实时留痕，跟踪问效。最后，评标委员会专家实现了在网上对供应商独立进行评分，电子交易平台系统自动生成评标结果，从而相对于传统政府采购模式能显著降低人为因素干扰，从源头上铲除了腐败土壤，为规范流程，提高采购效率，实现交易公平提供了有效的机制保障。

## 四、做好"互联网＋"政府采购的措施

制度体系的构建是电子化政府采购体系建设的前提，只有构建良好的制度体系，电子政府采购体系才能有序、健康地发展。

（一）制定适用于互联网平台的采购规范和制度建设

首先，对互联网政府采购进行专门立法。中央层面应加快互联网政府采购法律法规，财政部等有关部门应加快制定互联网政府采购规章制度。其次，对互联网政府采购环节如电子公告、电子投标、电子招标等进行规范，使电子方式运用合法化。最后，完善互联网政府采购配套法律，加快对数据效力、电子认证法律制度、电子合同法、网上申诉机制等相关的立法，健全政府采购信息安全等法律规定，为互联网政府采购保驾护航。

为了保障采购过程的透明公正性，政府采购组织务必要推动与执行完整采购环节的追踪与监督，做到对腐败行为的零容忍。首先，政府相关监控部门可在互联网采购平台上针对采购过程中的立项绘制、实际采购以及费用管控等模块创立预警控制阈值，实时掌控采购动态，保证每一过程都符合采购的规范要求；其次，积极促成采购信息透明化，通过平台实时公布采购进程，包括采购供货方、成交价格、合同履行进度等，接受大众监督，规避暗箱操作行为扼制腐败现象的滋生。

### （二）做好前期规划与评估工作

首先，做好前期调研工作，准确了解我国互联网政府采购发展的优势与困难，在法律和政策的制定中，利用优势、克服障碍，从而制定具有前瞻性、可行性的政策与法律。其次，做好互联网政府采购规划工作。根据我国政府采购改革的进度，为互联网政府采购制定一个时间表，明确时间表内各阶段的主要目标和任务，为互联网政府采购发展树立目标、指明方向。最后，要做好调研与评估工作。对每一阶段法律的实施效果进行评估，及时解决出现的问题。

### （三）制定电子化政府采购标准化策略

首先，制定我国的互联网政府采购目录。其次，在建设互联网政府采购系统时与国际接轨，采用国际通行的电子交换标准等。最后，对互联网政府采购中出现的新型采购方式如电子招标、电子竞价、电子商城建设标准和适用范围进行标准化。

### （四）立法中注重原则性，实践中注重灵活性

首先，在中央层面制定具有可行性、前瞻性、原则性的法律，为电子化政府采购指明方向。其次，各地区根据自己的情况应当灵活制定出符合自身情况的地方性法规。最后，监管部门在强调遵循《政府采购法》和国家发展改革委、财政部等制定的原则性法律条款的同时，应当注重由采购实践部门根据自己的特点来制定具体的操作方式。

### （五）采购用途及结算方式的限定

当前网络支付渠道的丰富多样性为政府采购结算提供了更多的选择。为了保障采购资金的安全，规避资产流失风险，可对采购行为的支付方式进行设定与限制。例如，采用独立的公务账户，设置交易记录的留存期限，确保记录可查以及追溯收付款人详细信息等。对于交易金额较大的采购，启动特殊审批权限，只有通过审核后才具备支付条件，以此来有效控制采购资金的安全，并保障信息透明、便捷支付的能效。

### （六）强化信用管理

#### 1. 供应商和评审专家注册入库

"互联网＋"政府采购建成全国"一网体系"后，可实现供应商/评审专家库的资源共享，也可依据"多主体、多层面评价供应商"机制，加大对供应商、评审专家诚信监管力度。对填报虚假信息等行为一经发现或举报，应取消其终身进入供应商库/评审专家

库的资格，以此夯实"互联网＋"政府采购的诚信基础。

2. 建立供应商与评审专家诚信档案

注册通过后，供应商或评审专家如发生违法违规、失信行为，除对其进行相应的处罚外，还要录入诚信档案。做到失信行为永久记录。无论整改情况如何，失信行为都要记录在案；诚信档案要全面公开，处理结果可实现网上查询；诚信记录是考评的重要依据具有一票否决权。当失信记录超过规定次数，系统自动将其退出供应商和评审专家数据库。

3. 考评与退出

对交易平台系统的供应商和评审专家库要采取动态管理。通过建立科学的考评指标体系并结合诚信档案的记录情况，定期对数据库内供应商、评审专家实施考评筛选。对考核不合格要根据情况进行整改，整改合格后重新注册入库，对出现违规和有严重失信行为的，则应永久性退出供应商和评审专家库数据库。

# 第三节　中小企业参与"互联网＋"政府采购

所谓中小企业，是指在我国境内依法设立的有利于满足社会需要，增加就业，符合国家产业政策，生产经营规模属于中小型的各种所有制和各种形式的企业。它的划分标准由国务院负责企业工作的部门根据企业职工人数、销售额、资产总额等指标，结合行业特点制定。此类企业通常可由单个人或少数人提供资金组成，其雇用人数与营业额皆不大，因此在经营上多半是由业主直接管理，受外界干涉较少。

中小企业是实施"大众创业、万众创新"的重要载体，在增加就业、促进经济增长、科技创新与社会和谐稳定等方面具有不可替代的作用，对国民经济和社会发展具有重要的战略意义。

财政部于 2011 年 12 月 29 日发布《政府采购促进中小企业发展暂行办法》中明确提出了应当发挥政府采购的政策功能，促进中小企业发展。

## 一、我国中小企业参与政府采购面临的主要问题

在实际政府采购执行过程中，政府采购对中小企业的促进作用并没有得到明显体现，主要原因有：

### （一）宏观政策方面

#### 1. 有相关法律，但没有实施细化条文

美国的《购买美国货法案》作出明确的规定，在政府采购项目的报价中，若本国供应商的报价比国外供应商报价高出的幅度不超过6％，则必须优先向本国供应商采购；同时对中小企业则更为优待，它们可以享受的报价优惠高达12％，也就是说，美国中小企业如果和本国大企业以及国外企业同时参与政府采购，其报价只要不高于国外供应商报价

的12%和本国大企业报价的6%，就可以获得政府采购合同的订单。在我国的《政府采购法》第9条中规定，政府采购应当有助于实现国家的经济和社会发展政策目标，包括保护环境，扶持不发达地区和少数民族地区，促进中小企业发展等，《中小企业促进法》第34条也规定，政府采购应当优先安排向中小企业采购商品或服务，说明我国在法律上已经要求用政府采购来促进中小企业发展。但这些法律并没有给出具体的实施条文，也缺乏其他的法规进行补充，使得这些法律条款在政府采购中并不能得到真正的落实。在《政府采购促进中小企业发展暂行办法》中尽管提出了一些具体做法，但在实际政府采购实施中却很难实行。

2. 政府采购对企业的限制性条款过多

我国的政府采购中对企业设置的门槛过高，限制性条款很多，无形中将中小企业尤其是生产制造型企业排斥在政府采购之外。如在一些无须企业资质的采购项目中额外规定参与竞标的供应商企业必须具有某资质等级、经营资质文件等；有些采购项目金额不高，却强行规定供应商注册资本必须达千万元以上，并且要求供应商达到一定的经营年限、曾经取得同类产品相应业绩或具有同行业同类项目经验；要求供应商在中标后先预缴高额的履约保证金，以保证自己的利益不受损失，同时利用自己的强势地位对供应商的交货时间、完成工期提出诸多苛刻要求，却对支付货款设定较长周期，增加了供应商企业的资金压力；在招标文件设定过高的技术指标，而这些技术指标被设置为准入门槛或列为评审加分项目，将中小企业与大型特大型企业甚至国外企业放在同一起跑线上进行竞争。这些条款看上去非常公平，但实际上却对中小企业造成极大的压力，使中小企业被迫退出政府采购竞争。

3. 部分制度对中小企业的制约

我国的政府采购中的某些制度限制了中小企业参与政府采购，其中最典型的为集中采购目录制度和协议供货制度。

集中采购目录制度要求政府机关、事业单位和社会团体满足日常办公需求的产品、设备、服务或工程必须采购目录中的相应项目，且采购数额标准较高，中小企业通常在这些方面不具备任何优势，尤其是生产制造类中小企业更是如此，它们的产品不可能进入集中采购目录，也无法参与到政府采购中，即使有中小企业能够获得这一类采购合同，也只能是其他大品牌的代理商。

协议供货制是指通过统一招标定品、定价、定限期、定服务条件，并以协议的形式固定下来，然后通过文件形式将相关内容告知各采购单位。实施协议供货制可以规范采购行为、减少重复招标、降低采购成本、方便采购单位、提高采购效率。但同时也造成了事实上的排斥中小企业。协议供货制要求在一定期限内保持供应商的稳定，期限内的采购项目均由固定的供应商进行供应，同时也增加了中小企业进入同类项目政府采购的难度。

（二）中小企业方面的因素

除了以上宏观方面的因素以外，中小企业自身也存在许多问题。

1. 企业品牌意识不强，服务保障程度低

品牌本身凝聚了企业的一切价值和属性，中小企业由于自身实力、资金的不足，在技术、管理等方面落后于大企业，产品的社会化程度低，市场的服务保障能力也很弱，企业的竞争力弱，因此更多地倾向于为大企业加工、代工产品，忽视了企业品牌的创新，使得企业本身只能成为大企业的代理者、供应商，不能作为自主企业参与政府采购的竞争。

2. 企业诚信差

少数中小企业违法违规经营、弄虚作假、不讲诚信，在政府采购的竞标中使用假证、假资质文件，恶意压低价格，中标后私下转包，供货时以次充好，致使采购方利益受损，在以后的采购中只能提高供应商门槛，最终损害了中小企业自身的利益。

3. 竞争意识不强，信息渠道不通畅，参与信心不足

相当一部分中小企业不了解政府采购的流程和意义，不了解政府采购的政策，觉得政府采购程序复杂、制约条款多、资金回笼慢，主动放弃了政府采购市场。在信息渠道来源上又非常单一，许多刊登在公众媒体上的政府采购信息无法全面获得。中小企业特别是小型企业存在"自卑"心理，误认为政府采购的主要对象是大型企业，也不敢参与竞争。

## 二、中小企业参与"互联网＋"政府采购的建议

### （一）宏观政策

1. 细化法律法规实施细则，完善政府采购制度

与发达国家的中小企业政府采购法律法规相比，我国的法律法规在实施细则上有所欠缺，虽然在 2007 年 4 月 3 日财政部连续制定并实行了《自主创新产品政府采购评审办法》、《自主创新产品政府采购预算管理办法》、《自主创新产品政府采购合同管理办法》，2011 年制定了《政府采购促进中小企业发展暂行办法》，但并没有把这几个条文上升到法律层次，以法律的形式规定执行，也并没有制定出更为具体详细的实施细则，因此，还需要制定实施更具有操作性的法律法规来为中小企业参与政府采购提供保障。同时，完善政府采购制度，为中小企业参与政府采购提供更加公平的机会。

2. 降低中小企业参与政府采购的门槛

在编制政府采购招标文件时，要结合项目和中小企业的实际情况，禁止设立与采购项目无关、履行合同能力关联不密切的强制性条件，除国家法律规定的项目资质外，适当降低对参与投标企业的资本规模、资质等级、经营业绩、技术力量的要求，转而注重企业诚信经营、注重企业产品和服务质量，为服务保障过硬、诚信经营但规模较小的企业提供机会。

降低和减少投标过程中的程序性障碍，简化不必要的程序和手续，使中小企业能方便地参与到政府采购的竞争中，为鼓励中小企业参与，可以减免中小企业参与投标的费用，在评审过程中根据法规政策对中小企业的自主品牌优势项目给予政策性加分，加快对中标中小企业的资金支付速度，以弥补其与大型企业竞争实力的差距。

3. 扶持中小企业参与政府采购

采购人在统一的平台上发布政府采购信息，使中小企业能够顺畅地了解到政府采购的有关信息，弥补中小企业在信息渠道上的弱势。政府也可以为中小企业提供担保，帮助中小企业解决融资难等问题，使中小企业的正常资金需求得到满足；在招标文件中给予中小

企业政策倾斜，明确规定中小企业参与政府采购的中标份额和范围；在法律法规允许的范围内给予中小企业竞争价格优惠。

### （二）企业策略

**1. 通过互联网平台，掌握全面详细的政府采购信息**

政府采购法规定，政府采购的信息、过程、结果要全部公开透明，并指定专业的网络和平面媒体作为信息披露的发布平台。"互联网＋"政府采购可以方便快捷地了解招标信息、中标信息、变更公告、重要通知、行业动态、企业曝光等信息内容。中小企业要想真正地进入政府采购市场，对采购信息的掌握能促进中小企业参与政府采购的商业机会。同时，从披露的信息中还可以了解到政府采购市场的一些操作规则和注意事项。通过对这些信息的掌握，中小企业可以随时地把握政府采购的各类招标采购信息，了解各地政府采购的规定、措施和一些相关的通知公告，从中获取与企业本身相关的采购项目，各地政府采购最新动向，大大节省了企业获取政府采购信息的时间和精力，提高了企业参与政府采购的效率。

**2. 强化企业竞争实力**

中小企业自身应做好自己的产品和管理，打造自己的优势品牌和服务，提高企业的核心竞争力，树立良好的企业形象，提升产品品牌在社会上的影响力。当中小企业的产品和服务有了一定的知名度和美誉度后，中小企业的商品和服务就能进入政府采购的选择范围。熟悉政府采购的基本流程，仔细研究采购招标文件，结合企业自身的实力，有针对性地编制合理的投标文件，不断提高企业的诚信和资质，努力使产品质量和售后服务与大型企业接轨，全面参与政府采购的竞争。

**3. 组建联合体，进行联合投标**

在法律政策允许的条件下，多个同行业或相近行业的中小企业可以组成联合体，进行联合投标，集合各企业自身的优势形成竞争合力，强化联合体的优势，抵消各企业单独投标的不足，弥补中小企业资质条件的相对不足，提高中标成交概率，分散中小企业各方成本和采购人的风险。

## 第四节　案例与习题

## 一、案例

### 评审中心岂能改变评审结果[①]

2013 年 5 月 24 日，受某高校委托，某政府采购中心就该大学的教学实验平台项目进

---

① 资料来源：阿亮．采购中心岂能改变评审结果［N］．中国政府采购报，2014－09－26.

行询价采购。接到委托后，采购中心项目负责人认为，仅靠比价的方式选择供应商具有很大偶然性，因此该负责人建议在评审现场增加软件演示环节，这一建议得到了采购人的赞同。

至投标截止日，该项目仅有 2 家供应商参与报价。评审当日，按照采购文件的规定，投标供应商对所投软件产品有 10 分钟的现场演示时间，其中 A 供应商较好地完成了演示，而 B 供应商因自身原因没有完整地反映出项目建设要求。对于演示环节，询价小组一致认为报价最低的 B 供应商准备不充分，按采购文件规定，作重大负偏离处理。故 A 供应商成功中标。

评审结束后的第二天，B 供应商向采购中心提出书面质疑，认为该项目没有按最低价原则确定成交供应商，采购中心内审室在处理质疑时与 B 供应商达成协议：采购中心取消成交结果，B 供应商撤销质疑。随后采购中心要求采购人撤销该项目的采购委托，而采购人在来函中称：因故撤销采购委托，请予另行采购，据此，采购中心发布公告，取消项目评审结果。然而，公告发布后，供应商 A 向采购中心提出质疑，认为采购中心在评审结果公布后撤销委托及取消成交结果的行为没有法律依据，要求恢复其成交供应商资格。收到质疑后，采购中心于 7 月 13 日作出书面答复，表示采购人来函撤销了委托，按照《政府采购法》第 36 条第 4 款"因重大变故，采购任务取消"的规定，项目应予废标。

由于对采购中心的答复不满，7 月 20 日，A 供应商向省财政厅政府采购监管部门提出投诉，认为采购中心无权取消一个合法的评审结果，采购人因故撤销采购委托并不是"因重大变故，采购任务取消"，适用法律有误。8 月 1 日，省财政厅正式受理投诉，并于 9 月 14 日作出终止采购、废标的决定，维持原评审结果。

分析：本案中有以下几点值得关注的问题：

（1）采购中心对法律法规理解有误。《政府采购法》第 36 条规定的废标情形是"在招标采购中"，即在产生评审结果前，而非发布项目成交公告之后。且采购人来函中的"因故撤销采购委托，请予另行采购"，其"采购任务"并没有"取消"，仍然要"重新采购"，而且不属于法定的"重大变故"。

（2）采购中心无权改变评审结果。一方面，一旦采购中心取消采购结果的理由成立，今后采购人对待不想要的采购结果都可能以"采购人因故撤销采购委托"为由予以废标，要求重新进行采购。另一方面，A 供应商是该项目的合法成交供应商，其成交结果是由评委会依法评审而确定的，这是法律所赋予的权利，为确保政府采购的公平公正，采购中心无权取消任何一个合法的评审结果。

（3）采购中心应按照法律法规及中心的内部规范处理质疑。本案中，采购中心在处理质疑时没有做到公开、透明，采购中心内审室始终不让项目负责人看质疑书，质疑投诉处理过程一直保密，这种做法违背了《采购中心质疑和投诉处理工作规范》。

（4）采购中心应勇于自我纠错。政府采购的制度有救助机制和纠错机制，本案中，采购中心有多次自我纠错的机会，但都放弃了。尤其是在采购中心召开的以研究如何应对 A 供应商的投诉为主题的办公会议上，项目负责人指出如不自我纠错将产生严重后果，并准备了纠错方案，但该意见并未被采纳。

此外，该项目在选择采购方式和提议增加演示环节等方面也存在值得商榷的地方。其中在确定采购方式时，考虑到这是一个成熟的软件项目，且预算不高，项目负责人和内审商量后采纳了采购人的建议，采用询价采购方式实施采购，这种情况已有很多先例。但事后分析，工具软件作为服务类项目，使用竞争性谈判的方式实施采购更佳。而在要求增加演示环节时，采购中心应要求采购人进一步明确软件的具体功能及核心指标，而不是简单地提议增加演示环节。

## 二、专题讨论

财政部于2019年5月27日颁布并实施了《关于运用政府采购政策支持脱贫攻坚的通知》，通知要求各级预算单位要进一步做好运用政府采购政策支持脱贫攻坚工作。

1. 政府采购政策对脱贫攻坚工作有何意义？
2. 实践中应该如何运用政府采购政策支持脱贫攻坚工作？

## 三、练习题

（一）选择题

1. 下列选项中_____不是政府采购的主体。

A. 政府机关　　　　B. 事业单位　　　　C. 社会团体组织　　　D. 国有企业

2. 政府采购的资金来源于_____。

A. 税收　　　　　　B. 企业捐款　　　　C. 政府盈利　　　　D. 个人资助

3. 促进地区经济发展反映了政府采购的_____。

A. 强制性　　　　　B. 公开性　　　　　C. 政策性　　　　　D. 影响性

4. 我国《政府采购法》中规定了_____种采购方式。

A. 3　　　　　　　　B. 4　　　　　　　　C. 5　　　　　　　　D. 6

（二）填空题

1. 政府采购的目标具有_____。

2. 政府采购活动是以_____为最终目标。

3. 政府采购应当遵循公开透明原则、公平竞争原则、公正原则和_____。

4. 政府采购制度强调政府与_____之间的一种契约关系。

（三）名词解释

1. 政府采购
2. 小额采购
3. 公开性原则
4. 招标性政府采购

（四）简答题

1. 政府采购有哪些功能？

2. 单一来源方式采购应满足哪些条件？

3. 政府采购中竞争原则通过哪些来实现？

（五）论述题

1. 谈谈中小企业如何参与政府采购？

2. 地方政府应如何实施"互联网＋"政府采购？

## ◇　本章参考文献

［1］徐杰，鞠颂东．采购管理（第3版）［M］．北京：机械工业出版社，2014.

［2］傅莉萍，姜斌远．采购管理［M］．北京：北京大学出版社，2015.

［3］赵道致，王振强．采购与供应管理［M］．北京：清华大学出版社，2013.

［4］物流术语（GB/T18354－2006）［S］．北京：全国物流标准化技术委员会，全国物流信息管理标准化技术委员会，2006.

［5］廖少纲，熊小刚．政府采购［M］．北京：对外经贸大学出版社，2013.

［6］刘尊文．政府绿色采购与中国环境标志制度［M］．北京：中国环境科学出版社，2015.

［7］刘斌．政府采购操作规程［M］．济南：山东人民出版社，2015.

［8］楚天浩．简析我国政府采购方式［J］．中国政府采购，2008（11）：80.

［9］陈维峰，李春好，赵裕平，佟轶杰．促进我国"互联网＋政府采购"发展的管理机制与管控流程构建［J］．中国行政管理，2018（5）：46－51.

［10］殷瑞静，潘征．打造高效透明的"互联网＋政府采购"［J］．中国政府采购，2019（1）：59－61.

［11］柳晶晶．基于互联网＋的政府采购招投标平台构建研究［J］．智库时代，2018（36）：6，16.

［12］陈青梅．"互联网＋"政府采购理论、实践与探索［J］．纳税，2018（17）：154－155.

［13］薛子成．以问题为导向提高政府采购质量和效率［J］．群众，2018（18）：42－43.

［14］阿亮．采购中心岂能改变评审结果［N］．中国政府采购报，2014－09－26（03）.